KB043233

안티 젠트리피케이션

안티 젠트리피케이션
무엇을 할 것인가?

ⓒ신현방 미류 최소연 이채관 신현준 달여리 정용택 김상철 이강훈 이영범 조성찬 전은호, 2017

초판 1쇄 펴낸날 2017년 11월 13일
초판 2쇄 펴낸날 2018년 9월 10일

지은이 신현방 외
펴낸이 이건복
펴낸곳 도서출판 동녘

등록 제311-1980-01호 1980년 3월 25일
주소 (10881) 경기도 파주시 회동길 77-26
전화 영업 031-955-3000　편집 031-955-3005　전송 031-955-3009
블로그 www.dongnyok.com　**전자우편** editor@dongnyok.com

ISBN 978-89-7297-902-9 03330

안티 젠트리피케이션

ANTI GENTRIFICATION

무엇을 할 것인가?

신현방 엮음

동녘

일러두기

1. 이 책은 열두 명의 저자들 가운데 신현방이 기획하고 엮었다.
2. 단행본·잡지·보고서 등은 《 》 안에, 예술작품·논문·문화행사 등은 〈 〉 안에 넣어
   표기하였다.
3. 각 장의 각주와 후주는 모두 해당 장의 저자들이 작성한 것이다.

한 언론매체의 보도에 따르면, 1964년부터 2013년까지 50년간 명목 GDP는 1933배 증가하고 쌀이나 휘발유의 가격이 각각 50배, 77.5배 증가하는 동안 토지자산은 3030배, 평균지가는 2976배 증가하였다고 한다. 더욱이 2013년 기준으로 토지와 건물자산을 모두 합치면 총 국민 순자산의 88.7%에 이른다고 한다.[1] 1970년대 후반부터 뉴스에 본격 등장하는 복부인, 1980년대와 1990년대 유행처럼 번지던 부동산 전매 행위, '딱지'의 거래 등은 모두 우리나라 부동산 투기 광풍을 대변하는 한국 사회의 자화상이다. 최근 들어서는 그 자리를 '젠트리피케이션'이 차지하고 있다. 2017년 10월 21일~22일 이틀간 서울에서 진행되었던 어느 부동산 투자 관련 강연 프로그램에서는 〈젠트리피케이션으로 보는 부동산〉이라는 제목의 강연까지 포함될 정도로 젠트리피케이션이 이제는 소위 말하는 '뜨는' 동네를 지칭하고 부동산 투자의 척도로도 이용되는 듯한 불안한 조짐도 보이기 시작한다.

젠트리피케이션이 최근 들어서야 대중적 관심을 받게 된 한국에서는 젠트리피케이션에 대한 연구가 2000년대 후반까지만 해도 극히 제한적으로 진행되다가, 지난 2015년 이후 수십 편의 관련 논문이 출간

될 정도로 연구자의 관심도 빠르게 쏠리고 있다. 하지만 아직은 젠트리피케이션 발생 여부를 검증하거나 발생 경로의 지역적 차이를 탐구하는 단계에 연구가 머물러 있다고 할 수 있다. 물론 이러한 탐구가 '한국적' 젠트리피케이션을 보다 깊이 이해하도록 도와줄 수는 있겠지만, 젠트리피케이션의 폐해에 맞서 우리는 무엇을 할지에 대한 심도 있는 논의에는 아직 큰 기여를 하지 못하는 형편이다. 이 책에서는 바로 이 질문, 젠트리피케이션에 대항해서 '무엇을 할 것인가'라는 고민을 개별 저자 나름의 언어로 풀어내고자 하였다.

이 책에는 강제퇴거금지법 제정에 대한 오랜 고민이 담겨 있으며, 상가임차인과 주거임차인의 도시권을 어떻게 보장할지, 그리고 왜 상가임차인에 비해 주거임차인의 권리는 더 취약한지에 대한 고민도 담겨 있다. 젠트리피케이션의 첨병이라고 여겨지기도 하는 예술가와 문화생산자가 '안티 젠트리피케이션' 운동의 최전선에도 설 수 있음을 보여주며, 현장 교육의 중요성을 강조한다. 또한 젠트리피케이션 폐해를 근절하기 위한 정부 정책이 실제로는 어떤 취약성을 갖는지에 대한 논의를 통해 보다 효과적인 정책의 입안을 촉구하고 있다. 나아가 '관트리피케이션' 유발 방지와 지방도시의 특성을 반영하기 위한 재생 정책의 수립을 요구한다. 젠트리피케이션을 낳는 자본주의적 소유 방식을 두고 근본적 질문을 던지며 공유경제의 실현과 공유재 확대를 주장한다. 그리고 젠트리피케이션 현장의 사진 기록을 통해 기록의 중요성을 강조하였다.

물론 이 책에서 제시하는 저자들의 의견이 해법의 전부일 수는 없다. 사실 더욱 중요한 것은 젠트리피케이션 최전선에서 몸소 부딪히며 실천하는 과정에서 발현되는 변혁적 상상력이며, 이러한 상상력을 제도적으로 실현하고 연대의 기반으로 바꾸려는 실천일 것이다. 우리가 지금 누리고 있는 제도적 보호는 주어진 것이 아닌 과거의 투쟁 결과이며, 젠트리피케이션으로 인한 폐해를 막기 위해서는 계속 떠들고 주장하며 제안하고 요구해야 할 것이다. 제도 개선을 통해 일정 부분 피해를 줄일 수는 있지만, 결국 필요한 것은 부동산 소유의 지배 이데올로기에 대항할 수 있는 대안 이데올로기를 만드는 것이고, 나아가 도시 공간에서 창출되는 사회적 가치가 사적 이윤으로 환원되기보다 공유될 수 있는 경제체제 성립을 추구하는 것이다. 도시 공간이 교환가치로서 투기의 대상이 되기보다 사용가치로서 인간다운 삶을 위한 수단이 되도록 하는 것이다.

이 책에서는 임대인과 임차인의 관계를 절대적 강자와 절대적 약자의 대립이라는 이분법적 구조로 환원하고자 하지 않는다. 현실은 이보다 더욱 복잡하다. 다만, 한국 '부동산 계급사회'에서 부동산 소유 없이 임차인의 삶을 사는 도시 서민, 예술가, 문화활동가, 청년 등은 젠트리피케이션이란 '재난'에 취약할 수밖에 없으며, 이에 따라 이 책에서 다루는 대안의 상당 부분은 이들을 염두에 두었다고 할 수 있다. 소유 자체를 배격하기보다는 공유의 관점에서 새로운 형태의 소유를 고민하고자 한다.

이 책은 학술 논문집이 아니라, 실천적 활동을 통해 축적된 경험과 고민을 모은 것이다. 각 장의 개별 저자들은 젠트리피케이션이라는 도시형 '재난'의 당사자이거나, 연대 활동과 제도 개선을 위해 발 벗고 나섰던 이들이거나, 지역운동 역량 강화를 위한 자문과 조직 활동을 활발히 펼쳐왔던 이들이다. 젠트리피케이션에 맞서 무엇을 할 것인지에 대한 고민을 함께해준 데 대하여 다시 한 번 감사드린다.

이들 중 다수가 '재난' 현장 가운데 하나인 '테이크아웃드로잉'에서 직간접적으로 인연을 맺었다. 강제퇴거의 위협과 활동의 근거지를 잃을 압력에 처해 있던 당사자로서, 그리고 그 당사자와 연대했던 이들로서, 테이크아웃드로잉에만 머물지 않고 최근 1~2년 사이 서울의 여러 현장을 지키기 위한 연대와 지원 활동을 이어나갔다. 이 책에 기록으로 남겨진 서울 가회동 장남주 우리옷과 씨앗, 무악동 옥바라지 골목, 서대문구 공씨책방, 신사동 우장창창, 아현동 포장마차 거리는 그러한 연대 현장들의 예이다.

여러 '재난' 현장의 당사자들이 불확실한 미래와 건물주·지주의 폭력, 군중의 낙인찍기에도 불구하고 '안티 젠트리피케이션'이라는 어려운 싸움을 위해 한 발 앞으로 나가는 용기를 보여주었다. 때로는 홀로 견디고 때로는 연대의 힘으로 견뎌왔지만, 결국 그 지난한 싸움을 지탱해 온 것은 인내와 절박함이다. 젠트리피케이션 현장의 '재난' 당사자들이 승리하는 경우도 드물지만, 승리한다 해도 그 승리는 물질적 이득보다는 투쟁 과정에서 바닥까지 떨어진 명예와 자존감을 다소 회복시키고, 투쟁 이후의 삶을 살아가기 위한 기운을 조금 보탤 뿐이다. 그만큼 현재 우리 사회는 건물주와 지주에 맞서 싸우기에는 법적 틀이 '재난' 당사자에게 불리하게 짜여 있으며, 사적 소유라는 절대선과 공고한 부동산 이데올로기에 온몸으로 맞서기를 요구한다. 불확실한 미래에 대한 두려움과 싸우며, 직간접적인 폭력에 대항하면서까지 한 걸음 한 걸음 앞으로 나아가 안티 젠트리피케이션 운동의 디딤돌을 다지는 모든 현장의 '재난' 당사자들에게 이 책을 바친다.

이 책의 기획과 출간은 젠트리피케이션 '재난' 현장에서의 경험을 바탕으로, 지난 수년간 편저자가 여러 학술 교류 과정에서 발전시킨 고민의 결과이다. 특히 (가나다 순으로) 경북대학교(2015년), 국토연구원(2017년), 서울시청(2015년), 서울연구원(2015~2016년), 수원시정연구원(2015년), 테이크아웃드로잉(2015-2017년), 희망제작소(2015년), Goldsmiths, University of London(2016년), Asian Institute, University of Toronto(2016년), Humboldt−Universität zu Berlin(2016년)에서의 초대와 토론에 감사드린다. 한국에서의 현장 방문 일부는 한국연구재단 한국사회과학연구사업(SSK)의 지원으로(NRF-2014S1A3A2044551) 가능하였으며, 경희대학교의 초빙으로 이 책의 마지막 작업이 가능하였다. 또한, 사고의 깊이를 더하고 폭을 넓힐 수 있는 기회를 주신 김수현(세종대학교·청와대), 박배균(서울대학교), 최병두(대구대학교), 테이크아웃드로잉 운영진 최소연·최지안·송현애 님께 감사드리며, 출간을 맡아준 도서출판 동녘과 빠듯한 일정에도 애써준 동녘의 이환희 님과 출판 관계자 여러분께 감사드린다. 그리고 무엇보다 내 학술적 영감이자 동지인 이수정 님께 감사드린다.

2017년 11월

신현방

차
례

머리말 • 5

1장 안티 젠트리피케이션, 무엇을 할 것인가? _ 신현방 • 13

2장 문제는 강제퇴거: 인간의 존엄을 박탈하는 폭력 _ 미류 • 37

3장 재美난학교: 재난 현장이 학교입니다 _ 최소연 • 53

4장 영욕의 도시, 홍대 앞: 지킬 것인가, 불태울 것인가 _ 이채관 • 81

5장 미술생산자, 신자유주의의 '미생'?:

　　잘려나가는 서울에서 예술가와 젠트리피케이션 _ 신현준 • 101

6장 젠트리피케이션, 그 보통의 장면 _ 달여리 • 133

7장 2009~2017 서울 젠트리피케이션 _ 정용택 • 157

8장 왜 정부의 임차상인 보호정책은 실패하는가:

　　투기를 부추기는 임차상인 대책 평가 _ 김상철 • 175

9장 젠트리피케이션과 법제도의 개선 방향 _ 이강훈 • 211

10장 지방도시, 소멸과 축소 그리고 재생의 갈림길 _ 이영범 • 245

11장 내쫓김을 극복하기 위한 새로운 도전:

　　토지가치 공유형 지역자산화 _ 조성찬 • 273

12장 젠트리피케이션의 대안:

　　토지의 본질 회복하기 _ 전은호 • 311

주 • 339

저자 소개 • 356

1장

안티 젠트리피케이션,
무엇을 할 것인가?

신현방

런던정치경제대학교(LSE) 지리환경학과 부교수 · 경희대학교 Eminent Scholar

1 | 대한민국에 부는 젠트리피케이션 광풍

학계에서 발표된 논문에서나 간헐적으로 언급되던 젠트리피케이션이 이제는 대중적 언어가 되다시피 인구에 종종 회자되고 있다. 유명인사가 출연한 텔레비전 프로그램에서 젠트리피케이션이 언급되기도 하며, 신문매체에도 임차인의 고통과 임차인과 임대인 사이의 분쟁을 다룬 젠트리피케이션 관련 기사가 종종 실린다. 2011년까지만 해도 한 자릿수의 보도 건수를 보이던 젠트리피케이션 관련 기사는 2012년부터 서서히 증가하더니 2014년 45건, 그리고 2015년에 813건으로 폭등한 것으로 조사된다.[1] 학계에서도 최근 2~3년 사이 젠트리피케이션 관련 논문 발간이 대폭 증가하였다. 국립국어원조차 젠트리피케이션이라는 '외래어'가 자주 사용되다 보니 이를 대체할 표현으로 지난 2016년 5월, '둥지 내몰림'이라는 대체 표현을 제안하기도 하였다.

젠트리피케이션이 주요 키워드로 부상한 게 최근 몇 년 사이지만, 한국의 도시화 과정에서 지난 몇 십 년 동안 무수히 많이 수행된 주택재개발 및 도심재정비의 역사가 바로 젠트리피케이션의 역사라고 할 수 있다. 토지 용도의 변경, 고밀도 개발을 통해 부동산 이익을 추구하고, 그 과정에서 기존 토지 이용자였던 수많은 저소득층 자가 소유주·주거세 입자·상가임차인·노점상 등이 개발 이후 재수용되지 못하고 쫓겨난 과 정은 젠트리피케이션 그 자체이다. 단지 한국에서 이것이 재개발이나 재정비라고 하는, 마치 객관적인 도시 변화를 서술하는 듯한 언어로 표 현되었을 따름이다.

이러한 도시 공간 변화는 대량의 비자발적 이주, 즉 축출displacement 을 양산했다. 합동재개발의 광풍이 불기 시작한 1983년부터 1988년까 지 당시 서울시 인구의 8%에 달하는 72만 명으로 추산되는 도시민이 직접적으로 비자발적 이주, 즉 개발연합에 의한 축출 대상이었던 것으 로 파악된다.[2] 좀 더 최근인 2000년대 들어서 불어닥친 뉴타운 사업 광 풍은 대략 당시 서울시 세대의 8%에 해당하는 35만 세대를 대상으로 한 사업이었으며, 사업의 개시 여부를 떠나 상당수 도시민이 철거와 이 주의 압력, 불확실성에 직면한 삶을 살 수 밖에 없었다.[3] 젠트리피케이 션은 이렇게 오랫동안 우리 옆에 함께했고 우리 삶을 지배했다.

한국에서 젠트리피케이션이라는 표현이 왜 하필 지금 이 시점에서 이토록 유행하게 되었으며, 이를 낳은 구조적 배경은 무엇일까? 여기 에는 여러 설명이 있겠지만 한국, 특히 서울 부동산 시장의 재편과 뗄 수 없을 것이다. 특히 2000년대 중반부터 광풍처럼 몰아친 뉴타운 정책 의 실패는, 대규모 자본의 투입과 대규모 철거에 기반한 재개발 및 재 건축 방식의 개발사업이 더 이상 서울과 같은 도시에서 이루어지기 힘 든 현실이 반영된 것으로 생각해볼 수 있다. 뉴타운 개발의 주요 대상 인 기존 단독주택 주거지는 수많은 토지 이해관계가 맞물려 있고, 어지간한 고밀도 아파트 개발로는 수익성을 맞추기 힘들다는 한계로 개발 계획 진행이 정체된 것이 요즘 현실이다. 이러한 도시공간에서 기존 단독주택의 상업용도로의 변환을 포함, 개별 부동산 투자에 대한 관심이 집중된 결과가 현재 한국에서 크게 대두되는 상업적 젠트리피케이션이라 할 수 있다.[4] 그렇다고 1980년대나 1990년대에 상업적 젠트리피케이션이 없었던 것은 아니다. 단지 이전에는 지엽적으로 존재하던 것이 최근 들어서 더욱 빠른 속도로 진행되고 그 부정적 영향력이 급증한 것으로 이해해야 할 것이다.[5]

젠트리피케이션으로 인해 쫓겨나는 이들에게 젠트리피케이션은 도시형 '재난'이다.[6] 기존 토지 점유자의 축출은 젠트리피케이션을 정의하는 핵심 주제어다. 축출에 대한 문제의식이 제외된 젠트리피케이션 현장 연구는 제대로 된 연구가 아니라고 까지 얘기할 수 있을 것이다. 이런 의미에서 국립국어원이 제안했던 젠트리피케이션의 번역어 '둥지 내몰림'은 축출의 뜻을 포함했다는 점에서 적절한 시도라고 할 수 있다.

쫓겨나는 사람이 있으면 그들을 몰아낸 이들이 있을 것이고 새롭게 단장된 도시 공간과 신축·보수 건물이 대변하는 부동산 자산의 증식을 환영하는 이들이 존재할 것이며, 이들은 젠트리피케이션을 수익 창출의 기회를 제공하는 긍정적 도시 변화로 이해할 것이다. 공간의 고급화를 원하는 입장에서는 젠트리피케이션이 적극 지지할 과정인 것이다. 이는 부동산 투자와 도시재생·재개발 등을 통해 수익을 창출하려는 부동산 자본, 정치인, 관료, 토지·건물 소유주 등이 종종 사회적 약자가 배제되거나 수익이 불평등하게 분배됨에도 젠트리피케이션을 환영하는 이유이다. 여기에 젠트리피케이션이 대변하는 도시의 갈등과 모순이 존재한다. 우리는 누구를 위한 도시를 만들 것인가? 쫓겨나는 이의 도시와 쫓아내는 이의 도시는 같은 도시인가?

이 글에서는 우선 젠트리피케이션이란 무엇인지 그 정의를 논의하고 이 책에서 다루는 내용을 주제별로 요약함으로써 '안티 젠트리피케이션' 운동을 위해 각 저자의 글이 시사하는 바가 무엇인지를 정리하고자 한다.

2 | 젠트리피케이션이란 무엇인가?

영국의 도시사회학자 루스 글라스Ruth Glass가 1964년에 젠트리피케이션을 처음 개념화했던 것은, 소득이 낮은 노동자들이 주로 살던 런던 도심 주거지의 변화로 기존 주민의 비자발적 이주가 발생하는 과정을 비판적으로 고찰하기 위해서였다. 저소득층 주거지로 진출한 중산층에 의해 주택의 손바꿈과 고급화가 이루어지고, 이에 따라 기존 노동자 거주민들이 비자발적 이주를 겪으면서 해당 주거지의 사회적 성격 자체가 완전히 탈바꿈하는 부정적 도시 변화 과정을 설명하려는 것이었다. 영국 특유의 계급사회 배경하에서 젠트리gentry라는 전통적 계급 용어를 끌어와 비판적 풍자를 한 것이 젠트리피케이션이라는 개념이었다고 할 수 있다. 지금까지도 상당수의 평론가들이 고급화에만 주목하고 중상류층의 유입과 그들의 소비를 위한 경관 변화에 주목함으로써 젠트리피케이션을 긍정적으로 이해하는 모습을 볼 수 있는데, 루스 글라스가 처음 개념화할 때엔 그런 의도가 아니었다.

젠트리피케이션에 대한 논의는 20세기 후반 들어 급속히 확산한다. 이는 자본축적 위기와 세계경제 불황 아래서 복지국가의 후퇴가 이뤄지고 경제 활성화를 위한 국가의 개입 및 민관협력이 부상한 것과 궤를 같이하며, 주택의 성격 변화와도 맞물린다. 예를 들어, 제2차 세계대전 이후 전후 복구 과정에서 케인즈주의적 복지국가가 보편적 복지를 제공하였던 시대에서는 주택 역시 투기적 대상이라기보다는 자가 거주나 공공임대주택 거주를 통해 노동력 재생산을 위하던 집합적 소비 collective consumption 대상의 일부라고 이해할 수 있다. 즉, 교환가치보다는 사용가치로서 간주되었던 것이다.

1970년대 자본축적의 위기를 거치면서 탈산업화를 겪은 서구 후기 산업도시에서는 경제위기를 타개하기 위한 노력의 일환으로 부동산 개발이 경제정책의 주요 수단으로 대두되었다.[7] 영국 신노동당 정부의 '도시 르네상스' 프로그램은 이러한 정책 변화의 대표적 사례로서 이해할 수 있다.[8] 이를 가능하게 한 것은 부동산과 금융자본의 결합이며, 그 극단적인 예가 미국의 서브프라임 모기지 확산이다. 이 과정에서 주택은 더 이상 집합적 소비를 위한 사용가치보다는 교환가치로서 인식되고 투자·투기의 대상이 되었으며, 젠트리피케이션의 확산은 주택의 사용가치가 교환가치에 종속된 상황과 맞물려 있다. 도시 공간의 사회적 기능이 경제적 기능에 종속된 상황에서, 부동산 개발을 동반한 도시 공간의 자본주의적 생산이 기존 토지 이용자의 축출로 이어진 것이 젠트리피케이션인 것이다.

수잔 페인스틴Susan Fainstein이라는 미국의 도시계획학자가 런던과 뉴욕의 도시정책을 비교연구한 후, 1980년대 이후 부동산 정책이 경제 활성화 정책의 주요 수단이 되었다는 점을 밝혔다. 1980년대 이후 이들 도시가 젠트리피케이션 연구의 주요 사례 연구지가 된 것은 우연이 아닐 것이다. 특히 영국의 경우, 신자유주의의 영향 아래에서 국유재산의 사유화, 정부와 민간자본의 협력 증대, 시장우월주의 등에 지배되기 시작한 1980년대 초반 이후 주택이 투자 대상으로 부상한다. 대처 정부의 임대주택 매입권리Right to Buy 정책은 공공임대주택의 사유화를 촉진시킴으로써 주택의 공공성 후퇴를 가져왔다. 이런 상황에서 젠트리피케이션은 자본주의적 도시 공간 생산의 기본 체제 중 하나라고도 할 수 있으며, 이에 따라 젠트리피케이션 역시 자본주의 체제와 운명을 같이 한다고 할 수 있다.

젠트리피케이션 개념 등장 이후 50여 년간 젠트리피케이션 논의가 발전하고 지리적 확산을 거치면서 젠트리피케이션의 정의 역시 더욱 정제되는 과정을 겪었다. 개념화 초창기에는 원도심 주거지에서 주택이 점진적으로 개량되고 기존 주민이 축출되는 모습이 젠트리피케이션의 주요 형태로 이해되었고, 지금까지도 '고전적 젠트리피케이션'으로 거론된다. 고전적 젠트리피케이션은 원도심이라는 지리적 위치, 개량 위주의 점진적 변화, 주거지라는 세 가지 특성을 지니는데, 이 가운데 원도심이라는 지리적 특성은 오랫동안 젠트리피케이션 연구자의 사고방식을 지배했다.

하지만 젠트리피케이션이 굳이 원도심에만 국한해서 발생한다고 할 수 없다. 에릭 클라크Eric Clark는 지대 차이에 의한 젠트리피케이션의 물질적 조건 형성과 기존 토지 사용자의 축출이 꼭 원도심에서만 발생한다고 볼 수 없으며, 원도심이 젠트리피케이션을 정의하는 데 필수불가결하다고 집착하는 것은 젠트리피케이션 논의에 오히려 혼란을 가져온다고 주장한다.[10] 도시화의 공간적 형태가 다양함에 따라 젠트리피케이션의 발생 지점 역시 다양할 수 밖에 없다.[11] 이에 따라, 축출 대상이 자가거주자나 주거세입자 등에만 국한된다기보다는 상가임차인 등 상업적 점유자도 포함한다고 봐야 할 것이다. 나아가 금융 수법이 발달한 요즘에는 개발사업 규모 자체가 거대해졌으며, 따라서 젠트리피케이션 역시 주택 단위의 점진적 개량뿐 아니라 대규모 철거 재개발에 의한 기존 토지 이용자의 축출, 즉 신축 젠트리피케이션new-build gentrification을 포함한다고 이해할 수 있다. 영국 런던에서도 최근 들어 헤이게이트Heygate와 같은 공공임대주택단지의 철거에 이은 상업적 재개발이 원주민의 축출을 초래하는 등 신축 젠트리피케이션의 폐해에 대한 우려가 많다.[12]

신축 젠트리피케이션에 대한 서구 학계의 주목은 2000년대 중반 본격적인 논문의 양산으로 나타나는데,[13] 한국에서는 이미 1980년대 초반부터 합동재개발 정책에 따른 대규모 상업적 재개발 실시가 주거 세입자의 대규모 축출뿐 아니라 재개발 인근 주거지역의 임대료 상승에 따른 축출 압력의 증가를 낳았다는 점에서, 재개발을 필두로 한 한국 도시재생의 역사는 신축 젠트리피케이션의 역사라고 할 수 있다.[14] 간혹 '한국형' 젠트리피케이션이라 해서 한국에서는 젠트리피케이션이 서구 도시처럼 주민들을 중심으로 발생하지 않고 임차 상인들을 대상으로 발생한다고 하는데,[15] 이는 한편으로는 최근 1~2년 사이 부각된 한국에서의 젠트리피케이션 문제를 잘 나타냈다고 할 수 있지만, 한편으로는 젠트리피케이션을 좁은 의미에서만 정의한 결론이라고 할 수 있

| 옥수 재개발 구역(2013) | ⓒ신현방

다. 지난 1980~90년대에 재개발이라는 이름으로 신축 젠트리피케이
션이 기승을 부릴 때 상업 공간의 젠트리피케이션이 없진 않았겠지만,
당시 상업적 젠트리피케이션은 신축 젠트리피케이션에 종속된 형태였
다고 이해하는 것이 타당할 것이다. 2010년대 상업적 젠트리피케이션
의 기승은 앞서 언급한대로 뉴타운 사업의 실패와 함께 신축 젠트리피
케이션이 힘을 잃은 것에 힘입은 바 크다고 할 수 있다.

3 | 좋은 젠트리피케이션, 나쁜 젠트리피케이션?

최근 안티-젠트리피케이션 캠페인을 진행하던 어느 현장에 우연히(?) 방문했던 변호사라는 분이 "안티 젠트리피케이션보단 젠틀 젠트리피케이션이 낫지 않겠냐"라고 질문했다 한다. 젠트리피케이션으로 인한 폐해는 이해하겠는데, 어차피 막을 수 없을 바에는 좀 더 '윈-윈'할 수 있도록 방안을 함께 모색하는 것이 어떻겠냐는 취지로 말했다는 것이다. 이와 비슷한 의견을 현장에서, 문헌에서, 기사에서도 곧잘 접할 수 있다. 젠트리피케이션을 좋은 측면과 나쁜 측면이 혼재하는 것으로 이해하고, 나쁜 측면을 제거한 후 좋은 점만을 취할 수 있도록 제도를 개선도 하고 임대인과 임차인이 협력도 하면 좋지 않겠냐 하는 것이다. 위와 같은 주장은 일부 학자와 정치인·관료 사이에서도 존재하며, 전문가 그룹 사이에서도 찾아볼 수 있다. 이는 젠트리피케이션을 중립적이면서도 객관적인 도시 현상으로 이해하는 것에 기인한다.[16]

하지만 비록 비자발적 이주 등의 문제점을 지적한다 하더라도 '좋은 젠트리피케이션'은 형용모순이다. 어떤 대책을 내놓더라도 결국 쫓겨나는 기존 토지 이용자가 젠트리피케이션이라는 '재난'의 당사자가 되는 현실은 막지 못한다. 젠트리피케이션을 해결하기 위해 '좋은 젠트리피케이션'을 추구하자는 주장은 결국 젠트리피케이션의 핵심 문제인 기존 토지 이용자의 쫓겨남을 해결하기보다는 쫓겨나는 과정에서 발생하는 고통과 슬픔을 조금이라도 완화해서 쫓아냄을 좀 더 용이하게 하자는 주장으로 해석할 수 밖에 없다. 이미 제도적으로 임차인과 임대인의 관계가 후자에게 유리하게 짜여진 상황에서, 그리고 젠트리피케이션 피해자와 수혜자가 각자 동원 가능한 자본의 크기가 불평등한 상황에서, '좋은 젠트리피케이션'을 하자는 것은 '재난' 당사자에게 조용히 있어달라는 것 이상으로 해석될 수 없을 것이다.[17]

여기에 흔히들 프로젝트를 수행할 때 사용하는 비용편익분석 방식의 한계가 존재한다. 보통 어느 프로젝트를 기획하면서 해당 프로젝트로 인해 발생하는 총비용은 얼마이고 총편익은 얼마인데, 총편익이 총비용보다 많으면 프로젝트가 경제성이 있다고 얘기를 한다. 재개발 사업에서 세입자를 위한 보상은 비용으로 산정될 것이며, 개발을 추진하는 업체나 지주가 누리는 판매 수익 등은 편익에 포함될 것이다. 이러한 비용편익분석이 도시재생 사업에서는 상당히 모순적이다. 즉, 비용은 대부분 쫓겨나는 이들이 짊어지며, 대부분의 편익은 건물주·기획부동산·개발회사들이 가져가기 마련이다. 그렇기에 '좋은 젠트리피케이션'은 새롭게 변하는 지역으로 유입되는 투자자(라고 하고 투기자라고 읽는다), 변화에 저항력이 있어 쫓겨날 걱정을 덜하는 기존 거주자·사업자의 언어라고 할 수 있다. 물론 이는 지역의 변화를 환영하는 잠재적 소비자의 언어이기도 하다. '좋은 젠트리피케이션'이 형용모순이라면, '나쁜 젠트리피케이션'은 동어반복이다.

4 | 불균등 발전과 젠트리피케이션

부동산 관련 대책을 논의할 때마다 종종 지적되는 측면은 한국의 부동산 정책이 서울 부동산 정책으로 대체되는 상황의 위험성이다. 주택 가격 상승을 얘기하면서 서울 및 수도권에서의 공급 부족을 얘기할 때 이미 수요 부족으로 공가가 발생하거나 미분양이 속출하는 지방도시의 주택시장은 논의에서 제외되는 것이다. 전국 방송에서 아무리 부동산 경기 과열을 얘기하더라도 상당수 지방(쇠퇴)도시에서는 강 건너 불구경 같은 상황으로 느낄 수 있는 것이다. 젠트리피케이션이 활발하게 전개된 소위 뜨는 지역만을 따로 떼어내서 젠트리피케이션을 어떻게 예방하고 폐해를 완화시킬 수 있는지 논의하는 것은, 젠트리피케이션을 아직 경험하지 못한 동네에겐 어떤 의미일까?

부동산 소유 및 투자 형태도 마찬가지다. 자가 소유 비율만 놓고 보더라도 서울과 전국의 수치는 상당히 차이가 난다. 정부 통계에 따르면, 서울의 자가 소유 비율이 2006년에는 44.6%였던 것이 2010년에는 41.2%로 줄어들며, 2014년 더욱 줄어 40.2%였다가 2016년에는 다소 증가해서 42.0%를 기록한다. 이에 비해 전국 자가 소유 비율은 해당년도에 55.6%, 54.3%, 53.6%, 56.8%로 나타나며, 서울과 전국의 격차는 시간이 갈수록 더욱 벌어진다. 이러한 상황에서 현재의 상업적 젠트리피케이션 확산이 '임차인 사회 도래'와 맞물려 있다는 주장은[18] 최소한 서울에는 적용되지 않는 것으로 보인다. '임차인 사회 도래'는 자가 소유 위주, 또는 자가 소유와 공공임대로 구성된 주택공급체계가 해체되는 과정을 겪은 일부 서구 국가에서 주택 상품화가 심화되고 민간 임대 주거세입자가 급증한 현상을 지칭한 것으로 해석해야 할 것이다. 합동재개발이라는 신축 젠트리피케이션이 대두한 1980년대 중반에도 40.8%였던 서울의 자가보유 비율은 30년 지나서도 그다지 개선되고 있지 못하며, 서울은 계속 임차인 사회로 있어왔다고 할 수 있다.

젠트리피케이션 논의가 서울에 집중하면서 젠트리피케이션 방지를 위한 대안 역시 서울의 상황을 우선 고려하는 상황이다. 그런데 젠트리피케이션을 둘러싼 논의의 지리적 스케일을 서울시가 아닌 전국 단위로 확장하면 더욱 많은 질문을 던질 수 있을 것이다. 앞서 지적했듯이 서울시에서는 최근 자가 소유 비율이 줄었지만 전국적으로는 오히려 늘어났다는 점에서 서울과 지방에서의 젠트리피케이션 발현 양상은 서로 다를 수 있으며, 대응 방식 역시 어느 정도 달라야 함을 충분히 짐작할 수 있다. 지방도시에서 젠트리피케이션은 어떤 의미인가? 왜 지방도시에서 젠트리피케이션을 얘기해야 할 것인가? 이 질문에 답을 하기 위해서는 현 시점에서 쇠퇴하거나 침체된 지방도시의 부흥을 위한다는 명목으로 실시되는 다양한 도시재생 정책의 획일화 위험성을 미리 짚어야 할 필요가 있다.

쇠퇴한 원도심 활성화를 위한 정부 주도의 활성화 정책의 집중은 종종 정부 주도의 젠트리피케이션, 즉 '관트리피케이션'을 낳기도 한다. 정부의 재생사업 기획과 발표가 해당 지역의 부동산 가격 및 임대료 상승의 호재로 작용해서 이를 수익창출의 기회로 삼으려는 각종 투기자본이 집중하게 된다. 그에 따라 기존 임차인에 대한 퇴거 압력이 발생할 뿐 아니라 원주민 역시 급격한 변화에 따른 정주환경의 악화를 겪을 위험이 커진다. 이는 대구 원도심에서도 발생한 현상이며,[19] 부산의 감천문화마을에서도 나타나는 문제점이고,[20] 전주 한옥마을에서 발생한 문제이기도 하다.[21]

5 | 우리는 무엇을 할 것인가

앞서 젠트리피케이션의 발생은 부동산 자본과 정치 권력의 불균형으로 도시 공간 생산이 권력과 자원을 가진 이에게 최대 편익을 제공하는 방향으로 이루어지기에 발생한다는 점을 지적하였다. 따라서 젠트리피케이션 방지 여부는 결국 이러한 힘의 불균형을 얼마나 균형 있게 만들 수 있느냐 하는 데 달려 있을 것이다. 즉, 젠트리피케이션의 이해당사자들이 좀 더 공정한 경쟁의 장level playing field에서 서로를 견제할 수 있느냐 하는 것이다. 물론 자본주의 체제에서 근본적인 해결책을 꿈꾸기는 어려울 수 있다. 특히 부동산을 보유한 임대인이 마음만 먹으면 적정 물가 인상분 이상의 임대차 이익을 폭리로 취하고 건물 가격과 지가 상승으로 인한 불로소득을 대부분 얻을 수 있는 한국의 '부동산 계급사회'[22]에서는 더욱 해결책을 쉽게 낼 수 없을 것이다.

하지만 젠트리피케이션 없는 도시를 꿈꿀 수는 있을 것이다. 젠트리피케이션이라는 '재난'이 닥친다면 '재난'의 폐해를 최소화하는 방법을 고민하고, 이를 통해 쫓기지 않고 버틸 수 있는 힘을 길러 좀 더 젠트리피케이션 없는 사회에 한 걸음 다가가려 노력하는 것은 가능하다. 임차인의 힘을 더욱 키워주고, 비자발적으로 쫓겨나는 경험을 최대한 겪지 않도록 퇴거의 위험을 줄이는 소극적 노력뿐 아니라 점유하고 있는 도시 공간에 대한 도시권 확보라는 적극적 노력 역시 함께 전개해야 할 것이다. 현재 체제에서 과도하게 보호되고 있는 부동산 소유주의 권리를 좀 더 통제하고 부동산 투자의 큰손(재벌 기업 등), 투기를 장려하는 기획부동산 세력 등의 힘을 견제하는 것 역시 중요하다. 예술가와 문화생산자의 새로운 역할 정립도 필요하며, 서울과 지방의 차이를 이해하고 지방도시에서의 재생은 어떻게 서울과 다를 수 있는지를 고민해야 할 것이다. 이 책에 실린 각각의 글은 저자 각자의 언어로 그 고민을 풀어내고 있다.

미류의 글은 (2장) 강제퇴거라는 폭력을 다루고 있다. 경찰력 행사 과정에서 화염이 발생하고 공권력으로 망루를 침탈하는 등 철거 과정에서의 가시적인 폭력에 대한 기억은 침탈 과정 이전에 행사되었던 개발의 폭력을 덮어버렸으며, 침탈 이후 망루 점거자 및 그 가족에게 쏟아진 언어폭력과 사법폭력 역시 덮어버렸다. 특히 강제퇴거는 폭력의 가시성이 집중된 강제철거와는 구분되며, 도시민이 본인 의사에 반하여 생활 공간에서 보이지 않는 폭력 등으로 쫓겨나는 것을 포함한다. 미류는 젠트리피케이션 역시 강제퇴거의 하나로 봐야 하며, 구조적 폭력의 행사를 통해 세입자가 언제든 퇴거의 불안함을 일상적으로 느끼게 하는 것으로 이해해야 함을 지적하고 있다.

최소연의 글은 (3장) 건물주에 의한 강제퇴거의 위협에 맞서 오랫동안 저항을 했고 건물주의 '사과'를 통해 다소 명예회복을 하였지만 여전히 점유하던 건물에서는 퇴거를 당한 폭력의 경험을 1인칭 시점에서 담담히 서술한다. 또 강제퇴거 및 젠트리피케이션이라는 일상의 폭력이자 '재난'을 극복하기 위해 시작한 '재美난학교'를 설명한다. 젠트리피케이션이라는 현장을 찾아가는 학교로서 작업장의 형태를 선택해서 운영하는 재美난 학교는, 재난에 맞서 싸우는 재난 당사자와 연대자의 스튜디오이며 교육공동체이고, "문화와 예술로 재난을 넘어서려는 노동과 수고의 장"이다. 테이크아웃드로잉의 이러한 노력은 젠트리피케이션이라는 도시형 재난을 연대를 통해 극복한 재난 당사자의 경험을 발전적으로 공유하려는 노력이며,[23] 예술가와 문화활동가들이 기존 젠트리피케이션 논의에서 젠트리피케이션의 첨병을 넘어 젠트리피케이션의 극복을 위한 전위대 역할도 할 수 있음을 보여주고 있다.

이채관의 글은 (4장) 문화예술가를 젠트리피케이션의 피해자로 파악, 홍대 앞의 변화를 소개하면서 어떻게 이들 문화예술가들이 자본의 힘에 의해 쫓겨나는지를 다루고 있다. 홍대 앞을 한국에서 문화적 젠트리피케이션 사이클이 완료된 곳으로 이해하는데, 이곳의 변화를 살펴봄으로써 지역 주체들이 새롭게 유입된 상업 자본으로 인해 밀려나는 과정을 살펴보고 정부 주도의 공적 개입으로 이루어지는 문화·장소 마케팅의 한계를 짚고 있다. 이를 통해 문화를 앞세운 수많은 도시재생 프로그램의 위험성 역시 유추할 수 있다. 특히 지역 주체들이 상실된 상황에서 공공이 주도하는 각종 도시재생 및 장소 마케팅 사업이 얼마나 상업화를 부추기고 '공공 젠트리피케이션'을 추동하는지를 주장하고 있다.

하지만 이 과정에서 여전히 명맥을 유지하는 지역 문화 주체들이 문화 젠트리피케이션에 대한 저항의 역사를 만들어내고 있다. 신현준의 (5장) 글 역시 예술가와 문화생산자들의 변혁성에 주목하고 있다. 특히 어느 한 지역에 뿌리내린 문화예술 활동보다는 임시로 만들어졌다가 금세 사라지는 것을 감수하는 '신생공간'은 문화 젠트리피케이션에 일조할 여지를 어느 정도 사전에 차단하며, 비자발적 축출의 가능성을 스스로 봉쇄하고 있다. 특히 '안티 젠트리피케이션' 투쟁이 이제는 물리적 축출 현장에서의 직접적인 싸움에만 국한될 것이 아니라 일상생활에서의 실천으로 이어져야 함을 주장한다.

2009년 이후 발생한 젠트리피케이션 '재난' 현장을 기록한 달여리 (6장), 성용택의 (7장) 사진 에세이는 이들 현장을 글과 사진으로 보존한다. 이들 중 대부분은 명도소송과 강제퇴거로 더 이상 원래의 공간에 존재하지 않는다. 하지만 '재난' 당사자가 느꼈을 강제퇴거 당시의 고통은 각각의 기록에 생생히 담겨 있으며, 이들 기록은 물리적 폭력을 동반한 축출이 과거가 아니라 우리의 현재이자 미래가 될 수 있음을 일깨운다. 또한 침묵하지 않고 저항하는 '재난' 당사자의 모습에서, '재난' 당사자의 곁에서 현장을 함께 지키고 지지를 표현하는 연대자의 모습에서 '안티 젠트리피케이션' 운동은 이미 시작되었음을 확인한다.

| 공씨책방(2017) | ⓒ신현방

'서울미래유산'으로 지정됐음에도 불구하고 건물주의 임대료 인상 압력에 밀려 강제퇴거의 위험에 처한 서대문구 '공씨책방'의 경우 (왼쪽 하단 사진 참조), 건물주가 제기한 건물인도 청구소송에서 패했지만 당시 판사는 "사회의 이목이 집중된 사건이었는데 현행법에서는 이런 결론 밖에는 가능하지 않은 것으로 보인다"라고 하고 "재판장으로서 유감스럽게 생각한다"고 말한 것으로 보도되었는데,[24] 이는 현행 법제도의 한계를 보여주며, 합법적으로 이뤄지는 임대인의 상권 강탈에 해당하는 무수한 사례 가운데 하나라고 하겠다. 김상철의 글은 (8장) 바로 이러한 상권 강탈에 주목, 상가 건물주와 임차인 간의 불평등한 권리관계 해결을 주장한다. 특히 현재 분쟁을 겪고 있는 다양한 현장에서 건물주에 의해 자행되는 임차인에 대한 '합법적인 강탈', 즉 상권 강탈이 합법이라는 탈을 쓰고 이루어지는 불합리성을 지적하고 있다. 나아가 이러한 갈등을 해결하는 데서 법적 수단의 부족과 '정책 조준의 오류'로 인해 임대차 갈등 해소에 효과가 미약한 정부의 개입을 비판적으로 고찰한다. 궁극적으로는 시세차익을 노리는 투기를 제어하고, 건물주와 임차인의 불평등한 관계를 보다 평등하게 바꾸며, 자영업이 이루어지는 상가를 재산 증식 수단이 아닌 생계 터전으로서 보호하고, 자영업을 할 수밖에 없는 도시 서민을 보호하는 정책이 함께 해야 상업적 젠트리피케이션의 해결을 모색할 수 있음을 주장한다.

이강훈의 글에서는 (9장) 임대인과 임차인의 불평등한 관계를 법제도의 개선을 통해 어떻게나마 조금이라도 덜 불평등한 것으로 바꿀 수 있을지를 고민하고 있다. 특히 주택 임대차보호법과 상가건물 임대차보호법의 적용 과정에서 주거 임차인과 상가 임차인이 임대인을 상대하면서 어떤 불평등한 관계에 놓이는지 구체적으로 짚고 있다. 임차인 입장에서는 계약갱신청구권이 보장된다 하더라도 법에서 정한 계약갱신청구권 기간이 지난 경우에는 어떠한 보호를 받기도 힘들어 임대인의 압력에 대처하기 힘든데, 계약 기간 중에는 물가 인상분을 초과하는 과도한 임대료 인상 상한선에 시달리고 있다. 특히 상가임차인의 경우 계약갱신청구권 기간에 대해 지난 수년간 점차 개선이 이루어지고 현재는 5년에서 10년으로 늘리는 방향으로 법제도 개선이 논의되는 상황에서, 2년에 불과한 주거임차인의 권리 보호에 대해서는 상당히 취약한 현행 임대차보호법의 불균형을 지적하고 있다. 젠트리피케이션에서 이러한 권리의 불균형은 상당히 중요한 시사점을 제공한다. 즉, 아무리 '단골가게 지키기' 등의 운동을 한다 하더라도 심하게는 2년 단위로 지역운동의 주체 중 일부가 (주거 임차인) 지속성을 갖고 지역기반 활동을 할 수 없다면 안티 젠트리피케이션의 동력이 지속적으로 확보되기 힘들 것이기 때문이다.

이영범의 글은 (10장) 지방도시의 재생과 젠트리피케이션의 관계를 다루고, 지방도시의 미래를 고민하고 있다. 쇠퇴하는 지방도시의 회복을 목적으로 이루어지는 지방정부 주도의 재생정책 시행이 종종 상업화로 인한 젠트리피케이션으로 이어지거나 반대로 쇠퇴 경향을 되돌리지 못하고 예산 퍼붓기로만 그치는 사례 등을 짚고, 지방도시재생의 방향 자체에 근본적인 질문을 던지고 있다. 즉, 쇠퇴하는 지방도시의 구조적 원인을 이해하고, 쇠퇴를 막기 위해 정책으로 개입하기보다는 지방도시를 축소도시로 전환하는 것을 고민해야 한다는 것이다. 침체된 지역경제와 낙후한 도시환경을 해결하고자 신규 투자를 유치하려 하지만 여의치 않은 지방도시의 경우, 특정 지역에 대한 정부의 관심과 재생 구역 선포 등은 종종 투기 세력의 개입을 낳고 이는 부동산 시장의 들썩임을 동반한다. 이런 상황에서 쇠퇴도시의 재생은 정주성과 지속성 확보를 위한 축소도시 창출을 통해 사회적 가치의 재생산을 위한 재생이 되어야 한다고 주장한다.

한국의 기존 도시 모델은 부동산과 연계된 유·무형적 자산이 모두 부동산 소유주에게 집중되는 불합리한 구조라서, 부동산 소유주가 크게 노력을 기울이지 않아도 불로소득을 얻는 상황이다. 조성찬의 글에서는 (11장) 공유경제 실현을 장기적인 과제로 삼고, 이에 기반한 구체적인 도시재생 방식으로서 '토지 가치 공유형 지역자산화' 모델을 다루고 있다. 현재는 지역 공동체가 노력해서 창출된 가치는 인정되지 않고 부동산이라는 물질적·법적 관계에 기반한 권리 소유자의 재산권만 강조되고 있다. 특히 임차인의 재산권은 소유주의 재산권 행사에 종속되어 있는 상황이 한국의 부동산 시장이며, 한국에서 젠트리피케이션으로 인한 폐해를 심화시키는 주된 이유 가운데 하나이기도 하다. 조성찬은 '공유지의 비극'의 한국적 현실이 젠트리피케이션이라고 이해하며, 이를 타개하기 위해서는 토지 가치를 사회재로 간주해서 소유주 개인에게 모든 권리를 부여하는 것을 방지하고, 사회재를 지역자산으로 전환, 이로부터 발생하는 모든 잉여를 지역공동체에 재투자하는 방안을 제시한다.

전은호 (12장) 역시 토지 소유의 구조적 문제점에 주목, '공유'의 가치를 세우고 공유재를 도시민 삶의 토대로 만들 때에만 젠트리피케이션을 해결할 수 있을 것이라고 주장한다. 특히 토지를 사유재가 아닌 공유재로 이해하고, 이미 주어진 공유재조차 점차 사유화가 되고 새롭게 창출되는 공유지조차 사적 전유가 되는 현실에 대한 비판을 통해 사회적으로 창출된 가치를 공동체가 자주관리할 수 있게 하는 다양한 제도의 가능성을 논의한다. 특히 공동체토지신탁Community Land Trust에 주목, 비영리 공동체 조직이 토지를 영구 소유하고 여기서 발생하는 가치는 공동체의 재생산을 위해 공유하는 것이 젠트리피케이션으로 인한 공유재의 사적 전유를 막는 데 효과적일 수 있음을 주장한다. 이와 비슷하게 부동산투자협동조합 방식을 통한, 개인토지소유에 대비되는 연대에 기반한 자산화 방식 역시 젠트리피케이션에 대항할 수 있는 수단으로 이해한다.

6 | 젠트리피케이션 극복은 가능한가?

지난 2017년 6월 어느 텔레비전 프로그램에서 젠트리피케이션이 거론되면서 사람들의 관심을 끌었다. 그 가운데 어느 출연자의 "인류 역사상 그걸(젠트리피케이션을) 막는 방법은 없었습니다"라는 발언이 특히 주목을 받았는데, 과연 막을 방법이 없는 것인가? 일견 젠트리피케이션 없는 세상은 실현하기 힘들다고 할 수 있다. 단, 여기에서 '세상'은 지금 우리가 살고 있는 '자본주의 세상'이라고 해야 할 것이다. 자본주의 사회에서 도시 공간의 생산 자체가 자본과 정치 권력을 가진 이들의 목소리에 지배적인 영향을 받는데, 이를 뒤엎기에는 어려움이 만만치 않기 때문이다.

특히 20세기 중후반 한국의 도시화 과정은 발전주의 도시화 과정이었다. 중앙집권적이고 비민주적이면서 권위주의적이었지만 정치적 정당성 획득을 위해 경제성장에 자원을 집중함으로써 국가주도형 산업화를 추구하였다.[25] 이러한 발전주의 도시화 과정에서 보편적 복지보다는 선별적 복지가 시행됐으며, 체제수호를 위해 동원된 특정 집단에게 상대적으로 보다 많은 혜택이 제공되었다.[26] 여기서 발생한 '부동산 계급사회'는 장기간 지속된 부동산 불패신화 창조를 통해 사람들에게 부동산은 곧 신분을 상승하고 부를 증대하는 최적 수단이 된 것이다. 이로써 한국의 발전주의 도시화 과정은 곧 투기적 도시화 과정이 되어 토지자산의 집중과 자산 불평등을 야기했다.[27] 여기에 서울 강남의 개발신화는 투기가 한국 도시 패러다임의 밑바탕이 되는 데 큰 역할을 하였

| 강남 재건축 아파트 단지 전경(2015) | ⓒ신현방

다고 이해할 수 있다 (위의 사진 참조).[28]

　이러한 상황에서 '안티 젠트리피케이션' 운동은 더욱 계란으로 바위 치기 하는 셈이 아닐까라는 우려가 들 수 있다. 그러나 젠트리피케이션을 막을 방법이 없다고 해서 '안티 젠트리피케이션' 운동 자체가 아무 의미 없다고 할 수는 없다. 자본주의 체제의 폐해가 심하다고 해서, 자본주의 하에서 개혁·변혁운동이 아무 소용없는 일이라고 하지 않는 것과 같은 맥락이다. 오히려 이러한 운동에 더욱 매진해야 할 일이다. 젠트리피케이션으로 인한 폐해가 기존 토지 이용자의 쫓겨남이라면, 결국 '안티 젠트리피케이션' 운동의 관건은 소극적으로는 이러한 쫓겨남을 방지할 수 있는 대책을 세우고, 경제적 지위에 상관없이 도시민 모두가 공존할 수 있는 다양성을 보장받기 위한 제도의 마련에 있을 것이다.[29] 나아가 이러한 공존을 위해 재개발·재건축 현장 등에서 버려지거나 소멸되는 각종 동식물에게도 '시민권'을 부여하는 것 역시 진지하게 생각해봐야 할 것이다.[30]

　좀 더 적극적인 의미에서의 '안티 젠트리피케이션' 운동은 자본주의적 공간 생산 방식 자체를 새롭게 디자인하는 것이라고 할 수 있다. 이를 위해서는 젠트리피케이션을 가능하게 하는, 부동산 지배 이데올로기에 맞설 대안 이데올로기의 생산과 지역공동체의 지속적 저항을 가능하게 하는 물질적·제도적 기반의 확보도 필요하다. 그를 위한 운동은 궁극적으로 자본주의 사회에서 공간 기획과 생산의 주체가 되지 못하는 수많은 도시민들이 주체로 나설 수 있도록 도시권을 확보하는 운동일 수 밖에 없으며,[31] 도시 공간의 경제적 기능이 사회적 기능에 종속되도록 하기 위한 운동이 되어야 할 것이다.

2장

문제는 강제퇴거

: 인간의 존엄을 박탈하는 폭력

——

미류
인권운동사랑방 상임활동가

용산참사는 모두에게 지울 수 없는 화염의 기억을 남겼다. 물대포와 컨테이너가 망루를 흔들어대던 중 화염이 치솟았고 경찰은 아무도 구조하지 않았다. 여섯 구의 시신이 땅으로 내려왔고 검경의 수사와 기소가 시작되었다. 재판부는 철거민이 범인이라고 했다. 국가는 철거민들에게 형벌을 내려 경찰의 죽음을 위로했고, 철거민 다섯 명은 범죄를 짓는 과정에서 스스로 목숨을 잃은 사람들이 되었다. 경찰의 과잉진압으로 빚어진 참극을 사법부는 방화 사건으로 만들어버렸다. 불타는 망루의 선연한 기억과 달리 국가가 폭력을 휘두른 기억은 희미해지고 있다.

이 사건이 국가 폭력으로 기억되지 못하고 있다면 그 이유는 망루의 화염만 기억되기 때문일 것이다. 경찰의 강경진압이라는 가시적이고 즉각적인 폭력도, 화염 뒤에서 비가시적으로 서서히 진행되었던 개발의 폭력도 사라져버렸다. 용산참사를 겪으며 많은 사람들이 개발의 문제점을 깨닫게 되기는 했다. 살던 사람을 아무 대책 없이 내쫓으며 추진되는 개발이 정의롭지 않다는 공감대가 만들어졌다. 그러나 강제퇴거라는 폭력을 근절하는 데까지 이르지는 못했다.

1 | 인권의 시선으로

2009년 11월 제네바에서 한국 정부의 사회권규약 이행 여부에 대한 심의가 진행되었다. 이때 한국 정부는 용산참사가 강제퇴거가 아니라고 주장하여 유엔 사회권위원들을 당혹스럽게 했다. 한국 정부는 철거민들의 저항을 '불법 점거농성'으로밖에 보지 못했던 것이다. 사회권 심의가 있을 때마다 강제퇴거에 대한 우려와 권고를 받아왔지만 정부는 용산참사를 통해서도 인권 보장의 의무를 전혀 배우지 못했다. 정부는 여전히 주거권을 비롯한 사회권에 대해 이해하지 못한 듯 보인다.

사회권은 흔히 복지의 문제로 여겨진다. 가난한 사람들에게 임대주택을 공급하거나, 건강보험으로 의료비 부담을 줄이거나, 실업 상태에 처한 사람들에게 실업급여를 제공하는 것. 국가가 나서야 한다는 인식은 있으나 그 수준은 '구휼'에서 크게 벗어나지 않는다. 인권에서 출발하지 않기 때문이다. 사람답게 살기 위해 집과 일이 필요하다는 점은 누구나 알고 있다. 그런데 집과 일을 인권으로 접근할 때 국가가 보호하고 실현해야 할 것은 집과 일 자체로 한정되지 않는 '사람다움'이다. 집이 없어서 집을 공급하는 것이 아니라, 집이 없는 상태가 사람다움 즉 인간의 존엄을 유지하기 어려운 상태이므로 집을 공급하는 것이다. 같은 말인 것 같지만 이는 전혀 다른 인식에서 출발한다. 강제퇴거를 둘러싼 논쟁이나 사건의 양상을 보면 뚜렷한 관점의 차이가 보인다. 개인이나 어떤 집단이 점유하고 있던 장소로부터 강제로 쫓겨나는 상황이 강제퇴거다. 공간을 빼앗기는 것도 문제지만 누군가 '강제로' 쫓겨날 수 있다는 점이야말로 인권 문제의 핵심이다. 그러나 거주하기 위해 또는 일하기 위해 점유하는 공간은 '사람다움'을 지키기 위한 공간으로 이해되지 못한다. 그저 '임대차계약'에 따른 물건으로만 다루어진다. 그래서 누군가 쫓겨나는 상황은 계약의 종료나 변경에 관한 문제로 치환된다. 행정부는 각종 개발 정책을 쏟아내는 동시에 경찰력으로 저항을 봉쇄하고, 사법부는 물건의 소유권을 확인하는 명도소송으로 강제퇴거를 승인한다. 입법부는 임대차보호법 개정안을 앞다투어 내놓지만 계약의 불합리함 이상을 다루지는 않는다. 주거권을 인간이 누려야 할 기본권으로 인식하고 접근하지 않는 것이다.

용산참사 이후 점차 '젠트리피케이션'이라는 용어가 사회화됐다. 10년 전만 해도 낯설었던 용어를 이제는 지자체나 언론에서도 자연스럽게 사용한다. 상가 세입자들이 쫓겨나는 상황은 많이 알려졌다. 그러나 '임대료가 올라서', '건물주의 욕심 때문에' 생기는 안타까운 일로 인식될 뿐이다. '젠트리피케이션'이라는 현상 안에 잠재한 강제퇴거라는 본질은 여전히 충분히 조명되지 못하고 있다. 건물주가 어떤 사람이건, 지대의 변화가 어떠하건, 공간을 점유하고 사용하는 사람의 의사에 반해 '강제로' 쫓겨나서는 안 된다. 공간은 물건이기 이전에 삶이기 때문이다.

2 | 강제퇴거의 역사

한국 사회에 처음으로 등장한 '용산'은 광주대단지다. 박정희 정권 시절, 서울시의 무허가 빈민촌을 정리하기 위해 10만 명이 넘는 사람들이 경기도 광주(현 성남시)로 보내졌다. 새로운 주거지를 준다고 했다. 그러나 그 말을 믿고 이주한 사람들의 눈앞에는 허허벌판의 땅이 광활하게 펼쳐져 있을 뿐이었다. 집을 준다는 말은 거짓말이었다. 그들은 서울에서 쫓겨났을 뿐이다.

삶을 이어가기 위한 아무런 수단도 없었다. 일자리나 상가가 없는 것은 당연하고 상하수도나 화장실과 같은 기본적인 시설도 터무니없이 부족했다. 광주로 쫓겨난 사람들은 삶으로부터도 쫓겨났다. 그런 주민들에게 세금 고지서가 날아들자 주민들의 분노가 폭발했다. 경찰은 주민들을 막을 수 없었고 결국 서울시와 정부가 사과하고 나섰다. 주민들의 요구가 일부 수용되었지만 강제퇴거에 대한 반성은 없었다.

'무허가 불량주택'을 개량한다는 명분으로 1970년대에도 강제퇴거는 계속되었다. 1983년 전두환 정권의 '합동 재개발'은 새로운 국면을 열었다. 토지 등 소유자가 토지를 제공하고 건설사가 사업 비용을 부담하는 방식으로 개발 수익을 나누어가지는 구조가 만들어졌다. 부동산 시장으로 자본이 몰려들면서 우후죽순 개발이 추진되었다. 부동산 불패 신화가 확산되는 만큼 세입자들이 투쟁해야만 하는 일도 많아졌다. 세입자들을 내쫓기 위해 '적준'을 비롯한 철거 용역업체들이 본격적으로 등장했다. 용역들의 폭력은 강제퇴거라는 말에 자연스럽게 따라 붙는 이미지가 되었다.

1990년대를 지나며 주택 재개발의 한 시대가 마무리될 즈음 뉴타운이 등장했다. '도시재정비촉진을 위한 특별법' 제정과 함께 시작된 뉴타운 붐은 더 이상 주거환경 개선이라는 명분에 붙들리지 않았다. 개발의 목적은 '도시 경관'의 조성이었다. 부동산 금융화의 흐름과 발맞춰 도시

가 '디자인'되기 시작했다. 1987년 민주화항쟁 이후 개발 사업에서 재
정착 대책이 법으로 보장되기 시작했지만 뉴타운의 원주민 재정착률은
20%도 안 됐다. 가난한 사람들은 어디에도 장소를 얻기 어려웠다.

　젠트리피케이션이라는 용어가 사회적으로 널리 쓰이게 된 것은 부동
산 수익 구조의 변화 때문이다. 주택공급이 일정하게 포화 상태에 이르
고 개발 사업의 수익도 예전 같지 않다. 신규 건설이나 재건축을 통한
분양보다 도심 상권의 임대가 더욱 큰 수익을 안겨준다. 강제퇴거도 전
면철거 재개발과는 속도나 풍경이 달랐다. 건물은 그대로인데 가게가
바뀌고 동네는 그대로인데 성격이 변화했다. 장소는 천천히 변해갔고,
그러다 보니 각 문제가 국지적인 것처럼 평가되기도 했다. 사안은 더욱
개별화되는 듯 보였다. 그러나 쫓겨나는 모습들이 조금 달라졌을 뿐이
다. 강제퇴거라는 폭력은 이어지고 있다.

3 | 보이지 않는 강제퇴거의 폭력

사람들이 '강제퇴거'라는 말을 듣고 떠올리는 것은 '강제철거'에 가깝
다. 극단적인 경우에는 사람이 집에 있는데도 문을 뜯어내고 건물을 부
순다. 조금 덜 극단적인 경우에는 물리력으로 사람을 끌어낸 후 곧바로
건물을 철거한다. 돌아갈 곳을 없애는 것이다. 극단적인 경우가 철거촌
의 일상이었다는 점에서 '극단적'이라는 표현은 부적절할 수 있다. 그러
나 '쫓겨남의 스펙트럼'에서 보자면 극단이다.

　사람이 살고 있는 집은 건드리지 않는 대신 사람들이 떠나간 집을 반

파하여 동네를 폐허로 만들기도 했다. 다가구주택의 위층이 집을 비우면 수도관을 부숴서 아랫집으로 물이 줄줄 새게 하거나, 아래층이 집을 비우면 입구를 쓰레기로 잔뜩 채워놓는다거나 하여 도저히 거주할 수 없게 만들기도 했다. 용역깡패들이 골목마다 어슬렁거리며 길을 막거나 행패를 부리기도 한다. 조합에서는 법대로 하는 것이니 나가라는 말만 하고 구청을 찾아가면 생떼를 부린다고 했다. 법원을 찾아가면 당신 집이 아니니 나가야 한다는 판결만 한다. 극단적 폭력에 노출되기 전에 제 발로 나오더라도 그것이 강제퇴거라는 점은 달라지지 않는다.

최근의 '젠트리피케이션' 현상에서는 건물의 철거가 보이지 않는다. 그래서 더욱 강제퇴거로 인식되지 않기도 한다. 주거 세입자들이 2년마다 이사를 다녀야 하는 불안정성도 자연스러운 풍경일 뿐 문제적 현상으로 지목되지 않는다. 집주인이 터무니없이 임대료를 올려 내보내려고 할 때 세입자는 대응할 수단이 없다. 임대차계약은 거주의 기간을 약속하기보다 이주의 시한을 예고한다.

국제인권기구는 강제퇴거가 '중대한 인권침해'임을 오래전부터 강조해왔다. 유엔 사회권위원회는 1991년 발표한 일반논평 4에서 '적절한 주거에 대한 권리'를 다루며 주거권 보장 의무를 이행할 것을 촉구했고, 1997년에는 일반논평 7 '강제퇴거'를 발표하여 다시 한 번 강제퇴거의 문제를 강조했다. 이후로도 유엔 주거권특별보고관은 '점유의 안정성'을 보장해야 한다고 강조해왔다. 어딘가에 안정적으로 머무를 수 있는 것이야말로 삶을 안정적으로 계획할 수 있는 기본 조건이기 때문이다. 많은 국가들은 소유를 통해 점유의 안정성이 달성될 수 있다는 환상에 매달린다. 그러나 이와 같은 접근은 점유의 안정성을 위태롭게 하는 배경이 될 뿐이다.

4 | 폭력의 질서

낡은 집보다는 깨끗한 새 집이 좋고, 언제라도 이사 갈 준비를 해야 하는 집보다는 오래오래 살 수 있는 집이 좋다. 이것은 주거권의 내용이기도 하다. 사람답게 살 만한 집이란 환경이 쾌적하고 안정적으로 점유 가능하며 주거비가 적정한 집이다. 그런데 사람들의 감각은 주거권과 다른 방향으로 뻗어나간다. 오래된 동네보다는 새로 지은 아파트단지가 낫고, 무리를 해서라도 집을 사야 한다는 생각으로 향하는 것이다. 사람답게 살 만한 집을 구하고 누리는 경로가 사회적으로 정해지기 때문이다. 개발지상주의나 소유중심주의 이데올로기는 견고하다. 국가의 법과 제도가 그것을 지탱하고 촉진한다.

무분별한 개발이 문제라고 생각하는 사람들은 많다. 그러나 현실에서는 '무분별함'에 대해 판단하는 기준이나 과정이 없다. 대부분의 개발 사업은 주체가 조합이더라도 지자체나 국가의 계획 안에서 추진된다. 중앙정부나 지방정부는 공익이나 인권을 고려하기보다 경제적 효과나 세수 증가를 고려한다. 개발의 밑그림이랄 수 있는 계획 수립 시기에 공적으로 계획을 검토하지 않는다.

계획의 큰 틀 안에서 소유권자들이 조합을 만들면 개발은 시작된다. 계획을 변경하더라도 확장하는 방향으로 움직이기가 쉽지 개발을 유예하는 방향으로는 어렵다. 개발 관련 법령이 정한 절차에 따라 사업이 추진되기 시작하면 막을 방법도 별로 없다. 정부의 의지든 건설사의 로비든 주민의 민원이든 시작되는 순간 '끝'은 결정된다. 개발사업의 끄트머리에서 아무런 대책 없이 쫓겨나야 하는 세입자들이 항의한들 세입자의 손을 들어주는 곳은 없다. 저항하는 세입자는 개발의 발목을 잡는 이들로 비칠 뿐이다.

개발사업은 공간을 적극적으로 변모시킨다. 사업의 방향에 따라 풍경만 달라지는 것이 아니라 공간의 성격과 기능이 달라진다. 그런데 의사결정의 권한은 소유주들에게만 있다. 공간을 점유하거나 사용하는 사람들은 자신의 삶에 크게 영향을 미치는 결정에 참여할 권한이 없다. 토지를 소유한 사람이 공간에 대한 절대적 지배력을 갖는다. 민주주의는 발디딜 곳이 없다.

개발사업만의 문제가 아니다. 주택이나 건물의 점유와 관련한 일반적 원리를 제시하는 임대차보호법은 세입자의 권리 보장에 크게 관심이 없다. 오히려 세입자의 권리를 제한함으로써 소유주의 권리를 보장하는 것이 임대차보호법의 실체다. 세입자는 언제까지 살고 싶다거나, 얼마 정도를 낼 수 있는지 협상할 기회가 없다. 간혹 "나가고 싶을 때까지 사세요"라는 집주인의 말을 듣기도 하지만 계약으로 확인할 수는 없다. 주택이든 건물이든 점유하여 사용하는 사람의 권리가 소유권자의 시혜를 통해서만 보장된다면 그것을 권리라고 부를 수는 없다. 법과 제도들이 도리어 강제퇴거를 폭력으로 인식할 수 없게 만드는 장치가 되는 것이다.

5 | 공간의 민주주의

요한 갈퉁Johan Galtung은 '구조적 폭력'을 다음과 같이 풀이하며, 우리가 직시해야 할 폭력이 무엇인지 짚어주었다. "한 집에서 남편이 아내를 때리면 사람들은 그것을 폭력이라고 하지만, 모든 집에서 여성이 교육을 받지 못하는 것을 폭력이라고 하지는 않는다." 한 집에서 용역깡패가 세입자를 폭행하면 사람들은 그것을 폭력으로 본다. 그러나 모든 집에서 세입자가 언제 떠나게 될지 모르는 불안함을 견디는 것을 폭력으로 보지는 못한다.

소유주의 욕심이나 의지는 강제퇴거의 원인이라기보다는 구조적 폭력이 만들어낸 욕망에 가깝다. 실제로 개발사업에서 강제퇴거에 내몰리는 것은 세입자만이 아니다. 뉴타운이 한창 진행되면서 개발이 장밋빛 미래를 선사하지 않는다는 사실이 드러나자, 집을 소유하고 오랫동안 거주했던 소유주들은 뉴타운 지정 철회를 요구하기도 했다. 그러나 이미 지정된 개발사업구역의 지정을 철회하는 일은 만만치 않았다. 소유권을 신성시하는 장치들은 소유주와 세입자를 가르기보다 공간으로부터 사람을 도려낸다. 사람을 지운 자리는 자본이 차지한다.

소유를 중심으로 부당하게 권리를 분배하는 시스템은 이데올로기적 효과만 낳는 것이 아니다. 법과 제도가 정한 권리 분배 시스템은 물질로서의 장소를 분배한다. 주택 재개발 사업이나 신도시 개발은 누군가의 삶을 대가로 건설업체를 배불리는 사업이었다. 동네의 작고 오래된 가게들을 내쫓은 자리는 대개 대기업 프랜차이즈 업체들이 채운다. 삼성은 한남동 일대의 땅을 사들여 문화제국을 만들기도 한다. 아파트는 실제 거주환경보다 브랜드 가치로 평가되고 살고 있는 집이 분양아파트이냐 임대아파트이냐 하는 것이 사회적 신분을 가른다. 자본은 도시를 변화시키고 도시의 변화는 삶의 변화를 추동한다. 강남에서 일하고 홍대에서 놀고 일산에서 자는 삶은 '우리'가 욕망한 삶이 아니다. 세입자든 소유주든 말이다. 이는 자본이 분배한 장소에 갇히는 삶이다.

저마다 자신의 삶에서 주인이 되는 것이 민주주의의 정신이라면 공간에 대해서도 마찬가지다. 강제퇴거가 용인될 때 민주주의는 불가능해진다. 자영업을 위해 필요한 공간과 거주를 위해 필요한 공간은 성격이 다르지만, 점유가 안정적으로 보장되어야 삶이 이어질 수 있다는 점에서는 같다. 미군기지를 짓는다거나 발전소를 세운다거나 하는 국책사업이 강제퇴거의 원인이 될 때도 마찬가지다. 토지나 건물로부터 누군가의 삶을 떼어낼 때 인권은 자리를 잃는다. 강제퇴거를 '인간의 존엄을 박탈하는 폭력'으로 이해하고 적극적으로 거부할 때에야 우리는 강제퇴거의 고리를 끊을 수 있다.

6 | 인간의 존엄을 박탈하는 폭력

물리적·정신적 폭력을 당하는 것이 강제퇴거 피해의 전부는 아니다. 강제퇴거를 당한 이들은 사회적 관계로부터 단절된다. 2011년 서울역에서 노숙인 강제퇴거가 단행되었다. 서울역사 안에서 잠을 잘 수 없도록 문을 걸어잠근 것이다. 자정이 지나 서울역 문이 닫히면 역사 인근 여기저기에서 사람들이 잠을 청한다. 어디선가 잠을 잘 수 있으니 강제퇴거는 아니지 않을까? 단지 지붕이 있고 없고의 차이일 뿐인 것 아닐까? 아니다. 노숙인들이 어디에서도 자리를 얻을 수 없는 비시민이라는 점을 확인시킨 것이 노숙인 강제퇴거라는 폭력의 본질이었다. 노숙인들은 장소를 얻을 수 없는 사람들이다. 대규모 국제 행사가 벌어질 때마다 노숙인들을 숨기기 위한 강제수용 조치가 시도되었던 것도 동일한 이유에서다. 장소가 없다는 것은 사회구성원으로서 인정받지 못함을 드러낸다.

점유의 안정성은 존재와 관계의 안정성을 확보하는 토대가 된다. 시민권은 장소를 통해 인정된다. 제도적으로 주소를 갖는다는 것에서 단적으로 드러난다. 누군가 점유하는 공간이 주소를 통해 증명될 때 투표권도 생기고 입학 지원이나 입사 지원도 가능해진다. 영업을 하기 위해 필요한 각종 제도도 주소가 있어야 이용할 수 있다. 제도를 경유하지 않는 사회적 관계도 점유를 필요로 한다. 이웃사촌이라는 말이 괜히 생겨난 것이 아니듯이, 우리는 공간을 점유함으로써 풍성한 사회적 관계를 누릴 수 있다. 즉, 장소를 통해서만 인간은 존엄할 수 있다. 강제퇴거는 누군가로부터 공간을 빼앗을 뿐 아니라 시민의 자격 또한 박탈한다.

강제퇴거를 금지하는 것은 장소를 '고정'하기 위해서가 아니라 모든 사람이 장소에 대한 권리를 누릴 수 있도록 하기 위해서다. 개발사업이 시작된 후 동네가 모두 폐허가 되었음에도 내 집이 남았다면 어떨까? 자리를 빼앗기고 강제로 쫓겨나는 것보다야 나을 것이다. 그러나 함께 살던 이들이 모두 떠난 자리에서 이웃도 관계도 없이 자리를 지키는 것 자체에 삶을 걸어야 하는 상황은 여전히 폭력적이다. 실제로 이런 상황이 발생하는 동네가 있지만 이는 세입자를 위해 개발을 멈춘 것이 아니다. 다 부숴놓고도 여러 이유로 개발을 추진할 수 없게 되자 방치하는 것이다. 쫓겨나는 삶과 방치되는 삶은 다르지 않다.

7 | 강제퇴거금지법, 더 늦기 전에

용산참사 이후 강제퇴거금지법 제정 운동이 시작되었다. 용산참사 때문만은 아니다. 용산참사가 처음이 아니었고 또 끝도 아닐 것이기 때문에 시작된 것이다. 철거민들의 외로운 목소리는 반백년 동안 이어져왔다. 철거민들이 여기저기에서 쫓겨날 때 국가는 그들을 보호하지 않았다. 무허가 주택이므로, 세입자일 뿐이므로, 법이 정한 개발 절차를 따랐으므로 철거민들은 장소를 얻을 자격이 없다는 선언만 반복했다.

그러나 쫓겨나는 사람들은 가만히 있지 않았다. 사람이라면 살 집이 있어야 하는 것 아닌가, 길거리에 나앉을 수는 없지 않은가, 임시주거지라도 만들어놓고 집을 부숴야 하는 것 아닌가…… 온 삶을 걸고 이들이 외쳤던 이야기들은 고스란히 국제 인권 규범에 담긴 내용이다. 우리 사회가 인권을 향해 한걸음이라도 나아갈 수 있었던 것은 이들의 저항 덕분이지만, 미래를 개선할 책임을 이들에게만 떠넘겨서는 안 된다.

용산참사 이후 강제퇴거에 영향을 미치는 법령은 조금씩 개정되어 왔다. 개발사업에서 세입자 대책을 보완한다거나, 무리하게 지정된 개발구역을 해제할 수 있는 제도적 방안도 만들어졌다. 젠트리피케이션을 사회가 주목하게 되면서 상가 임대차보호법도 제한적이나마 개정되었다. 자영업자 보호가 중요한 사회적 의제가 된 것이다. 주택 임대차보호법에서 계약갱신 청구권이나 임대료 상한제 등도 꾸준히 논의되고 있다. 그러나 여전히 강제퇴거의 폭력에 대한 이해에 이르지는 못했다. 소유주의 권한에 우선적 지위를 부여한 채 국가가 세입자를 대신해 '양해'를 구하는 수준을 넘어서지 못하는 것이다.

머무를 권리가 보장될 때 떠날 자유도 누릴 수 있다. 인권에 대한 국가의 의무는 사람들을 '내버려두는 것'에 그쳐선 안 된다. 인권을 보호하기 위해, 시민들이 삶을 이어가는 장소에 대한 권리를 누릴 수 있도록 정부는 다양한 조치를 취해야 한다. 소유가 권리의 자격이 되어서는 안 된다. 점유의 안정성을 법으로 보장해야 한다. 강제퇴거금지법은 강제퇴거가 사라져야 할 폭력임을 밝히는 기본법이자 강제퇴거를 막기 위해 어떤 조치들이 필요한지 살피는 출발선이다. 누구도 배제하지 않는 민주주의가 시대적 과제라면, 모두의 장소를 지키기 위한 강제퇴거금지법 제정은 변화의 징표다.

3장

재美난학교

: 재난 현장이 학교입니다

최소연
테이크아웃드로잉 디렉터·재난학교 설립자

터널 밖으로 나왔다. 어떻게 나왔는지는 확실하지 않지만 검은 터널 밖에는 빛이 있었다. 네 차례나 강제집행을 가열차게 진행하던 연예인 건물주가 정중히 '사과'했고 모든 소송이 취하되고 '권리'도 인정되었다. 블록버스터 재난 영화 주인공처럼 백발이 된 채 잿더미를 뒤집어쓰고 동료들과 터널 밖에 서 있었다. 영화보다 더 영화 같았다. 우리가 겪은 일들이 '사회적 재난'이라는 판단이 들었다. 국회 토론회에서 '재난은 문화예술로만 넘어설 수 있다'고 감히 선언했었지만, 진짜 넘어설 줄은 기대하지 않았다. 모든 것이 어리둥절했다. 우리 측의 요구대로 자발적 복구와 회복의 기간이 남겨져 있었다. 무엇을 잃어버리고 무엇을 지켜 냈는지 알고 싶었다.

테이크아웃드로잉이라는 카페 형태의 미술관이 맞은 재난은 무언가에 대한 상징 같았다. 헌법에 명시된 국민의 존엄이 지켜지지 않는 도시를 목격한 이후 헌법과 현장의 간극을 좁혀낼 방법에 마음이 머문다. 그리고 비슷한 유형의 젠트리피케이션 현장을 찾아가 그걸 여러 사람들과 다양한 각도로 읽는다. 읽는다는 것은 현장을 보게 한다는 것일지도 모른다. 작은 가게와 자발적 형태의 삶의 터전들이 송두리째 뿌리

뽑혀나가는 현장에는 그간 젠트리피케이션 관련해 접했던 기사나 논문이나 자료들에 수록되지 못한 엄청난 상실과 시민적 삶의 원형이 있었다. 특히 테이크아웃드로잉은 지역과 문화적 생태계가 활발하게 반응하는 접촉 지점에서 발화하기 때문에 법과 제도가 완전하게 개정되지 않는 한 어디로 이주해도 안전하지 않다. 우리가 운영을 지속한다는 것 자체가 마을 공동체에 젠트리피케이션을 불러오는 꼴이 되었다. 그래서 테이크아웃드로잉 디렉터가 아닌 한 사람의 예술가로 세상을 바라보며 대안을 생각하게 되었다.

어떻게 하면 부조리한 현실을 바꾸어낼 수 있을까? 문제 가운데 가장 크게 인식된 것은 나를 비롯한 시민들의 무지였다. 여전히 참담한 상황에 있는, 마음 쓰이는 이웃들이 너무나 많았다. 할 수 있는 게 하나도 없다고 생각했으나 안타까운 마음에 찾아간 이웃들의 현장엔 해줄수 있는 것들이 너무 많았다. 우리가 통과해온 캄캄한 터널에 고스란히 갇힌 이웃들을 보며 처음부터 같이 공부하는 마음으로 사건을 정리해보기 시작했다. 언제 입주해서 언제 월세를 올려달라고 했는지, 언제부터 멸시를 당했는지, 영업상 어떤 피해가 있었는지 등 기본적인 인터뷰를 진행했다. 하지만 기억은 뒤죽박죽이었고 감정은 자포자기나 분노에 크게 치우쳐서 혼란이 가중되었다. 우리는 재난 당사자가 할 수 있는 게 실은 거의 아무 것도 없는 도시에 살고 있다. 저항해봐야 돌아오는 건 명도소송 패소와 그로 인한 엄청난 변호사 비용뿐일 거라는 인식이 팽배하고, 그것은 사실이다.

나가라는 일방적인 통보가 가져다준 수치심에 내용을 공개하지도 못하고 두서 없는 분노와 적개심과 패배의식 속에 병이 난 사람들도 많았다. 그야말로 사회적 재난이었다. 할 수 있는 것이 아무것도 없더라도, 이 재난의 공공성을 선언하는 것이 중요했다. 재난 당사자들이 고립되어 혼자서 재난에 잠식당하는 것은 위험하다. 그런 취지로 찾아간 현장에서 재난 당사자들이 조금씩 사태를 파악해나가고 외부 자료도 찾아보고 판단하며 변화하는 것을 곁에서 지켜보며 감동도 느꼈다. 내가 할 수 있는 건 그들 자신이 생각을 정리하도록 함께 곁에 있거나 질문을 던지는 것뿐이었지만 그 후의 변화는 놀라웠고, 그 감동을 SNS에 남긴 적이 있었다. '이곳이 재난학교입니다'라고.

물론 나에게는 테이크아웃드로잉, 한남동 사태가 최초의 '재난학교'였다. 그 이전과 그 이후의 사고가 확연히 달라졌으며 마치 여러 개의 과목을 동시에 이수하고 엄청난 과정을 통과한 수료생 같았다. 조금 더 공부하고 여러 사람들과 더 깊이 고민한다면 이웃에게 전할 내용이 더욱 풍부해지리라는 확신이 들었다. 시민들이 깨우쳐야 세상을 바꾸어 나갈 수 있다는 판단으로 오늘도 현장에서 학교를 연다. 내게 젠트리피케이션 현장은 다시 해석해내야 할 탐구 주제이자 교과서다.

이 글은 젠트리피케이션에 대한 출판물을 구상 중이라는 신현방 교수로부터 집필 제안을 받고 그에 대한 답변으로 지난 2017년 3월 구상해본 것이다. 6개월이 지난 이후 퇴고를 위해 수정하는 지금 초안은 실행파일이 되었다. 젠트리피케이션으로 밀려나는 카페, 꽃집, 책방, 재개발 지역 아파트단지, 시장, 난민들의 재정착 현장에 이르기까지 2017년 5월부터 곳곳의 재난 현장에서 크고 작은 형태의 재난학교가 세워지고 있다.

● "모든 국민은 인간으로서의 존엄과 가치를 가지며,

　행복을 추구할 권리를 가진다. 국가는 개인이 가지는 불가침의 기본적 인권

　을 확인하고 이를 보장할 의무를 진다."

_《헌법》 제2장 제10조

1 | 재난 이전의 삶

예술가들이 두 달씩 체류하는 테이크아웃드로잉의 'Café Residency(카페 레지던시)' 프로그램은 2006년부터 일관되게 진행되어 전시, 공연, 워크숍, 프로젝트가 이어졌고 찾아오는 방문객 층이 다양하고 그 수도 많았다. 자발적으로 표현되는 드로잉은 매혹적인 언어이다. 예술가가 체류하면서 한 가지 전시 주제를 올리고 그 초안으로서 낙서 같은 첫 그림을 그리면 그것이 구체적인 스케치를 낳고 스케치는 가구나 조각 오브제로 제작되거나 사진 작품 혹은 그림이 된다. 완성된 작품은 공간을 통해 발표되고 오프닝 행사나 토론회를 통해 작업을 함께 읽고 진화시킨다. 전 과정이 드로잉이었다. 예술가들이 체류하는 공간이 카페라는 형태를 취했기 때문에 작업 과정은 카페 방문객들에게 열려 있었다. 일반 시민들에게는 카페의 새로운 형태로 보일 수 있었고, 진지한 예술가들에게는 중요한 무대였다. 그동안 어떤 작가들이 머물다 갔는지가 이 공간의 성격을 말해주었다. 2012년부터는 '세상을 바꾸는 드로잉'을 한 해의 주제로 삼았을 만큼 우리가 속한 시대와 사회에 적극적 관심을 두고 탐구했다. 상업 갤러리와 다르게 상업적 판매를 목적으로 전시를 열

지 않았고 카페를 통해 수익을 올렸으며 그 수익의 일부를 예술가들에게 지원했다. 그렇게 2006년 '드로잉 1. LandscapeMusic', '드로잉 2. 드로잉은 망치질…'로부터 2016년 '드로잉 60. 드로잉괴물정령'까지 세상에 나왔다. 과거형으로 재난 이전의 삶을 기술한다는 건 참으로 마음이 동요되는 일이라는 걸 이 글을 쓰면서 다시금 깨닫는다. 재난학교를 통해 기록하고 기억하고자 하는 것도 '재난 이전의 삶'이 큰 비중을 차지한다. 시민들이 강제로 삶의 중요한 부분을 삭제당하지 않도록 삶의 원형을 재난학교 프로그램을 통해 복원하고 그 중요성을 교육하고 도시에 전하는 일이 필요하다.

2 | 재난 종료 후 자발적 복구

한 가게에서 분쟁이 터지면 그야말로 난리가 난 것처럼 공간이 엉망진창이 된다. 재난 종료 후 계속되는 강제 집행 때문에 입구를 봉쇄하기 위해 설치한 쇠기둥들을 해체하고, 비닐 천막을 걷어내고, 대형 창문을 열자 동네와 격리되었던 공기가 순식간에 내부로 통했다. '분쟁 종식'이라든가 '평화' 같은 단어들의 의미를 몸으로 느꼈다. 집에 가서 잠을 잤다. 더 이상 공간을 지키느라 쪽잠을 자지 않아도 되었고, 온 몸이 긴장으로 깨어 있지 않아도 되었다. 지킴이들도 집으로 돌아갔다. 순찰조도 해산했고 테이크아웃드로잉 안에서 자발적으로 꾸려졌던 반상회, 대책위원회, 망명 캠프도 마무리 작업에 들어갔다. 물론 법률적으로 정리하고 해결해야 하는 많은 서류작업이 남아 있었고 공간에 머문 사람들의 숫자도 만만치 않았기에 한동안 멍했다. 처리해야 할 일과 고마움을 전해야 하는 수많은 일들이 산적해 있었다.

분쟁이 종료되자 나는 테이크아웃드로잉이 위치한 동네를 산책할 수 있었다. 유배자 신세였던 내가 자유를 얻어 굳은 몸을 펴고 햇살 아래 걷는다는 건 참으로 기적 같은 일이었다. 비록 공간의 재건은 불가능했지만 마음을 복구하는 일은 가능할까 궁금했다. 예전의 내 마음이 그리워졌다. 할 수 있는 걸 해보자는 마음으로 2016년 5월부터 〈드로잉괴물정령〉이라는 워크숍을 시작했다. 한남동 테이크아웃드로잉, 가로수길 우장창창, 서촌 통영생선구이, 신촌 행복전, 북촌 장남주우리옷, 연희동 카페 여름, 수원 지동 등 젠트리피케이션 재난 현장에서 3개월간 18회에 걸쳐 재난 당사자, 재난 연대자, 재난 목격자 43인을 인터뷰하고 그들의 마음속에서 호출한 드로잉괴물정령을 돌멩이에 적어 재난유산으로 세상에 전하고자 했다. 돌멩이는 젠트리피케이션이라는 광풍 속에서 마음을 지탱하도록 매달 무게 추로, 상징적인 오브제였다. 하찮은 돌멩이를 가지고 무슨 복구 작업을 하느냐고 질문하던 사람들도 있었지만, 치열했던 분쟁과 쏟아진 댓글들 사이에서 마음의 소리를 시각적으로 발굴하고 싶었다. 우리가 목격한 것들이 다음 재난 당사자에게 훌륭한 유산이 된다는, 조금이나마 나은 결과를 향해 가고 있다는 비전이 필요했다. 그 내용을 마지막 전시로 삼았고 동명의 출판물 《드로잉괴물정령: 재난의 대물림을 끊기 위한 재난유산》(2016)을 세상에 내놓았다. 재난유산밖에 남길 것이 없었다.

● "테이크아웃드로잉, 한남동. 2010년 5월 오픈하여 한남동에서 지속 가능한

드로잉을 실험하고 뿌리내릴 긴 비전은 사회적 안정망이 없는 이 도시에서 젠트리피케이션과 연예인 건물주 싸이라는 광풍을 만나 2016년 여름 8월 31일까지 운영합니다. 더 오래 지키지 못해 아쉬운 마음입니다. 이곳에서 만난 예술과 이웃, 새로운 친구들을 기억합니다. 대화와 사과, 연대와 운명 공동체, 그리고 공유라는 새로운 언어들을 찾고 배우며 한남동을 벗어나 움직이고자 합니다."

_《드로잉괴물정령: 재난의 대물림을 끊기 위한 재난유산》 중에서

참담한 마음으로 이와 같은 메시지와 더불어 재난유산을 준비하면서 클로징 파티를 했고 스스로 납득할 수 있는 기간을 두고 공간을 닫았다. 많은 분들이 폐점일에 찾아와 그날을 함께 보내고 마무리를 할 수 있었다. 그 마지막 날 마음 깊은 곳에 품었던 생각은 '사람이 납득할 만한 시간과 여유를 주지 않는 이 폭력적 내몰림 상황을 모든 이웃이 동시에 끝내야 한다'는 것이었다. 무언가 대단히 잘못되었다. 아직 거기에 이웃들이 있다는 것을 잊을 수가 없었다.

3 | 재난 현장 이수 과목

재난 당사자에 보상금 프레임을 씌우고 마녀사냥을 해대는 모습을 목격한 뒤 다른 재난 현장을 편협하게 바라보던 나의 시선을 수정할 수 있었다. 또한 재난 현장이 된 나의 일터에 고립되고 유배되는 경험을 거치고 나자 그 안에서 내가 엄청난 과목들을 이수했다는 사실을 깨달았

다. 만일 재난 당사자들이 경험한 것을 교과서로 펴낸다면 다른 재난 당사자들에게 도움이 되지 않을까 싶어 글을 쓰면서 '이수 과목'이라는 표현을 붙여보았다.

젠트리피케이션 재난 현장에서 정말 많은 질문을 했다. 왜 이렇게까지 폭력적으로 내몰까? 왜 대화를 안 할까? 왜 가짜뉴스를 퍼뜨릴까? 왜 시민들은 건물주 편일까? 왜 연예인 건물주와 싸우면 마녀가 될까? 유튜브 스타와 싸우는 일에는 왜 이렇게 혹독한 비난이 따르는 걸까? 그 많던 이웃들은 다 어디로 쫓겨간 걸까? 그러다가 관련 분야를 연구하는 학자들이 연대차 찾아오거나 인터뷰를 청하면 되묻고는 했다. "젠트리피케이션 방지 대책은 없습니까?" 저항하고 싸우는 것 외에는 달리 방법이 없다는 답이 돌아왔다. 무엇을 가지고 싸울 것인가? 내 일터에서 전쟁 같은 강제집행이 반복되고 영업은 중단되고 그 많던 손님들은 사라졌고 나는 여기에 묶여 있는데. 무기고가 텅 비어 있는 느낌이었다. 하얗게 쌓이는 소장 무더기에 답하다가 질려버린 터였다. 틀린 질문에 대한 증명을 하느라 허우적대는 꼴이었다. 이 소송이 다 무슨 소용일까? 어차피 세입자를 위한 법이 없는 사각지대였다. 무엇을 할 것인가? 대책위원회를 통해 시작한 첫 행동이 논의의 장을 만들자는 것이었다. 그렇게 비정기 좌담회 성격의 포럼을 만들고 동네명을 넣어 '한남포럼'이라고 이름 붙였다. 2015년 봄에 시작해 2016년 2월까지 6회 진행되었다. 미술가, 현대물리학자, 건축가, 사회학자, 디자이너, 시인, 영화감독, 평론가, 지리학자, 도시학자 등 각 분야의 전문가들이 사태 파악을 위해 뜨거운 발제를 했고 예술작품이 매 포럼마다 생산되었으며 토론이 이어졌다. 포럼을 이어가자 차마 연대하지 못했던 전문가들과 이웃들이 하나 둘 모여들기 시작했다. 현장의 긴장도 높아졌지만, 하나의 단어와 문장이 찾아지기도 했다. 언어를 찾으니 태도를 결정하는 데 많은 도움이 되었다. 발제 인용문은 우리의 무기였다. 물론 당시 우리를 비난하는 폭력적 댓글의 수위가 더 높았지만, 그 내용마저 담아 출판물로 엮어냈다. 출판물은《한남포럼: 비자발적 이주에 저항하는 언어》(2016)라는 제목으로 건물주 싸이와의 투쟁 중에 발간되었다. 출판 비용도 없어서 '텀블벅'을 통해 선구매를 청했던 낯선 경험도 했다. 포럼을 이어갈수록 법을 개정하지 않으면 이웃들도 우리도 이 고통에서 벗어날 수 없다는 확신이 들어, 장소를 국회로 옮겨 토론회를 이어나갔다. 밤을 새워 집중해 발제문을 썼던 기억이 지금도 생생하다. 〈쫓겨난 우장창창의 권리〉라는 제목으로 국회 토론문을 쓸 때는 정말 많이 아팠다. 몸도 마음도 너무 지쳐 있었지만, 재난 당사자들이 발언하지 않으면 세상은 이 고통을 젠트리피케이션이라는 이름으로 도식화해버릴 터였다. 토론을 할 때 모든 참가자의 몸에 〈쫓겨난 우장창창의 권리〉라는 동그란 스티커를 붙여드렸다. 우장창창이 강제집행을 당한 후였으므로, 시각적으로 분명하게 드러내 주장하고 싶었다. 이 모든 과정은 내가 한 번도 경험하거나 공부해보지 못한 분야였지만, 공간을 지키기 위한 절박함과 한 시민의 권리를 찾기 위한 애절함에서 치열하게 매달렸다. 포럼은 사태를 종합적으로 바라볼 수 있는 뷰파인더를 제공했다. 토론 문화는 민주주의의 가장 아름다운 유산이었고, 다른 의견을 존중해야 했다.

포럼을 재난 현장에서 스스로 기획하고 이끌어나가면서 이수한 내용은 하나의 교과서와 같았다. 재난 중에 스스로 배워나가는 공부는 진도가 빠를 수 밖에 없었지만 처음 만나는 낯선 과목들 뿐이었다. 한 과목을 끝내는 것으로 되는 게 아니라 동시에 여러 가지 결핍된 것을 전쟁처럼 해내야 했다. 소송은 날마다 쏟아져서 종국엔 스무건에 다다랐다. 이 많은 난제를 하나씩 풀고 하나씩 통과하지 않으면 터널에서 한 걸음도 나갈 수 없었다.

소송이라는 잔인한 과목을 익히기엔 내 몸과 정신은 너무나 미약했다. 복잡하고 방대한 이 업무는 동료들이 거의 도맡아주었다. 사건번호로 매일 확인해야 하는 분량만으로도 질려버릴 정도였다. 현대판 테러였고 나는 거의 낙제 점수였지만 집요한 동료들과 헌신적인 변호사들의 도움으로 낯선 법률용어들을 익혔다. 억지로 암기하고 익혀나가다 보니 흐름이 보이기도 했지만 건물주 앞에서 나는 사회적 약자였고 게임이 안 되었다. 그러나 만일 법률적 대응을 포기했다면 강제집행정지 판결은 받아낼 수 없었을 것이다. 또 법제화를 위해 스스로 지금처럼 노력하게 되는 일도 없었을지 모른다.

강제집행이라는 과목은 폭력적이었다. 민사법에 명시된 강제집행법이고 뭐고 규칙과 매뉴얼은 있지만 지켜지는 게 하나도 없었다. 법원의 집행관과 사설 용역들에 의해 내몰리는 과정은 법에 명시된 절차대로 전혀 진행되지 않았다. 집행 현장에 매번 출동하는 경찰도 그러한 폭력을 묵인했다. 그런 비열한 방식에 맞서려면 한 가지씩 묻고 저항하고 그 책임을 되물어야 했다. 권리를 남용하는 집행관을 고소하고 파손된 물품의 손해배상을 청구하고 다치고 상처난 동료를 돌봤다. 현장의 혼란 속에는 의논하고 방법을 찾아야 할 것들이 산적했다.

임시기구로 꾸린 **테이크아웃드로잉을 지키기 위한 대책위원회**도 지나고 보니 하나의 과목이었다. 갈수록 가중되는 폭력 앞에 당사자들은 이미 질려버린 터였지만, 그럴수록 방법을 찾아야 했다. 25인으로 구성된 대책위원회는 첫 번째 강제집행 후 조직되어 2016년 8월 말까지 운영되었고, 분쟁 종식 후 2016년 9월에 해산되었다. 예술가, 변호사, 상인, 활동가, 학자, 디자이너, 기획자, 활동가, 드로잉 운영진으로 구성되었다. 장기화한 사태를 해결하기 위해 모인 위원회의 활동은 대체로 민주적 과정을 거쳐 공공성을 띠고 진행되었다. 모든 문제를 테이블에 올려놓고 의논하고 상의하며 위태로운 많은 순간 지혜를 모았다.

결국 **합의**에 도달했기에 합의라는 과목도 하나의 이수과목이 될 수 있을 것 같다. 정말 어려웠다. 대리인을 앞세운 합의 과정은 고통스러웠다. 배신감에 몸이 부르르 떨렸고, 내게 얼굴을 드러내지 않고 거짓말을 일삼는 상대와 맞서느라 수치심마저 들었다. 비자발적 이주의 선배격인 두리반 사장님들은 이미 이수한 합의라는 과목에 대해 조언을 아끼지 않았다. '맘 편히 장사하고픈 상인 모임'(맘상모) 사무국도 조언을 보탰다. 먼저 합의를 한 이웃들도 경험담을 보내왔다. 재난의 속성은 그러했다. 경험한 내용을 나눠주어야 그 이후에 겪는 사람이 조금이라도 판단하며 더 앞으로 나아갈 수 있다. 재난 선배들의 족집게 과외는 난제를 만날 때마다 큰 도움이 되었다. 어디에도 나와 있지 않고 대화를 통해 구전되는 이야기들이었다.

재난 현장에서 할 수 있는 행동으로 **기도**라는 과목도 참으로 아름다운 것 같다. 예배당에 갈 수조차 없는 유배자들을 위해 목사가 현장을 찾아와 드리는 정기 예배는 재난 공간에 색다른 에너지를 불어넣었다. 함께 기도하고 성경을 읽어나가면서 젠트리피케이션에 대한 해석도 다른 레이어를 갖게 되었다. 계절이 바뀌는 동안 예배의 깊이도 깊어졌다. 우리의 목적은 보상금 프레임에서 벗어나 상처받은 마음을 회복하는 것이었다. 함께 노래를 부르고 마음을 모아 겸손해지는 순간이 나 자신과 많은 이웃들을 함께 구할 방법으로 나아가도록 해주었다.

폭력에 대한 사과를 받아야 했다. 그래야 우리 자신이 덜 아플 것 같았다. 그렇게 방향을 잡자 모든 것이 명료해졌다. 마침내 도달한 마지막 이수 과목은 **건물주의 사과**였다. 한국 사회에서 '갑'의 정중한 사과를 받는다는 것은 애초에 불가능한 목표였다. '조물주 위에 건물주'라는 말이 유행이었다. 그런데 마지막 과목을 이수하지 않으면 이 공부는 끝을 볼 수 없었다. 건물주의 '재산권' 앞에 해당 공무원도 정치인들도 많은 세입자들도 포기한 상태였다. 맘상모 회원들은 도전조차 꺼려 하는 과목이었다. 괜히 그런 목표를 정했다가는 합의도 수포로 돌아가기 십상이었다. 이사 비용을 조금 받으면서 합의한 후 '착한 건물주님 고맙습니다'라는 치욕스런 현수막을 걸었던 세입자도 있었다. 내가 겪은 일은 아니었지만 당황스러웠다. 그 건물주가 동네를 활보하며 마을 분위기를 장악하는 것을 도저히 두고 볼 수 없었다.

권리라는 과목은 정말 의미있었다. 살면서 권리 문제에 이렇게 치열하게 매달리게 될 줄 상상도 못했었다. 사회적 약자들의 권리를 법적·제도적으로 명시해 적극적으로 확보하지 않으면 이들은 계속 약탈당하고 축출당하고 박해받을 수밖에 없다. 포괄적 인권뿐 아니라 자영업자의 권리와 임대업자의 의무 등은 다시 깊게 들여다보아야 할 중요한 분야이다. 도시권·시민권·행복추구권 등 세분화된 주제의 연구가 필요하다는 것을 깨달았으며 세입자의 권리가 현실적으로 인정된 사례가 극히 적었기 때문에 이 부분에서 다양한 활동을 병행해야 했다.

괴물이라는 과목은 아직 이수하지 못하고 계속 공부하고 있는 주제 중 하나이다. 우리의 삶을 약탈해 가는 대상에게 지어준 이름이었지만, 동시에 괴물은 우리 자신의 마음속에도 살고 있다는 것을 알게 되었다. 자본주의가 만들어낸 여러 형태의 괴물들은 상대편과 우리 편을 가리지 않고 자유자재로 모습을 바꾸어가며 살고 있었다. 폭탄처럼 소장을 날리는 대리인 자격의 변호사 괴물, 공권력을 사용해 가진 자의 편에서는 경찰 괴물, 약한 자의 손목에 수갑을 채우는 권력 괴물, 댓글로 할퀴어대는 수백 수천 명의 악플러 괴물은 여러 곳의 재난 현장에서 반복적으로 나타났다. 예의 없는 재난 연대자들도 최근 곳곳에서 출몰하고 있다. 반젠트리피케이션 운동을 한다고 하면서 서로를 권리를 위해 싸우고 함께했던 동료의 등에 칼을 꽂는 거짓말과 폭언을 일삼는 모습을 보았다. 이런 행동이 어디에서 연유한 것인지 도저히 가늠하기 어렵지만 재난 시대에 계속될 가장 심각한 현상이라는 것만은 알 수 있었다. 일단 괴물을 잡을 때까지 스스로 재수강하려고 한다.

캄캄한 터널 안으로 연대자들이 쏟아져 들어왔고 '위기의 순간엔 축제를!'이라는 모토로 〈대망명〉이 시작되었다. 선동적인 **예술**과목이었다. 현장에서 기발한 기획들이 쏟아졌다. 음악, 연극, 영화, 현대미술, 디자인, 문학, 물리학, 사진, 건축, 그래피티 등 문화예술의 전 분야에서 젠트리피케이션 광풍에 〈대망명〉 축제라는 방주를 만들고 돛을 올렸다. 이 시기에 생산된 문화예술 작품들의 숫자는 어마어마했다. 놀라운 작품과 공연들, 아름다운 프로그램들이 거의 매일 끊임없이 열렸다. 마치 방주가 세찬 바다를 벗어나기 위해 부단한 노력을 하는 것 같았다. 그들은 이미 모든 분야의 젠트리피케이션을 목격하고 테이크아웃드로잉을 지키기 위해 대망명이라는 선언에 동참한 사람들이었다. 이들은 가치가 공존하는 세계, 문화적 장이 보존되는 세계를 꿈꿨다. '그럼에도 불구하고 예술'이었다. 도시학, 지리학, 지리환경학, 사회학, 문화인류학 등 다양한 분야의 학자들과 연구원들은 이 현상을 흥미롭게 지켜보며 한남포럼과 외부 포럼에서 발제하고 매체에 기사를 기고했다. 먼 거리에 있어 연대가 어려운 분들은 기사나 칼럼을 작성해 지지를 보냈다. 국내외 학회와 학술지 논문이 발표되고 관련 출판물들이 나왔다. 이러한 행진은 현재까지 계속 이어지고 있다.

테이크아웃드로잉 사태에서 빼놓을 수 없는 과목은 **보도**이다. 일방적 폭격의 와중에 일관되게 기사를 낸 독립 언론사 《프레시안》은 이 사태와 관련해 24회나 연재 기사를 썼다. 이 기사의 지속성 덕분에 다른 매체에서도 우리 문제를 다루기 시작했으며, 이들은 언제나 재난 현장에 체류하며 밀착 취재를 하여 상대의 가짜뉴스 폭격 속에서 진실의 타래를 풀어냈다. 그 힘이 주변 기자들을 움직였다. 혼란 속에서 한 가지씩 실마리를 푸는 기자 정신의, 집요함의 승리였다. 그 기자는 보도 부문 레드어워드를 수상하기도 했다. 우리 사건을 취재한 〈PD수첩〉의 PD는 '10억 보상금을 세입자가 요구했다'는 설이 건물주 쪽 변호사의 거짓말이었다는 것을 일주일간 취재해 변호사 입으로 직접 증언하게 하는 쾌거를 이루었다. "테이크아웃드로잉이 10억 요구한 적 없지요?" "네네." 그 보도로 보상금 프레임이 순식간에 벗겨졌다. 〈PD수첩〉 방영 직후 건물주로부터 합의 의사가 있다는 연락이 왔고 첫 만남에서 방송을 잘 봤으며 그것으로 사건의 맥락을 이해하게 되었다고 했던 걸 보면, 대리인들이 얼마나 사태를 나쁜 방향으로 몰고 갔는지 알 수 있었다.

테이크아웃드로잉 레지던시 프로그램은 완전히 다른 형태로 진행되었다. **재난연구소**라는 이름으로 재난을 넘어서려는 연구자와 예술가의 자발적 체류가 시작되었다. 그들은 저마다 젠트리피케이션을 사회적·도시적 재난으로 파악하는 다양한 시선을 가지고 있었다. 젠트리피케이션 이슈를 현장 밖이 아니라 현장 속에 체류하며 분석한 드문 사례가 아닐까 싶다. 테이크아웃드로잉에서 정기적으로 발행하던 〈드로잉신문〉에 수록한 연구자들의 노트 내용이다. 지리학자 한윤애는 '우리가 맞닥뜨린 재난을 지금보다 더 정교하게 언어화할 수 있지 않을까' 고민했다. 이선영 연구원은 '재난이란 뿌리 뽑힘'이며, 재난연구소는 '이 뿌리 뽑힘과 고통에 대해 함께 고민하고 이를 통해 내 자신의 모습을 되돌아보게 하는 곳'이라고 정의했다. 활동가 이원재는 '재난연구소는 재난의 특수성이 아니라 재난의 일상성에 대한 연구가 작동하는 관계이자

시공간'이라며, '재난연구소에게는 재난 자체가 아니라 재난 속에서 작동하는 주체성, 관계, 우정, 연대 등에 대한 과정으로서의 연구가 중요하다'고 역설했다. 미술가 신제현은 '우리는 지난 1년 동안 젠트리피케이션이라는 폭풍 같은 재난에 맞서 싸웠고, 잠시 바람이 잠잠해진 지금 이 재난의 원인과 정체가 무엇인지, 어떻게 해야 나와 내 친구들을 이 재난으로부터 지킬 수 있을지 생각해야' 한다고 마음을 모았다. 또한 시대 상황을 '재난 사회'로 읽어내며 '재난 사회는 근대국가 시스템이 국민을 보호해주지 못하는 상태이고 우리는 이제 프레퍼족Prepper族이 되어 스스로 재난을 대비해야' 한다고 선언했다. 그리고 재난연구소를 문화예술적인 방법으로 이끌어나가고 싶어했다. '재난연구소는 일종의 종교나 주술이 될 것'이며 '우리는 재난연구소를 통해 실질적인 해결책 외에도 재난에 의해 상처받은 사람들과 함께 극복할 다양한 방법을 연구'해 나갈 것이라는 비전을 제시하기도 했다. 김지윤 박사는 '사당동이나 상계동에서도 발생했던 이 재난의 연쇄 고리는 스케일의 차이만 있을 뿐 오히려 더 산발적으로 출몰'하고 있다고 증언했다. 이처럼 재난연구소에서 연구자들과 예술가들은 각자 자신의 이름을 걸고 재난에 대한 연구에 몰입하여 뛰어난 성과를 거두었다.

개인적으로 이 캄캄한 재난이라는 터널 안에서 가장 놀라운 체험은 **재난 당사자**라는 정체성이었다. 완전히 강제로 신청된 과목이었다. 당사자의 발언을 기다리는 마이크가 계속 들어왔으며 인터뷰도 정신 차릴 수 없을 만큼 많았다. 한남포럼도 진행해야 했고, 포럼 기획을 위해 주제를 찾고 발제자를 섭외하고 토론자를 모색해야 했다. 포럼 후에는 모든 과정의 녹취록을 다시 편집하고 텍스트화하느라 밤을 새우기 일 쑤였다. 재난 현장에서의 포럼은 정해진 원고보다는 상황에 따라 즉흥적으로 이루어지는 발제와 토론이 많았다. 또한 현장을 지키려면 한시도 공간을 비우면 안 되었기에 공간은 전쟁터의 야전사령탑을 방불케 했다. 사무실이었던 공간은 임시 숙소로 변신했고 나는 그곳에서 쪽잠을 잤다. 수시로 찾아오는 방문자들을 맞고 사태를 설명하는 것도 내 몫이었다. 감당할 수 있는 수위를 훨씬 넘었다는 판단이 들었을 즈음 한 남포럼을 통해 "재난의 공공성"을 선언했다. 혼자 감당할 수 있는 상황이 아니었다. 연대자들이 적극적으로 공간에 체류하기 시작하자 약간의 숨구멍이 만들어졌다. 그러나 언제 강제집행이 이루어질지 모르는 상황에서 대책회의를 하고 밥을 해먹고 창작 활동도 이어나가야 했다. 연대자가 많아도 당사자는 자리를 비울 수 없었다. 그렇게 네 계절이 지나갔다. 당시 〈사형이 임박한 테이크아웃드로잉〉이라는 한예종 교수의 칼럼은 꼭 내 목을 내놓은 것처럼 두렵고 공포스러웠다. 당사자들에게 공간의 종말을 예고하는 것이었기에 마음이 아팠다. 당사자 인터뷰와 기고글도 《퍼블릭아트》《문화과학》《작은 것이 아름답다》《건축평단》 등 여러 매체에 실렸다.

캄캄한 터널에서 나온 후 이웃들의 재난 현장에 간간히 연대하면서 그간의 정체성 '엄마, 예술가, 피고, 세입자, 상인, 재난 당사자'에 **재난 연대자**라는 새로운 정체성을 하나 더 가지게 되었다. 재난 당사자로서 재난을 경험한 후 추가된 재난 연대자로서의 경험으로 나는 재난에 대한 메타 언어를 갖게 됐다. 메타meta라는 말은 '더불어with' 또는 '뒤에

after'를 뜻하는 그리스어라고 한다. 수많은 재난 당사자들이 재난 이후 연대자로 살아가게 되지 않을까 추측해본다. 이미 많은 선배들이 현장을 저버리지 않고 지속적으로 관계를 맺고 있으며, 나의 앞으로의 삶도 크게 다르지 않을 것 같다.

4 | 현장이 재난학교

ⓒ타미 김

사회적 재난의 하나인 젠트리피케이션은 전 국토를 잠식하고 있다. 재난 당사자로 하나의 검은 터널을 빠져나오면 다른 이웃이 다시 검은 터널에 들어간다. 이미 터널을 나온 당사자가 다시 검은 검은 터널에 들어가기를 마다하지 않는 것을 종종 목격하곤 한다. 이유는 간단하다. 거기에 사람이 있기 때문이다. 그러므로 불가항력적 사태의 젠트리피케이션 재난 현장은 다양한 성격의 초월적인 재난학교일 수밖에 없다. 누군가 그것을 목격하면 무언가 거들기 위해 기꺼이 들어가는 재난학교. 더욱이 수많은 피해 상인들과 연대자들의 헌신적인 노력으로 일구어낸 상가 임대차보호법 개정 소식은 우리가 함께 조금 더 힘을 내도록 해주는 희망적인 소식이 아닐 수 없다. 현장을 직접 찾아가 자신의 눈으로 목격하고 편견을 갖지 않는다면 재난이라는 열린 구조 속에서 활발한 해결 방안을 찾을 수도 있지 않을까 생각해본다. 재난 현장을 '연다'는 것이 상당히 중요하다. 열림으로써 정기적 연대가 주는 질서, 안정감, 지속감 등을 얻을 수 있으며, 고립되지 않음으로써 다른 재난의 현장과도 연결된다. 그러므로 재난은 공공성을 내포한다. 재난 당사자는 보통의 인간을 떠난 존재, 즉 굉장히 낯선 사람인지도 모른다. 당사자를 품어줄 사회적 안전망으로서 작은 사회를 구성해야 한다. 그 사회를 정기적으로 꾸려나갈 수만 있다면 재난 당사자와 연대자들은 감정과 판단의 객관성을 되살릴 수 있다. 또한 재난을 학교 삼아 공식적으로 기록하다 보면 현상을 분석하고 정돈하게 된다.

솔루션은 없다. 젠트리피케이션의 솔루션은 전 세계 어디에도 없다. 관련 법안이 합리적으로 개정되려면 시간이 걸린다. 애초에 불합리하게 만들어진 법을 수정한다는 것은 대단한 진통을 겪을 수밖에 없는 일이다. 법을 완전한 것으로 믿는 시민의식이 수정을 불온하게 여기도록 만들고, 권력을 가진 사람들은 그러한 변화를 제 몫을 내주는 일로 여긴다. 조합을 만들고 정책을 바꾸려고 해도 담당자나 공무원들은 좀처럼 움직이지 않는다. 재산권을 지키려는 저항은 거세고 이 문제에 대한 시민들의 이해도 역시 낮다. 사회가 변화하기 까지 긴 시간 동안의 패배와 부담해야 할 짐은 개인이 버텨낼 수 있는 무게가 아니다.

어둠 속에서, 도시 한복판에서 혼자 이 재난을 겪게 하지는 않으려는 사람들이 생겨난다. 도시운동에 관심있는 사람들, 저마다의 자리에서 밀려나는 사람들, 가게에 정이 든 단골들이 이 재난에 연대한다. 안타까운 마음이 모여 하나의 장이 열린다. 이러한 현장의 특징은 자발성이다. 불규칙적인 형태로 모였다가 흩어진다. 재난 현장에서 딱히 해야 할 일이 있는 건 아니며 누구도 어떤 일을 하라고 조직하지 않는다. 그저 이러한 종류의 내몰림에 화가 난 정서적 공동체일 뿐이다. 새로운 지인들을 초대해 간간히 소비 활동을 하기도 하고 각자 자기의 관심사를 나누기도 한다. 몇몇은 창작 활동을 한다. 글을 쓰고 영화 촬영을 하고 무언가를 만들고 사진을 찍고 인터뷰를 한다. 이 사태가 궁금한 이웃들이 기웃거리기도 한다. 현장은 그래서 지역 연구도 중요하다. 학교나 사회에서 가르쳐주지 않는 모든 것을 상황적으로 파악하고 결핍을 채워나간다.

5 │ 작업장으로서 재난학교 재美난학교

젠트리피케이션을 재난이라고 호명하는 것은 실은 우리에게 아무 능력이 없음을 고백하는 것과 같다. 우리에게 이 거대한 재난을 이길 힘 같은 것은 없고 그저 이 재난이 개인이 아니라 사회가 감당해야 할 종류의 재난임을 분명히 밝힐 따름이다. 재난학교는 이때 재난 당사자로서 경험한 것을 증언하는 기록의 현장이다. 그럼으로써 다른 사람들에게 이 전쟁에 참전해달라고 호소하는 것이다. 사회적으로 내몰려 위태로

| 재난학교_신촌campus | ⓒ달여리

운 이들에 대해 이야기하고, 이들을 지키고 싶은 간절함이 얼마나 큰지
선포한다. 그 선포를 조금 더 담대하게 하기 위해 예술이 가장 위대한
방식으로 재난 곁에 머무르면서 문학이나 음악이나 영화나 미술 작품
을 낳는다.

　나는 우리가 발언하는 언어는 강력한 무언가가 되어야 한다고 생각
한다. 저항하되, 우리의 행동이 세상을 보다 나은 방향으로 이끌 수 있
고 그래야 한다는 비전을 가져야 한다. 그러기 위해서는 언어가 하나의
가게를 지키고 휘발되지 않고 이 도시에 아름다운 형태로 새겨져야 한
다고 믿는다. 재난학교는 재난은 문화와 예술만이 넘어설 수 있다는 생
각으로, 재난 사이에서 아름다움을 찾아내자는 것을 설립 취지로 삼아
문을 열었다. 그러려면 참가자들이 각자의 방식으로 스튜디오를 세우
고 각자의 문화적 도구와 무기를 꺼내 들어야 한다. 무기를 꺼내 들되

오만하지 않았으면 한다. 바로 내가 누군가를 철저하게 내쫓은 그 고통의 현장 위에 서 있는지도 모르니까.

그런 의미에서 반성의 도시를 위한 초석으로서 범국가적으로 전지구적으로 재난 현장에서 재난학교를 시작했으면 한다. 젠트리피케이션이라고 부르는 도시의 현상은 자본이 일으킨 전쟁이지만 현실세계에서 이 전쟁은 선포되지 않았다. 권력을 가진 자들에 의해서 소리 없이 진행되다가 저항하는 사람들과 이대로 쫓겨날 수 없다는 사람들에 의해 미약한 반격이 일어났을 때 연대자들이 전쟁 중임을 인지할 뿐이다. 나는 젠트리피케이션과의 전쟁이 보다 정확하게 선언되어야 한다고 생각한다. 이 선언에 많은 시민들이 동의하고 동참하려면 아름다운 시작점이 필요하고 그 시작점으로서 재난학교가 훌륭한 문화적 작업을 해낼 것이라고 믿는다. 왜 우리가 속한 도시는 문화적 유산을 소홀히 하는지 안타까울 뿐이다.

젠트리피케이션 광풍 속을 가만히 들여다보면 사소화, 자발적으로 생성된 문화적 장소들이 밀려나고 축출되는 것을 볼 수 있다. 축출이라는 단어는 'Displacement'의 번역어로 신현방 교수가 주로 사용하는데, '뿌리 뽑힘'을 드러내는 적절한 표현이라는 생각이 든다. 이 축출에 문화적으로 저항할 수 있다면 기울어진 운동장에 많은 시민들이 참여해 균형을 만들어낼 수 있지 않을까 생각한다.

'현장이 재난학교다'라고 표현하는 것은 이 전쟁이 단기간에 끝나지 않을 것을 인정하는 것이기도 하다. 시민사회가 한켠에서 묵묵히 겪어나갈 교육의 장이다. 더욱이 재난을 과목으로 하고 있기에 문화와 예술이라는 강력한 무기로 연마되고 단련되는 작업장이다. 파급력과 폭력

| 재난학교_신현방 Studio, 개포동campus | ⓒ이성민

성을 가진 사회적 재난은 사람들이 한 번에 넘어서기에는 너무나 거대하다. 그러므로 재난 현장들을 잇는 플랫폼으로서의 거점이 필요하다. 위태로운 현장들에 문화예술로 아름다운 질서를 제공할 수 있는 안정적인 사무국과 인원도 필요하다. 지역의 거점 장소를 통해 서로를 연결하고 논의를 사회적으로 확산시킬 방법을 시급히 고민해야 한다.

재난학교는 갑자기 다가온 재난을 당사자 혼자 감당하지 않도록 하는 것을 전제로 한다. 즉 가장 지키고 싶은 것, 소중하게 생각하는 것들을 찾아가는 예술 여행이라고 할 수 있다. 인생의 집을 짓는 데 본인의 의지와 전문가의 설계와 현장 실천이 중요하듯, 재난학교도 본인의 의지에 의해 시작되어 필연적으로 문학·미술·법률·학술·음악·영화·디자인 등 여러 분야 연대자들과의 협업이 이루어진다.

재난 사이에서 아름다움을 찾을 수 있다면 '재美난학교'가 될 수 있겠다는 마음으로 오늘도 각 스튜디오들은 분주히 움직인다. 2017년 5월부터 이태원 캠퍼스, 한남동 캠퍼스, 개포동 캠퍼스, 신촌 캠퍼스 등에서 스튜디오 형태로 학교가 세워지고 있고 각 현장에서 재난학교 포럼을 주최해 스튜디오들을 지원한다. 예술가들의 전시나 공연이 이루어지기도 하고 포럼을 통해 발제자나 토론자들이 자신의 스튜디오를 세우는 경우가 있다. 조한혜정의 '번개영화교실'은 테이크아웃드로잉, 이태원동 캠퍼스에서 출범했고 종종 번개팅으로 재난 당사자를 불러내 영화를 보면서 일상성을 회복시켜준다. 역사학자 심용환은 한남동 캠퍼스 꽃밭에서 '헌법소원' 스튜디오 출범을 선언하고 후속 방송을 이어나가고 있으며, 경제학자 우석훈도 꽃밭에서 '경제-다큐'를 만들겠다고 선언했다.

개포동 캠퍼스에는 개포동 주공아파트 재개발 현장에서 1만 그루 나무들의 축출을 반대하는 이성민의 '나무산책' 스튜디오가 열려 수많은 개포중학교 동창생들을 호출하고 있고 포럼도 재개발로 문을 닫은 개포중학교를 다시 여는 작업으로서 진행되었다. 마침 한국을 방문 중이던 신현방 런던정경대 교수도 포럼에 발제자로 참석했다가 개포중학교 1회 입학생이라는 인연을 밝혀 사람들의 놀라움을 자아냈다. 그는 젠트리피케이션의 축출 대상에 식물을 포함시켜야 한다며 산림청장을 호출하기도 했다. 국제 난민들의 스튜디오도 열리고 있으며, 그 한 예가 베로켓의 '망명 패턴' 사진 전시다. 하자센터 국제포럼인 〈창의 서밋〉 기간에 한달 동안 사진전이 열려 재난의 서사가 영등포 캠퍼스에 수놓아졌다.

사회적 재난과 혼자 싸울 수 있는 개인은 없다. 민주사회의 기본 단위는 개인이 아니라 자치 공동체이다. 두려움 가운데서 함께 이를 극복하기 위한 활동을 해나가다 보면 '재난 예술'이라고 부를 수 있는 재난의 서사가 완성되고 젠트리피케이션 괴물이 납작하게 짜부라져 박물관에 박제되는 날이 올 것이다. 재난을 넘어선 예술은 오래오래 살아남아 세대를 넘어가고 '레퍼런스로서의 재난'이 될 것이다. 그 시절을 기다린다. 그때까지 재난 당사자와 연대자, 각각의 재난 현장들 그리고 더 나아가 사회 구성원 전체를 아우를 수 있는 교육 공동체로서 재美난학교가 이 도시에 자리잡아야 한다.

| 재난학교_한남동 campus |　　　　　　　　　　　　　　　　　　　ⓒ달여리

4장

영욕의 도시, 홍대 앞

: 지킬 것인가, 불태울 것인가

이채관

와우책문화예술센터 대표·숙명여자대학교 정책대학원 겸임교수

1 | 서: 홍대 앞, 영욕의 도시

홍대 앞은 영욕의 경험을 가지고 있다. 생성적인 자기긍정의 도시로 살아 빛을 발하기도 하고, 그 허망한 영예의 경험을 치욕으로 대체하기도 한다. 홍대 앞은 우리의 삶처럼 미천한 육체에 꽃을 피우다, 덕지덕지 덧붙여진 과잉의 흔적들로 자기 몸을 갉아먹기 시작했다. 주목받지 못한 주변부 문화가 자생적 자기긍정의 에너지로 성장하면서 문화적 다양성과 가치들을 만들어낸 경험을 지님과 동시에, 과잉된 도시의 속도에 적응하지 못하고 휘청거리기도 했다. 그 속의 문화적 풍경과 일상은 자본의 비인격적 편재에 적응하지 못해 우왕좌왕하는 중이고, 도시의 기억은 급속하게 파편화되어 마치 공기처럼 허공을 떠돌고 있다.

소위 '홍대 앞'은 새로운 문화가 생성되고 번성하면서 자본의 급속한 유입이 이루어진 공간이다. 문화를 일군 사람들이 내몰리고, 자본 기반의 새로운 주체들이 급속하게 유입되었다. 이곳은 새로움과 다양성에 근거한 문화민주주의 실험 공간이었다가, 표준화되고[1] 상업화된 도시로의 전환이 급속하게 이루어진 공간의 상징처럼 읽힌다. 문화의 생성에서 소멸까지의 경험을 고스란히 지닌 홍대 앞 문화를 '문화적' 젠트리피케이션* 관점에서 살펴본다.

홍대 앞은 한국 사회에서 '새로운 문화예술 주체'들의 유입에서부터 축출의 과정**까지 모두 경험한 유일한 공간으로, '새로운 주체의 유입-새로운 문화, 부상하는 문화의 생성-공적 개입을 통한 활성화-지역의 명소화-상업 자본의 유입-도시 다양성의 붕괴-도시 표준화 진행-의사문화화/의사개인주의 진행***-소비 문화의 확산-지가 및 임대료 상승-문화예술가의 축출'이라는 문화적 젠트리피케이션 사이클을 이곳을 통해 살펴볼 수 있다. 홍대 앞 문화의 변화-기억을 살펴봄으로써 지역 주체의 대체replacement 과정과 도시를 둘러싼 저항, 그리고 비인격적 자본의 도시 전유 과정, 공적 개입을 통한 활성화 담론(문화/장소마케팅 담론)의 위험성을 인식할 수 있다.

문화적 젠트리피케이션과 과정에 대한 탐구****는 '자본의 욕망이 홍대 앞을 어떻게 변화시켜왔는가?', '문화예술 활동의 기반과 도시의 일

---

* 문화적 젠트리피케이션이란 문화 생산자들에 의해 생성된 문화적·인적·물적 자산이 자본의 힘에 의해 전유되면서 밀려나는 현상, 문화적 주체의 둥지 내몰림을 의미한다. 초기 문화예술가들이 이주·정착하면서 생성된 새로운 문화가 상업적 젠트리피케이션에 기여한 점이 없지 않으나, 지역의 주체이면서 주민으로서 활동한 문화예술가들이 도시로부터 쫓겨나는 현상은 이 담론에서 비판적으로 인식된다. 즉, 문화예술가들을 초기 젠트리피케이션의 주체(Pioneering Gentrifier)로 인식하기보다는 상업적 젠트리피케이션의 피해자로 인식하는 것이다.

** 10년 이상 홍대 앞 문화를 만들어가던 서울 프린지페스티벌과 한국실험예술제가 장소를 옮겨갔다. '갤러리 휴' 등 많은 미술 공간들도 이전하거나 사라졌다.

*** 홍대 앞 문화를 여전히 개성적이고 다양하며 독특한 문화로 인식하는 경향이 존재한다. 이는 홍대 앞에서 만들어진 문화적 상징의 '이미지'를 소비하는 것이다. '인디', '독립'이라는 상징 이미지가 여전히 존재하지만 이는 의사개인주의나 의사문화주의로 읽을 수도 있다. 즉, 홍대 앞 문화의 이미지는 표준화된 소비 문화의 전략으로 활용되는 측면이 있다.

상은 어떻게 파괴되었는가?', '도시의 주인은 어떻게 대체되었는가?',
'도시재생 등의 변화를 추동하는 공공 정책이 어떤 역할을 해왔으며 어
떤 부정적인 결과를 도출했는가?' 등의 질문에 대한 시사점을 제공할
수 있다.

2 | 생성적이고 부상하는 새로운 문화

홍대 앞에서 새로운 문화가 생성된 이유에 대해서는 다양한 관점이 존
재하며, 그 가운데서 홍대 미대의 작업실 문화로부터 시작되었다는 주
장이 가장 흔히 이야기된다. 지역 곳곳에 산개해 있는 작업실이 '문화
공간'으로 기능했으며 이러한 개방적이고 자유로운 작업실 문화가 홍대
앞 문화의 특수성을 구성하기 시작했다는 주장은 일견 타당하지만, 보
다 거시적인 사회적·문화적 맥락의 설명을 필요로 한다. 즉, 홍대 앞 문
화의 급속한 부상은 1990년대 초반의 거시적인 사회적·문화적 맥락과
밀접하게 연관되어 있다.

가장 먼저 소비 가능한 청년 주체들이 등장했다는 점에 주목해야 한
다. 1990년대는 압축적 근대화 과정에서 강조되었던 금욕과 노동중심

**** 문화적 젠트리피케이션에 대한 논의는 "젠트리피케이션 때문에 예술 활동 공간에서 쫓겨나는
예술가, 문화운동가, 노동을 제공하고 공간 생산에 기여하면서도 자신들의 목소리를 인정받
는 데 어려움을 겪는 이주 노동자. 대안적 도시공간 창출을 고민하며 어려운 환경에서 다양
한 실험을 수행하는 도시 운동가 역시 젠트리피케이션의 피해자이며, 도시에 대한 권리를 인
정받아야 할 그룹이라 할 수 있다"라는 주장과 맥락을 같이 한다.

적 이데올로기가 급속하게 퇴조하고 문화적 다양성과 소비 욕망이 표출되던 시기이다. 부모 세대의 금욕적 자기통제의 과실이 자식 세대로 이어져 노동 없는 소비가 가능한 새로운 주체가 등장한 것이 홍대 앞 문화가 급속하게 성장하게 된 배경이다. 이러한 사회적·문화적 맥락은 1980년대 학생운동이 지녔던 금욕적 엄숙주의에 대한 자기반성의 결과로 나온 '신세대 네 멋대로 해라'라는 세대 논쟁의 시작과 맞닿아 있으며, 대안적 사회체제에 대한 이념적 준거의 하나였던 소비에트의 붕괴와 맞물리면서 문화 지형의 변화를 가져왔다.

이 당시 새로운 문화적 실험을 가능하게 한 중요한 요소 중 하나는 미디어 환경의 변화이다. 인터넷과 케이블TV 등이 등장하고 확산되어 글로벌 커뮤니케이션 환경이 마련되자, 세계화 담론과 함께 서구의 대중문화가 쏟아져 들어왔다. 그뿐 아니라 인터넷 기반의 탈시공간적 커뮤니케이션은 '새로운' 문화에 대한 욕망을 부추겼다. '채널 V' 문화로 상징되는 뮤직비디오의 화려하고 파편적인 시각적 경험들은 서사적 사유체계에 이질적 경험을 제공했다.

아버지 세대의 금욕주의와 학생운동의 엄숙주의에서 벗어난 새로운 주체들은 한편으로 소비 자본주의의 첨병 역할을 하고 다른 한편으로는 문화적 다양성과 능동성을 적극적으로 추구했다. '인디'와 '대안'이라는 이름으로 위계화·제도화된 문화/미술 시장의 권력에 도전하고 새로운 실험을 수행했으며,* '독립'이라는 이름으로 탈자본주의적 공연예술

---

* '대안공간 루프'가 홍대 앞에 자리를 잡으면서 작업실 문화, 대관 중심의 미술 문화가 기획 중심의 전시 문화로 바뀌는 흐름이 만들어졌다. 특히 대안공간(Alternative Space)은 서구의 문화적 흐름이 한국적으로 수용된 결과로 보인다.

실험을 도모하기도 했다.** 그뿐 아니라 새로운 서구적 놀이 문화들을 적극적으로 수용하여 개성적이고 창의적인 음악 공간 및 클럽들을 만들어나간다.*** 이러한 문화적 주체들의 활발한 활동 덕분에 홍대 앞은 실험적이고 대안적이며 새로운 문화의 첨병으로서, 도시의 개성을 만들어내는 중요한 역할을 수행할 수 있었다.

1990년대 초반부터 본격적으로 시작된 홍대 앞 문화는 약 30년이 지난 지금 급속한 소멸의 과정을 밟아가고 있다. 인디 미술 공간뿐 아니라 인디 음악 라이브 클럽들이 줄어들고, 실험적이고 독립적인 예술 실천들이 사라지기 시작했다. 홍대 앞 문화의 특성을 만들어온, 그러나 자산과 자본을 가지지 못한 공간과 주체들의 둥지 내몰림이 시작되어 그들의 문화예술적 실천들이 공기 속으로 사라져가고 있다.

문화적 젠트리피케이션이란 도시의 문화를 구성하고 만들어왔던 공간, 활동, 주체가 지역에서 밀려나는 현상을 의미한다. 특히 도시의 개성을 만들어온 문화 생산 주체들의 내몰림 현상은 지역 문화 생태계의 급속한 몰락, 도시의 표준화와 취향의 균질화를 가져온다. '문화적 젠트리피케이션'의 관점에서 홍대 앞 문화의 변화 양상을 살펴보면 ① 거시적인 사회적·문화적 변화와 연관된 새로운 문화의 급속한 유입과 생성,

---

** '독립예술축제'라는 모임이 만들어졌고, 이후 '프린지 페스티벌'이라는 이름으로 축제가 계속되고 있다. 기존의 제도화된 공연 문화와 달리 젊고 새로운, 그리고 비제도적이고 실험적인 공연예술을 위한 축제이다.

*** 댄스클럽과 라이브클럽이라는 두 가지의 클럽 문화가 생성되었으며, 지금도 일정하게 유지되고 있다. 댄스클럽에 대해서는 소비지향적이고 새로운 문화를 만들어가지 못한다는 부정적 인식이 존재하는 반면, 라이브클럽은 인디 음악의 산실이며 음악생산자들의 공간으로 인식되는 경향이 있다. 1993년 최초의 라이브클럽 '락월드'가 만들어졌고 '드럭', '프리버드', '재머스', '발전소', '황금투구', '명월관' 등이 운영되었다.

② 다양성에 기초한 새로운 문화적 생태계 조성, ③ 상업적 성공 가능성을 염두에 둔 자본의 유입, ④ 지가와 임대료의 급속한 상승으로 인한 문화 주체들의 '둥지 내몰림' 현상 전개, ⑤ 지역의 몰개성화−표준화와 상업화의 진전, ⑥문화적 다양성과 도시 개성의 소멸, ⑦ 도시의 상업화와 주체의 재구성 순서로 전개된다.

3 | 활성화 담론과 공공 젠트리피케이션Public-lead Gentrification

홍대 앞은 문화예술가들에 의해 자생적 장소 만들기place making가 실험되었던 곳이다. 1990년대 등장한 신촌 지역의 '록카페' 문화가 여전히 규점적이고 획일적인 대중문화에 기대고 있었던 바와는 달리 홍대 앞은 비정형적이고 실험적인 예술적 활동에 기대어 성장하고 있었다. 상대적으로 저렴한 임대료, 작업실 문화로 명명되는 디자인 미술 자원의 풍부함, '창의성' 혹은 '새로움'에 대한 예술적 갈망이 다양한 예술가들을 한곳에 모이게 했다. 융합적이고 협력적으로 창의성을 발산하려는 욕망은 생활 공간과 분리된 새로운 문화 공간을 조성하고 싶다는 열망으로 드러났다. 산울림 소극장(1986)과 일렉트로닉 까페(1987)라는 새로운 공간이 만들어진 후 1990년대에 다양한 공간들이 빠르게 추가되었다.

　　예술가들에 의해 자율적 생태계가 만들어지는 과정에 행정이 개입되기 시작한 건 2002년 월드컵을 앞둔 시점이었던 것으로 판단된다. 행정당국은 세계적인 문화 이벤트를 준비하면서 외국인들이 즐길 수 있는 소위 '글로벌'한 문화의 생성지로서 홍대 앞을 주목하기 시작했으며, '홍대—신촌문화포럼'이 만들어졌다. '마케팅' 공간으로서 홍대 앞을 인식하기 시작한 것이다.

이 무렵 홍대 앞에서 강조되었던 것이 바로 '장소 마케팅'이다.[2] 생성되기 시작한 공간의 문화적 가치를 자원화하여 적극적으로 마케팅 요소로 활용하기 시작한 것이다. 여기서 마케팅은 '개발'의 소극적 표현이며, 사람들이 공간을 대상적으로 바라보기 시작했음을 의미한다. 즉, 홍대 앞에서 생성된 문화적 실천/행위/요소 등을 마케팅의 수단으로 삼아 보다 많은 사람들이 찾도록 유도하는 방법들이 적극적으로 시도되었다.

이곳에서는 최근 몇 년 동안 '걷고 싶은 거리 공공공간 조성사업', '사회적 경제특구 사업', 디자인·출판 진흥 지구 지정, 홍대 앞 어린이 공원을 문화공간으로 바꾸는 사업, 홍합(홍대·합정)밸리 사업, 관광특구 사업 등 이루 헤아릴 수 없는 사업들이 펼쳐졌다. 이러한 사업들의 특징은 몇 가지로 요약된다. 가장 먼저 꼽을 것은 지역의 요구와 필요에 기반한 사업이 많지 않는 것이다. 홍대 앞 지역은 상업화의 진전으로 인해 세입자 중심의 도시 공간으로 전환된 지 오래고, 소상공인으로 구성된 주체들은 파편화되었으며 상업적 목적에 보다 주목하는 경향이 있다. 뿐만 아니라 지역 기반의 문화예술 단체들은 오랫동안 지속되어온 상업적 젠트리피케이션 과정을 겪으면서 요구와 필요를 집단적으로 표출할 수 있는 역량을 상실했다. 즉, 자기결정권과 문화적 대표권이 부재한 상황이 된 것이다. 이러한 도시 주체의 부재로 인해 발생한 또다른 특징은 도시 공간의 변화를 서울시나 마포구 등 공공이 주도한다는 점이다. 상기된 다양한 사업들은 모두 공공이 주도하고 있는 사업이며,

막대한 예산이 투입된다.

이러한 과정을 공공주도형 젠트리피케이션, 즉 '공공 젠트리피케이션'*이라고 볼 수 있다. 마포구의 관광특구 지정을 위한 부단한 노력은 이미 팽창할 대로 팽창한 홍대 앞 문화의 상업화를 더욱 부추기고 있는 실정이다. 공공 젠트리피케이션은 도시의 변화 속도에 대한 인식의 부재, 지역 주민·소상공인들과의 협력체계 구축 필요성에 대한 몰이해, 도시의 변화가 초래하는 '보이지' 않는 희생자들에 대한 인식의 부족에서 기인한다. 성과주의 기반의 활성화 담론은 보다 유기적이고 생태적인 도시 변화를 고민할 수 있는 시간을 빼앗아가며, 그 결과에 대한 무책임한 '방기' 또한 이루어진다. 도시의 주인은 시민이라는 도시 주권에 대한 명확한 이해에 기반하지 않고, 강력한 공적 자본과 행정력을 기반으로 폐쇄적 사업을 추진한다. 도시의 변화에 대한 공공의 논의는 '어쩔 수' 없이 하는 면피용으로 이루어지는 경우가 다반사이고, 거버넌스협치라고 하는 이상은 도시공간에 대한 책임과 권한이라는 문제에 직면하는 순간 사라진다. 권한과 책임에 대한 공유를 전제로 하는 협치의 조건들은 '법'적 조건으로 치환되고, 도시 주권의 당사자들은 사라진다. '협치는 사기'라는 말이 여러 곳에서 들리는 이유다.

거버넌스협치에 대해 잠시 짚고 넘어가자. 이러한 행정 담론이 곳곳에서 사용되는 것은 현장 기반의 소통의 중요성을 강조하고 보다 많은 시민들이 도시의 방향을 정하는 데 참여할 수 있도록 하며, 시민이 도

---

* 공공 젠트리피케이션은 '활성화·진흥 등'의 담론을 기반으로 공공의 적극적 개입이 이루어진 결과 발생하는 둥지 내몰림 현상'을 의미한다.

시의 주인이라는 당연한 가정을 정책의 수립과 실행에 적용하기 위해서다. 특히 도시재생 사업 과정에서 주민 참여와 주민 주도 그리고 민관 '거버넌스'의 중요성이 광범위하게 부상했다. 하지만 현실은 공공 주도/공공 중심의 사업 집행의 폐해를 극복하지 못하고 있다. 앞서 언급한 공공 주도 젠트리피케이션의 중심에 거버넌스라는 유령이 잘 가장된 모습으로 이용되고 있는 것이다.

홍대 앞에서 이루어지는 다양한 공공 주도 사업도 이에 해당한다. 앞서 언급한 관광특구 지정과 관련된 문제뿐 아니라 대부분의 사업의 경우 협치라는 과정은 생략되고 시민과 문화예술 주체들은 비판만을 일삼는 훼방꾼 정도로 취급된다. 공공 재산은 공공의 전유물이고 도시의 미래도 그들이 결정짓는다. 지역은 공공 정책의 수혜 대상으로 인식되고 정책과 사업은 밀실에서 결정될 뿐 아니라 민간에 권한과 역할을 부여하는 것은 법적·제도적 한계 때문에 불가능하다는 핑계가 돌아온다. 이러한 공공의 개입이 홍대 앞 문화적 젠트리피케이션에 속도를 더한다. 문화적 젠트리피케이션은 공공 주도 젠트리피케이션의 결과라 할 수 있다.

더욱 놀라운 것은 공공에서도 젠트리피케이션 이슈를 잘 이해하고 있다는 것이다. 관광특구 지정 관련 문건을 보면 문화예술인과 영세상인들의 젠트리피케이션 심화에 대한 우려가 명시되어 있다. 하지만 이 문제의 해결을 위한 구체적 방안에 대한 논의는 이루어지지 않고 있거나, 면피성 사업으로 한정된다. 이 사례만 본다면 공공은 자본의 다른 이름이다. 지역 경제 활성화라는 이름으로 시민적 삶의 조건들을 파괴하는 괴물이다. 공공이 지닌 위험을 외부화할 필요가 있을 때에만 시민이 호명된다. 민간은 불안정하고, 비정규 직업을 지니고 있으며, 위험의 책임을 떠안은 시민으로 전락한다. 이때 거버넌스라는 개념의 본래적 의미는 사라지고 민간의 전문성과 역량은 자기주도성을 상실하게된다. 민간은 이용당하고 버려지며, 거버넌스의 주체로 인식되지 못한다. 또한 민간이 쌓아왔던 지역 기반의 역량은 소멸된다.

4 | 도시 저항

1) 속도와 도시 저항

홍대 앞 자본의 주인들은 급속하게 변화하고 있다. 특히 소상공인·세입자 중심의 소규모 상업 공간들은 대기업의 프랜차이즈에 잠식당하는 중이다. 이제 도시는 자본주의적 욕망이 쌓아가는 죽음의 바벨탑으로 탈바꿈한다.

　자본은 익명성을 기본으로 한다. 사람들이 자기 삶의 근거로 삼았던 도시 공간은 주인을 바꿔가며 끊임없이 달리는 자본의 힘 앞에 무기력하게 주저앉는다. 도시의 주체들은 '오래된' 삶의 조건들을 지켜내지 못하고 삶의 공간을 부유하는 존재로 전락한다. 문화예술 생산자들도 선수를 바꿔가며 '이어 달리'는 자본의 속도에 적응하지 못하고 익명의 자본 앞에 자기 근거를 내줄 수밖에 없는 '축출'의 경험을 공유하고 있다. 이러한 내몰림의 경험으로 인해 저항하고 연대하는 힘이 조직된다. 도시는 이제 경합과 투쟁의 장이다. 서로 상이한 가치들이 충돌하고, 삶의 방식에 대한 이해와 변화의 속도에 대한 인식이 다른 이들이 맞부딪힌다. 필연적으로 도시권을 둘러싸고 저항하는 힘이 발생한다.

2) 저항의 사건들

문화적 맥락에서 살펴볼 때 상업/토지 자본의 홍대 앞 진출과 저항이 맞물린 사례가 있다. 그중 몇 가지 사건을 중심으로 홍대 앞 문화 젠트리피케이션의 다양한 양상과 저항의 방식들을 살펴볼 것이다.

홍대 앞 문화 주체들이 집단적으로 저항한 대표적인 사례로 1998년 개관한 실험예술 전용 극장 '씨어터제로' 사태를 들 수 있다. 2005년 무렵부터 홍대 앞을 문화 마케팅의 전진 기지로 삼고 진출하려는 상업 자본 KT&G와 그 건물에서 오랫동안 극장을 운영한 씨어터제로와의 갈등이 발단이 되었다. 오래된 상징이었던 씨어터제로에 퇴거 명령이 내려지고 폐관되었던 이 건물을 KT&G가 인수한 뒤, 갈 곳 잃은 씨어터제로가 지역의 문화예술가들에게 이 문제를 공론화하면서 저항이 촉발되었다. 이때 '지역문화 생태계'라는 담론이 등장했는데, 거대 자본을 앞세워 홍대 앞으로 진출한 기업들이 소규모 공연장과 갤러리들을 집어 삼키는 공룡이 될 것이라는 우려가 본격적으로 제기되었다. 영세하지만 개성을 지닌 클럽 등을 운영하는 사람들과 지역 기반으로 활동하고 있는 예술가들의 저항이 시작되었다. 영세한 라이브클럽은 대기업에서 연 클럽의 시설의 우위를 극복하지 못하여 망할 것이고, 대안공간으로 인식되던 갤러리들은 작가 지원금 등 재원의 열악함에 대한 우려를 드러냈다. 작지만 서로 연결된 지역 문화 생태계의 성과를 고스란히 내주어야 한다는 불안감이 팽배했다. 당시 (사)클럽문화협회, (사)와우책문화예술센터, 프린지네트워크, 한국실험예술 등이 주축이 된 '홍대 앞 문화예술 대표자 회의*가 이 저항을 주도적으로 이끌었다. 이 사건은 건물주와 세입자들의 갈등으로 보이지만 실상은 문화의 형식을 띤 상업 자본이 소규모 문화예술 생산의 거점을 침탈하려한 최초의 시도라고 볼 수 있다. 즉, 예술가들에 의해 오랫동안 만들어진 문화예술 상징자본의 '자본주의적' 전유 과정이 본격적으로 이루어지기 시작한 계기가 된 사건이었다. 이를 통해 자생적 문화 생산의 결과가 자본의 논리에 의해 한순간에 사라질 수 있다는 문제의식이 확산되었다.

두 번째 저항의 사례로 2009년 있었던 '두리반 사건'을 들 수 있다. 동교동 주변에서 대규모 개발이 이루어지며 국숫집을 운영하던 이들이 길거리로 내몰리게 된 사건이다. 이때 시인이었던 두리반 국숫집의 주인과 함께 인디 음악인들 그리고 문화예술 단체들은 음식점을 점유하고 매일 그곳에서 공연과 퍼포먼스를 벌이며 저항했다. 자발적이며 개별적인 예술가들이 자본의 침탈에 맞서 연대한 것이다. 결국 두리반은 홍대의 다른 곳으로 옮겨 영업을 계속하고 있다. 이 사건은 쫓겨난/힘없는 자들의 연대 투쟁의 성격을 강하게 지니고 있으며, 문화예술가들이 지역 문제에 적극적으로 참여하는 계기를 만들었다. 또한 음악인 단체인 '자립음악 생산자 조합'을 만드는 계기도 되었다.

최근 또다른 사건은 '마포홍대 문화특구'를 지정하려는 마포구의 움직임에 대한 저항을 들 수 있다. 마포구는 61% 가량의 외국 관광객이

---

* 당시 지역 문화예술 단체들로 구성된 대표자 회의. 문화예술인들은 꾸준히 지역 문제를 적극적으로 해결하려 노력해왔으며, 그 결과 '홍대 앞에서 시작해 우주로 뻗어나가는 사회적 협동조합', 일명 홍우주가 결성되었다.

홍대 앞을 방문하고 싶어한다는 설문조사 결과에 근거하여, 홍대 앞을 보다 상업적이고 관광객 친화적으로 만들고자 했다. 하지만 이 사업은 특구의 운영 방식과 방향에 대한 지역 내 합의를 이끌어내지 못했다. 마포구는 군집화된 문화예술 생태계를 '자산'으로만 인식했고, 그들이 일구어낸 문화적 다양성과 개성을 유지하려는 생각은 부족했다. '홍우주'를 중심으로 대책위원회를 꾸려 홍대 앞 문화 생태계 유지를 위한 구체적 방안과 가속화될 문화적 젠트리피케이션에 대한 대책을 요구하였지만, 당국과 형식적인 논의만 몇 번 이루어졌을 뿐이다. 이는 앞서 언급된 두 가지 사례와는 다른 양상을 보여준다. 이전의 사례가 어떤 사건의 '결과'에 대한 저항이라면, 마포구 관광특구 추진에 대한 저항은 보다 적극적이고 사전적인 개입으로 읽힐 수 있으며 지역의 새로운 주체가 등장했음을 알리는 것이기도 하다. 홍대 앞에 개별적으로 또 파편적으로 군집해 있던 문화예술 생산자들은 자신들이 만들어낸 성과를 사회적으로 공유하고 미래를 스스로 결정하려는 주체로 등장하고 있다. 특히 주목할 점은 홍대 앞 문화를 대표하는 단체의 탄생이다. 홍대 앞 문화의 복잡성 때문에 지역 대표 단체를 만들려는 노력은 여러 번 시도되었음에도 실패를 거듭했으며, 그렇기에 2015년 홍우주 사회적 협동조합의 설립은 그 의미가 크다. 정관에는 다음과 같이 기술되어 있다.

홍대 앞에서 시작해서 우주로 뻗어나갈 문화예술 사회적 협동조합[**] (이하

[**] 홍대 앞은 홍우주 외에 '상인회', '게스트하우스 연합회', '홍대문화관광협회' 등 다양한 이해 집단들로 구성되어 있으며, 홍대 앞 문화예술을 이해하는 방식은 모두 상이하다.

'조합'이라 한다)은 아래와 같은 목적을 가진다.

1. 상업화와 이윤의 극대화의 장소로 퇴행한 홍대 앞 지역을 그곳에서 숨쉬고 살아가면서 활동하는 예술가/문화 생산자/청년들이 자유롭게 서식할 수 있는 문화 환경으로 재생하기 위하여 문화예술, 대중예술, 생활생산, 디자인과 공예, 출판 등 다양한 문화장을 연결하여 공론을 형성하고 대표하여 실현한다.

2. 문화적 예술적 가치가 살아 있는 환경은 실천과 행동을 통해서 유지 가능하기에 다양한 문화 조직들의 연합체이면서 개별 예술시민들이 참여하는 문화자치체로서 홍대 문화권과 연관된 마포구/서울시/중앙정부의 정책에 대해 자기결정권과 문화적 대표권을 갖기 위한 사업을 실행한다.

3. 문화예술과 사회적 가치와 지역적 가치 연계를 위하여 예술장과 사회적 장을 연결하는 허브 역할을 할 수 있는 공간/재원/프로그램을 창조하여 공유자산을 만들고 문화예술 관계자들의 교류지로서 국내외 다양한 기획자/창작자/활동가를 연결하는 새로운 영토로 활성화한다.

즉, 홍우주의 설립은 홍대 앞 생태계에 속한 이들이 문화적 대표권과 자기결정권을 가지기 위한 노력의 본격적인 시작점이라고 할 수 있다. 이 정관의 핵심으로 문화적 생태계의 복원, 공공 정책에 대한 자기결정권과 대표권, 그리고 자산화*를 꼽을 수 있다. 문화적 생태계의 복원이

---

* 자산화란 '지역에서 머무를 수 있는 권리(Rights to Stay Put)'를 의미한다(신현방, 2017, 232쪽). 홍대 앞이라는 지역에 머무를 수 있는 권리, 자기가 활동해왔던 공간에 머무를 수 있는 권리를 요구하는 것이다. 이는 공공 공간의 사용권에 대한 주장과 맞닿아 있다(신현방, 2017).

라 함은 자본화되고 영토화된 질서 속에서 홍대 앞이 문화적 다양성이 공존하는 서식지로서 기능할 수 있도록 노력을 기울인다는 의미다. 상업화와 이윤 추구가 극대화된 장소로서 홍대 앞을 인식하고, 이를 문화예술의 생태적 서식지로 '재생**'하기 위한 노력을 기울이는 것을 기본 목적으로 삼으며, 이를 위한 자기결정권에 주목하는 것이다. 살고 생활하는 지역에서 자기결정권을 확보하기 위한 시도는 문화적 시민권을 획득하기 위한 과정이며, 마포구 관광특구 지정에 대한 저항의 형식으로 표출되었다. 이러한 저항은 연대의 경험들을 만들어가고 있으며, 시민 개개인이 도시 결정권의 주체로 부상하고 있다는 것을 상기시킨다. 최근에는 '자산화'에 대한 고민이 깊어져 자본에 의해 쫓겨난 공간을 다시 찾기 위한 구체적 방안들이 논의되고 있으며, 공공 건물의 사용권 확보와 공간 기반의 문화적 실천의 지속가능성이 모색되고 있다.

홍우주는 문화예술이 지닌 폐쇄적 하위문화 속성을 극복하고 보다 확장된 개념의 문화 연대체를 구성하려 노력하고 있는 것으로 보인다. 독특한 스타일과 가치가 문화예술적 생산의 근간이 되는 까닭에, 문화예술 생산자들은 자기 언어를 사회적 언어로 전환하거나 사회적 언어를 자기 언어화하는 데 많은 어려움을 겪는다. 하지만 경험했다시피 지역 주민이면서 문화예술가라는 이중적 위상을 가지고 있는 주체들은 젠트리피케이션 과정에서 사회적 주체 혹은 주민으로서의 시민성을 적

** 이 맥락에서 현상학적 축출 개념을 상기하게 되는데, 이때 현상학적 축출이란 '개발 이후 지역이 너무 급속하게 변해서 자기가 살아왔던 공간에 대한 공감을 더 이상 느끼지 못하고, 고립되는 경험을 가지게 되는 현상'(신현방 외, 2017, 222쪽)을 의미한다. 즉 이러한 정서적 분리 과정을 극복하고 지역의 주체로 다시 등장하는 것이 '재생'이라고 할 수 있다.

극적으로 발현하고 있다.

5 | 결: 지킬 것인가, 불태울 것인가?

 도시는 내 삶이 지속되는 공간이며, 힘들 때 의지할 수 있는 '비빌 언덕'
이다. 지나간 시간의 기억이 쌓인 장소이고, 욕망하는 미래의 시작점이
다. 또한 의미들이 경합하는 장소다. 홍대 앞도 그러하다. 약 30년 동안
홍대 앞 문화는 급속도로 변화해왔으며, 개성과 특별함으로 일구어낸
문화 생태계는 파괴되어왔다. 군집화된 문화적 생태계는 경제적 활성
화의 자산으로만 인식되었고 공공의 개입이 문화적 젠트리피케이션을
이끌었다. 자본의 속도는 오랜 시간 쌓아온 기억의 장소들을 소멸시켰
다. 몇 번이나 저항했음에도 도시 문화를 지켜내지 못했고, 문화예술/
시민 주체들은 삶의 터전으로부터 내몰리기 시작해 '버티기'에도 힘겨
워하고 있는 실정이다. 지속 가능한 문화예술 생태계의 유지 및 복원이
라는 명분은 자본의 속도를 이기지 못하고 있다. 도시의 활력은 상실되
었다.

 홍대 앞이 겪고 있는 이러한 상황을 두고 우리는 이 도시를 지킬 것
인가, 불태울 것인가를 고민하고 있다. 당연히 지켜내야 할 삶의 터전
이고 기억의 장소이며 비빌 언덕이지만, 미련이 상처를 만들기 전에 떠
나야 하지 않을까라는 자조 섞인 소리도 들려온다. 아니, 이미 많은 사
람들과 기억들이 이 공간에서 내몰리거나 떠났다.

 홍대 앞 문화 주체들이 시민 주체로서의 자기 권리를 인정받거나 소

리를 내지 못하고 침잠해 들어가는 이러한 상황에서 우리는 어떤 대안을 마련해야 할까? 다양한 주체와 참여라는 정책 언어들이 생명력을 얻고, 그러한 주체들이 자기결정권을 획득하고, 민관 협력 거버넌스가 보다 적극적으로 시도된다면 도시의 미래는 '재생' 가능할 것인가? 다시 생명력을 얻고 새살이 돋아 꽃을 피울 수 있을 것인가?

여전히 알 수 없는, 남아 있는 숙제다.

5장

미술 생산자, 신자유주의의 '미생'?
: 잘려나가는 서울에서
예술가와 젠트리피케이션

신현준
성공회대학교 동아시아연구소 및 국제문화연구학과 부교수

들어가며: 잘려나가는 서울Cutting out Seoul[1]

〈커팅아웃 서울Cutting out Seoul〉은 2011년에 발표된 이양정아의 작품이다. 대다수 한국인들에게 익숙할 서울특별시의 지도가 배경을 이루고 있는데, 그 일부는 칼로 잘려나가 있다. 어디가 잘려나갔는지, 그리고 어디가 남아 있는지에 대해 작가의 말을 직접 들어보자.

● 가로 100 cm, 세로 78 cm 종이에 축척 1:35,000의 서울시 지도를 옮긴 후, 300/20의 조건에 부합하는 매물이 나와 있는 동은 남기고, 그렇지 않은 동은 칼로 오려낸 것이다. 금천구 독산동, 중랑구 면목동처럼 내가 거주할 수 있는 동들은 지도에 남게 되고, 강남구 청담동, 서초구 서초동과 같이 거주할 수 없는 동들은 종이에서 잘려나가 빈 공간이 되어버린다. 내가 거주할 수 있는 동들은 다름 아닌 내가 존재할 수 있는 지역이다. 실제로 이 작업에서 뚫린 영역들은 대부분 내가 한 번도 가보지 않은 지역들이다.[2]

여기에서 300과 20이라는 숫자는 각각 보증금과 월세를 가리키며,

실제로 작가가 살고 있던 '성북구 석관동' 반지하방의 시세였다. 그는 〈300/20〉이라는 제목을 달고 작업을 진행했고, 2014년에 열린 단체전 《미래가 끝났을 때》에서는 서울의 도시 공간을 이와는 다른 방식으로 재현한 〈캐스팅 서울Casting Seoul〉이라는 작품을 선보였다. 부동산 인터넷 사이트에서 알아본 1만 개 가까운 매물 가운데 위 조건을 충족한 곳은 64곳에 지나지 않았고, 그 개수만큼 시멘트 블록을 쌓았다. 예를 들어 독산동에는 8개, 면목동에는 7개의 블록이 쌓였다.

이 작품을 미학적으로 평가할 능력과 자질은 부족하지만 내 직관적 관찰 결과를 공유하고 싶은데, 그것은 작가의 손에 의해 잘려나가고 cutting-out, 내던져진casting 서울이 우툴두툴한 공간이 되고 있다는 점이다. 그런데 이 우툴두툴한 공간적 감각은 서울의 상이한 장소의 상이한 높이에 대해 현실에서 느끼는 감각과는 정반대이다. 잘려나간 부분은 대체로 고층 건물이 빼곡이 들어찬 곳이고, 블록으로 쌓아올린 부분은 저층 건물이 듬성듬성 남아 있는 곳이기 때문이다.

예술적·미학적 재현을 사회적·경제적 사실로 환원하는 것은 작품에 대한 예의가 아닐 것이다. 이 작품이 '서울을 젠트리피케이션이 완료된 곳과 그렇지 않은 곳으로 구분한다'고 사실적으로 평하는 것은 너무나 단순하고 건조하다. 차라리 이 작품이 '서울이라는 도시의 공간적 불평등이 한 젊은 예술가에 의해 어떻게 지각·경험·체화되고 있는지를 보여준다'고 말하는 편이 나을 것이다. 젊은 예술가들이 그 불평등 혹은 젠트리피케이션을 어떻게 겪고, 어떻게 대응해나가는지가 이 글의 전제이자 초점이다.

그림 1 〈커팅아웃 서울〉과 〈캐스팅 서울〉.

출처: 이양정아 작가 직접 제공. 작가에게 깊은 감사를 드린다.

2 | 젠트리피케이션 논의의 (자기)성찰

2010년대 중반 한국에서 젠트리피케이션gentrification이라는 단어가 적절한 번역어를 찾지 못한 채 자역字譯 상태로 대중적 담론, 나아가 공식적 담론에까지 등장하게 되었다는 점에 대해서는 별도의 설명이 필요 없을 것이다. 또한 학술 담론에서의 젠트리피케이션 개념과 이론에 대한 소개도 다른 글[3]에서 시도했으므로 여기서 반복하지는 않으려 한다. 다만 이 개념이 현 시점에서 어떻게 의미화되고 있는가를 다시 한 번 검토할 필요가 있어 보인다.

2016년 5월 국립국어원은 젠트리피케이션의 번역어로 '둥지 내몰림'을 제안하며, "구도심이 번성해 중산층 이상의 사람들이 몰리면서 임대료가 오르고 원주민이 내몰리는 현상을 일컫는 말"로 이를 정의한 바 있다.[4] 이 제안이 일상의 용어로 정착하기까지는 더 긴 시간이 필요할 것으로 보이지만 그 제안 가운데 한 가지 흥미로운 부분이 있다. "상권이 발달하면 기존 상인들은 밀려나는 국내 상업 지구의 둥지 내몰림 현상은 어제오늘의 일이 아니다"라고 표현한 부분이다. 여기서 젠트리피케이션 현상의 전형적 예로 '상권'의 예를 들고 있다는 것은 징후적이다. 실제로 국립국어원뿐 아니라 젠트리피케이션이라고 호명되는 여러 사례들에서 가장 부각되었던 것은 이른바 '상업 젠트리피케이션'이었고, 건물주와 임차인 사이의 '상가 임대차'가 초미의 쟁점으로 부상했다는 점을 부인할 수는 없다.[5]

이는 그 자체로 문제라고 지적할 사안은 아니다. 그러나 젠트리피케이션을 하나의 과정process으로서 조망한다면 그 과정 가운데 어떤 순간은 더 부각되고 다른 순간은 덜 부각된다고 말할 수 있다. 그렇다면 젠트리피케이션을 몇 가지 유형[6]으로 분류하는 것을 넘어 그 분류를 관통하는 시공간적 궤적을 추적할 필요성이 제기된다. 즉, 젠트리피케이션이 시간의 경과와 공간적 횡단을 매개하여 진행되는 동태적 과정이라면 그 가운데 '덜 부각된' 순간에 주목하려는 것이 이 글의 출발점이다. 이를 위해 두 가지 사례를 간략히 소개해본다.

젠트리피케이션의 대표적 장소 가운데 하나로 거례되는 서촌의 경우 언론이나 학계에서 본격적으로 주목한 것은 2010년대 중반이다.[7] 그런데 이곳에서는 이미 2009년 수성동 계곡을 '복원'한다는 이유로 인근의 옥인아파트를 철거하는 사건이 있었다. 이 사건에서 비자발적 내몰림, 이른바 전치displacement를 경험한 사람들 가운데는 주민들 외에 이곳에 거주나 작업을 위해 자리잡았던 예술가들도 있었다. 그 예술가들 일부가 '옥인 컬렉티브'라는 집단을 구성하여 이 철거와 관련된 일련의 과정을 기록하는 작업을 수행한 일은 그리 널리 알려지지 않았다. 2015년 내가 그 예술가를 만날 수 있었던 곳은 옥인동(종로구)이 아니라 궁동(구로구)이었다.

두 번째 사례는 한남동이다. 복합예술 공간인 테이크아웃드로잉과 유명 연예인의 분쟁이 발생한 것은 2015년의 일이고, 이는 언론과 방송을 통해 널리 알려졌고 몇몇 학술연구도 산출되었다.[8] 그런데 테이크아웃드로잉 사건이 표면화된 시점에서는 2000년대 말~2010년 초에 이곳에 진입했던 예술 공간 다수가 이미 자취를 감춘 상태였다. 예를 들어 테이크아웃드로잉으로부터 남쪽으로 한 블록 떨어진 길, 이른바 '한강진길'에는 '꿀풀', '공간 해밀턴', '스튜디오 683' 등이 소재하고 있었지만 2013년을 기점으로 모두 사라진 것을 확인할 수 있다.[9] 테이크아웃드로잉은 예술 공간이자 상업 공간(이른바 '디저트 카페')이라는 복합적 성격을 가진 곳이었기 때문에 상업적 성격이 전혀 없던 다른 예술 공간들에 비해 상대적으로 늦은 시기에 내몰림을 겪었다고 해석할 수도 있을 것이다.

즉, 서촌이나 한남동에서 발생했던 젠트리피케이션이 세간의 관심을 받을 무렵에는 여기에 '둥지'를 틀었던 예술가들은 이미 그곳으로부터 '내몰림'을 당한 상태였다는 것을 확인할 수 있다. 실제로 젠트리피케이션 문제를 처음 제기한 것이 일군의 예술가들이었다는 사실을 고려한다면, 최근 국내 젠트리피케이션 연구의 지배적 경향 속에서는 예술가의 실천에 대해 충분히 탐구되지 않았다고 말할 수 있다. 이 글을 통해 그런 '결여'에 대해 논의해보고자 한다.

예술가들이 내몰림을 당했다는 것을 사후적으로 확인하는 것으로는
충분치 않다. 이 연구의 출발점은 상업 젠트리피케이션이 본격화하던
서울의 몇 개 지역 사례를 연구하는 과정에서 우연히 만난 작은 크기의
예술 공간들이다. 그들은 이곳을 '신생공간'이라고 불렀는데, 그 이유와
맥락에 대한 설명은 뒤로 미룰 수밖에 없다. 2014~2015년의 집약적
현장 연구 기간에 총 16명의 예술가와 심층면접을 수행했고, 그 목록은

표 1 인터뷰이 목록.

피면접자	성별	나이	직업	일시	지역/장소
P	여	30대	예술가	2014.12.19.	중구 회현동
H1	여	30대	예술가	2015.1.9.	용산구 용산동 2가
H2	남	20대	사진가	2015.2.26.	종로구 창신동
K1	남	20대	사진가	2015.2.26.	종로구 창신동
Y1	남	30대	예술가	2015.3.1.	마포구 서교동
J	여	30대	예술가	2015.3.1.	마포구 서교동
K2	남	20대	예술가	2015.3.12.	영등포구 문래동
S1	여	20대	예술가	2015.3.12.	영등포구 문래동
L	여	20대	큐레이터	2015.3.13.	종로구 산림동
H3	남	30대	큐레이터	2015.3.13.	영등포구 영등포동
K3	여	20대	예술가	2015.3.17.	구로구 궁동
S2	여	20대	예술가	2015.3.18.	용산구 한남동
K4	여	20대	예술가	2015.3.18.	용산구 한남동
H4	여	30대	예술가	2015.3.18.	종로구 통인동
K5	남	20대	예술가	2015.3.19.	중랑구 상봉동
Y2	여	20대	큐레이터	2015.3.26.	중구 황학동

〈표 1〉과 같다. 참고로 하나의 공간에서 두 예술가와 만난 경우가 있다는 점, 인터뷰이 모두가 공간을 운영하지는 않았다는 점, 몇몇 공간은 신생공간이라는 범주에 포함되지 않는다는 점을 일러둔다. 인터뷰이의 개인정보를 드러내지 않기 위해 성姓의 영어 이니셜만을 기재했다.

당시 나는 그 예술가들이 자신들이 자리를 잡은 지역에서 전개되는 여타의 실천들에 대해 '무관심'해 보였다는 점에 의문을 가졌다. '그 무관심이 젠트리피케이션 논의에서 어떤 의미를 갖는가?'라는 질문을 글의 출발점으로 삼는다. 그들과 직접 만나 수행한 현장연구를 토대로 한 논의를 전개하기 전에 '예술가와 젠트리피케이션'에 대한 이론적 논의를 먼저 수행하는 것이 적절해 보인다.

3 | 예술가와 젠트리피케이션

영어권 학계에서 예술가와 젠트리피케이션의 관계는 오랫동안 주목받아왔고, 이미 풍부한 문헌들이 존재한다.[10] 그 문헌 일부에서 예술가들을 젠트리피케이션의 '돌격대shock troop'나 '선구자'로 규정한다는 사실은 많은 사람들에게 충격적이었을 것이다.[11] 물론 이를 반박하면서 예술가들을 젠트리피케이션에 반대하는 투쟁의 주요 행위자로 설정하는 연구들도 다수 존재한다.[12] 이런 팽팽한 논쟁을 고려하며, '예술가는 젠트리피케이션의 가해자인가, 피해자인가'라는 이분법적 질문을 넘어설 필요가 있다. 오히려 우리는 어떤 상이한 환경과 조건하에서 '어떤' 예술들이 젠트리피케이션의 돌격대나 선구자가 되는지, 아니면 투사나 피해자가 되는지를 경험적 사례를 통해 논해야 한다.

이 점에 대해서는 독일의 젠트리피케이션을 연구한 안드레이 홀름 Andrej Holm의 논의가 유익하다. 그는 예술가가 젠트리피케이션에 대처하는 방법을 세 가지로 분류하여 논한 바 있다. 하나는 젠트리피케이션이 되지 않을 장소(예를 들어 주변 공업 지역)로 가는 '탈구 전략dislocation strategy'이고, 다른 하나는 동네의 매력을 감소시키기 위해 언더그라운드 대항문화 운동countercultural movement을 원용하는 '이미지 손상image damage'이며, 마지막은 실천으로써 '저항의 문화culture of resistance'에 기여하는 것이다.[13] 좁은 의미에서 '반젠트리피케이션 투쟁'이 마지막 경우에 해당된다고 보는 사람들이 많겠지만, 이 세 경우는 유기적으로 연관된다. 즉, 탈구 전략을 구사한 개인 예술가가 다른 장소에서 발생하는 집단적 투쟁에 참여하는 경우는 드물지 않다.

2000년대 이후에는 도시재생 등의 공공정책과 연관된 예술가들의 역할을 조망하는 연구들이 또 하나의 경향을 형성하는데,[14] '신자유주의적 환경neoliberal milieu'[15]에서의 예술의 자율성이나 공공성에 대해 발본적 재고를 요청하는 주장이 등장하고 있다. '재생regeneration'과 '살해cide'을 합성한 '리제니사이드regenecide'[16]라는 흉측한 조어는 도시재생에 예술가를 '동원'하는 정책적 실천에 대한 가장 신랄한 비판일 것이다. 즉, 현 시점에서 예술 및 예술가가 젠트리피케이션과 맺는 관계는 쇠퇴한 도시 공간에 공공예술을 결합하여 도시의 미화와 문화 생산은 물론 지역경제 활성화를 달성할 수 있다는 패러다임의 시효가 만료된 이후의 시공간을 전제로 해야 한다. 다소 단정적이지만, 이는 '2008년 글로벌 금융위기 이후'의 시공간이라고 말해도 좋을 것이다.

이 시공간은 미술계, 특히 한국 미술계 내부의 맥락에서는 대안공간 이후의 시공간이라고 함축적으로 말할 수 있다. 이에 대한 본격적 검토는 이 글의 초점에서 벗어나지만, 1999년 태동하여 2000년대에 인상적으로 활동한 대안공간에 대한 비판과 성찰의 목소리가 출현한 것은 2008년부터다. 실제로 대안공간을 운영한 경험을 가진 연구자에 따르면, 2000년대 중반 이후는 "전 세계적으로 대안공간이 쇠퇴하는 시기"이고, 그 쇠퇴는 "주류 공간/대안공간, 자본주의 운영 논리/대안공간의 운영 논리 사이의 구별을 모호"하게 만드는 자본주의 혹은 신자유주의의 효과다. 즉, 대안공간의 쇠퇴는 "예술의 자본주의에로의 포섭"을 뜻하는데, 그렇다면 대안공간의 이후의 시공간이란 '자율적 예술'이나 '예술적 자율성'에 대해서조차 근본적인 성찰을 요하는 시공간이라고 말할 수 있다.[17]

2000년대 말 이후 탄생하는 젊은 예술가들의 공간은 대안공간이라는 이름과는 거리를 두고 있는데, 이는 신생 미술 공간,[18] 젊은 자생 공간,[19] 신생 독립 플랫폼,[20] 자립적 미술 신생공간[21] 등이 공존·경합하는 과정을 거친 뒤 '신생공간'이라는 간명한 말로 수렴되어왔다. 사실 '신생'이라는 표현에는 특별한 정보가 없기 때문에 이 공간들의 성격에 대해서는 "아예 작가들[예술가들]이 자발적으로 전시 공간을 만들고 자신의 작업을 보여주기 시작"(Y2 인터뷰)한 것이라는, 혹은 "나의 결과물로 공간을 만드는 것이 아니라 나의 스타팅 포인트(출발점)로 공간을 만드는"(H4 인터뷰) 실천에 기초한다는 부연이 필요하다. '신생'이라는 표현이 시간의 경과를 얼마나 오래 견딜지 여부에 대해서는 더 깊이 논의해보아야 할 것이다.

다음 절에서 이 신생공간들에 대해 심층적으로 조사하기에 앞서 '젊은 예술가'라고 표현한 행위자들에 대해 명확히 정의해두려고 한다. 먼저 예술가란 한정된 의미에서 예술적 생산에 종사하는 사람들, 대학교에서 미술을 전공하고 미술의 창작을 전문적으로 수행하는 사람들이다. 그 장르는 회화나 조각 등 고전적 장르뿐 아니라 사진·설치미술·비디오아트 등 현대적 장르를 포함하고, 실제로 후자의 비중이 더 크다. 예술가는 구어적으로는 '작가'라든가, '작업하는 사람'이라는 일상적인 용어로 표현되기도 한다. 그 점에서 예술가는 응용미술의 성격이 강한 행위자들, 예를 들어 디자이너나 일러스트레이터 등과는 구분된다. 후자의 경우 그들의 작업이 자본주의적 시장경제와 긴밀하게 연관되는 반면, 예술가의 경우는 그렇지 않다는 차이가 있다. 물론 예술가와 디자이너를 이분법적으로 구분할 수 없는 경우도 존재한다. 마지막으로 예술가는 미술가와 거의 일치하지만, 이 글에서는 예술가라는 용어를 택했다는 점을 밝혀둔다.

따라서 '젊은 예술가'란 일단 앞서 논했던 '대안공간'이라고 지칭되었던 제도와 밀접하게 연관된 세대 이후의 예술가를 지칭한다고 일단 말할 수 있다. '젊다'라는 수식어는 물리적 연령과 무관치 않더라도 그것으로 환원되지는 않는다. 즉, '젊다'라는 규정은 출생이나 연령이라는 생물학적 기준을 넘어 특정한 감각이나 태도라는 문화적 성향이나 스타일, 이른바 엔텔레키entelechy를 통한 집단 형성을 수반한다. 예술계 안팎에서 지난 10년 동안 여러 논자들에 의해 여러 갈래로 전개된 청년/청춘/세대에 대한 다양한 담론들도 어느 정도 효과를 발휘한다. 특히 이른바 '기대 감소'나 '저성장' 시대의 불가역적 도래라는 조건에서 청년을 '잉여'로 규정하는 담론은 젊은 예술가들에게 어느 정도 영향을 주는 것으로 보인다. 2014년 11월 20일부터 12월 31일까지 영등포 소재의 한 신생공간에서 개최된 전시 및 토론의 제목이 〈청춘과 잉여〉인 것은 젊은 예술가들과 청년 담론이 접속한 사건들 가운데 비교적 널리 회자된 사례일 것이다.[22] 물론 사회 전반에서 청년에 대한 논쟁이 치열하게 전개되듯, 예술가들 사이에서도 청년이라는 범주를 수용하고 영유하는 태도와 방식은 상이하다.

신혜영은 박사학위 논문에서 이 신생공간을 한국 미술계의 구조 변동과 연관 지어 그 행위자들이 생활 경험과 예술 실천을 살펴보았고,[23] 예술가들 스스로도 이에 대한 연구를 수행하고 있다.[24] 또한 신생공간이 생성·지속·변모되는 양상에 대한 기록은 관련 인터넷 사이트는 물론 미술 전문잡지 등을 통해 이루어진 바 있다.[25]

그렇지만 이 글은 신생공간들이 어떻게 생성되고 그것이 예술계에서 어떤 작용을 했는지를 자세하게 다루기보다는 이들이 젠트리피케이션 과정과 어떻게 연관(혹은 절연)되는지에 초점을 둘 것이다. 이는 그 공간들이 미술계라는 사회적 장場 외부의 행위자들과 어떻게 만나고 교섭하는지에도 주목한다는 의미이다.

4 | 젊은 예술가의 자리잡기taking-place

1) 입수 가능하고 접근 가능한, 그러나 발견하기 어려운

신생공간에 대해서 가장 먼저 언급해야 하는 것은 이들의 물리적 입지

그림 2 인터뷰이 16인의 신생공간 위치도.

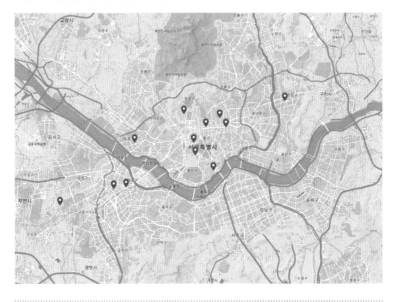

출처: 구글 맵을 이용하여 작성.

location이다. 인터뷰를 수행한 공간들에 국한할 때 이들이 속한 법정동은 회현동·용산동 2가(해방촌)·창신동·서교동·문래동·산림동·궁동·한남동·통인동·상봉동·황학동이고, 구區를 일별하면 중구·종로구·용산구·마포구·영등포구·구로구·중랑구다. 이 장소들이 주는 감각은 일부를 제외하고는 '예술'과는 거리가 멀어 보인다는 점이다. 즉, 신생공간들은 예술 공간으로서는 의외의 위치에 자리잡고 있는 것이다.

〈그림 2〉의 지도는 이곳들의 물리적 위치의 분포를 보여주는데, 이는 대략 서울의 구도심을 중심으로 서남부와 동북부를 잇는 넥서스를 형성한다. 상징적으로 표현하면, '지하철 1호선(및 국철)이 지나가는 넥

서스'라고 말할 수 있다. 여기 속하는 지역과 동네는 상대적으로 이른 시기에 주거지역이나 공업지역으로 개발되었음에도 불구하고, 아니 바로 그렇기 때문에 현 시점에서는 낙후된 곳이라고 추정할 수 있다. 즉, 예술가들의 '새로운(신생)' 공간은 서울의 '오래된' 동네에 자리잡고 있다는 것이 일단 확인된다. 2010년대의 젊은 예술가들은 이제 더 이상 이른바 문화적이거나 예술적인, 혹은 '힙hip'한 장소에 소재하고 있지 않았다.

신생공간의 의외의 입지는 2000년대까지 예술 공간의 물리적 입지와 비교할 때 더 선명해진다. 서울에서 예술과 연관된 지역은 인사동·삼청동(종로구)과 청담동·신사동(강남구) 등이었고, 따라서 예술 공간의 '클러스터 형성' 혹은 '갤러리 입지 순환'을 젠트리피케이션과 연관 짓는 연구도 이미 수행된 바 있다.[26] 실제로 이런 지역들은 예술가가 이른바 선구자 젠트리파이어pioneer의 역할을 수행한다는 이론에 대한 실증적 사례로 간주되었다. 앞서 언급한 '대안공간'이라는 이름으로 수행된 실천들에서도 예외는 아닌데, 1999~2000년에 최초로 설립된 대안공간 루프, 대안공간 풀, 프로젝트 스페이스 사루비아다방, 인사미술공간, 쌈지스페이스 등 다섯 곳 가운데 세 곳은 인사동, 두 곳은 서교동(홍대 앞)에 위치했다.

젊은 예술가들이 이렇게 의외의, 심지어 외진 곳에 자리를 잡은 이유는 아래의 한 인터뷰에 함축적으로 요약되어 있다. 창신동 가파른 골목길의 연립주택 차고에 공간을 마련한 사진가 H2와 K1의 말을 들어보자.

● "예전에 공동작업실이 서촌에 있었는데, 거기는 비싸서 큰 공간을 못 얻었
어요. 그래서 컴퓨터나 두드리고 술이나 먹게 되더라고요. 그래서 그런 공
간 말고 뭔가 재미있는 일들이 벌어지는 공간을 만들고 싶어서 작업실을 알
아보게 됐어요. 사실 창신동은 어렸을 때 살던 곳인데 어느 날 '한번 가봐야
겠다'는 생각이 들어서 찾아가보니까 정말 '옛날 그대로'더라구요. 그래서
부동산에 들어갔더니 생각보다 좋은 공간이 생각보다 싼 가격에 나와 있더
라고요. 사대문 근처에 이런 공간이 있다니, 위치가 너무 좋은 거죠. 무엇보
다 금액대가 현실적으로 지불 가능했어요."(H2와 K1 인터뷰)

그의 발언에서 입지 선정의 두 가지 요인을 도출할 수 있는데, 하나
는 임대료(월세) 수준이 '현실적으로 지불 가능'하다는 점이고, 다른 하
나는 물리적 위치가 '사대문 근처'라는 점이다. 전자가 경제적 입수 가
능성affordability이라면, 후자는 지리적 접근 가능성accessibility이다. 부연
한다면 상대적으로 저렴한 가격에 건물의 임대차 시장이 형성되어 있
어야 하고, 대중교통(특히 지하철)과 도보로 방문할 수 있어야 한다.

한남동에 자리잡은 한 공간은 세 명의 예술가가 처음으로 공동 작업
공간 및 전시 공간을 마련한 경우다. 동일한 질문에 대해 그들은 '거리',
'부피', '가격'이라는 세 가지 요인을 꼽았다. 이 가운데 부피와 가격을
경제적 요인의 두 측면이라고 간주한다면, 앞서 H2와 K1이 꼽은 요인
들과 크게 다르지 않다고 볼 수 있다. 몇 가지 다른 요소를 추가하는 이
들도 있었지만, 이 두 가지만은 공통적이었다.

입수 가능성과 접근 가능성이 대체로 상충관계에 있다면, 이 두 요인
을 모두 충족하는 서울의 지역 혹은 장소는 제한적일 수밖에 없다. 서

두에서 언급한 이양정아의 작품을 환기한다면, 잘려나가지 않고 남아 있는 서울의 일부 지역이 그에 해당한다. 즉, 서울의 공간적 불평등성은 이들 신생 예술 공간의 의외의 입지에 대해 많은 것을 설명해준다.

이런 신생공간들에 도착하기까지의 경로가 쉽다고는 결코 말할 수 없다. 복잡하고 유기적인 동네의 한 자리를 차지하고 있다는 특징으로 인해 이곳을 찾기 위해서는 좁고 구불구불한, 때로 가파른 골목을 경유해야 한다. 이렇게 '발견하기 어려운' 지형적 요인은 상업화의 가능성이 낮다는 기대를 동반하고 있다. 해방촌에 자리잡은 예술가의 말을 들어보자.

● "여기가 산동네이기 때문에 '다른 곳들처럼 상업화되지는 않겠지'라는 실낱 같은 희망이 있어요. 만약 다른 곳들보다 상업화 속도가 느리다면 순전히 이 동네의 지형 때문일 거예요. 주차할 데도 없고 '스타벅스'나 '자라'가 들어오기에는 너무 달동네잖아요."(H1 인터뷰)

"실낱같은"이라는 표현에서 보듯 그의 발언은 '기대 반 우려 반'으로 들린다. 그의 말을 '신생공간의 의외의 입지가 상업화, 즉 젠트리피케이션을 자동적으로 피할 수 있다'고 해석하는 것은 순진하다. 그렇다면 신생공간의 입지를 경제적 요인이나 지리적 요인 등 '합리적' 요인들로만 설명하는 것을 넘어설 필요가 있다. 이러한 설명을 위해서는 개별 공간들에 주목하는 것을 넘어 공간들 사이의 관계에 주목해야 한다.

2) 산포와 접속, 그리고 장소 비특정성

회현동의 오래된 아파트 한 채에서 예술가 집단을 운영하는 P는 서울 서남부의 철공소 지대에 형성된 '예술창작촌'을 비판하면서 "무슨 엑소더스도 아니고, 그렇게 많이 가면 안 돼요. 그러면 거기 있던 [철공소] 아저씨들 어떻게 하라고… 그렇게 많이 가면 다 쫓겨날 것 아니에요?"라고 반문했다. 예술가이자 연구자인 그는 젠트리피케이션의 순환에 대해 깊은 지식을 가졌을 뿐 아니라 실제로 발생하는 과정에 대해서도 체화된 지식을 지니고 있었다. 즉, 그는 예술가들이 한 장소에 몰려 있을 경우 젠트리피케이션 효과가 강하게 발생한다는 것을 표현한 것이다. '뭉치면 죽는다, 흩어지면 산다'는 젊은 예술가들에게는 일종의 금언金言으로 작용하고 있었다.

그래서 신생공간의 지도를 다시 살펴보면 이들이 의외의 입지를 선택하고 있다는 점 외에도 그들 사이의 물리적 거리가 멀다는 것을 알 수 있다. 앞의 〈그림 2〉는 이 글을 쓰기 위해 실제로 조사한 곳들만을 지도에 표기한 것이므로 이보다 포괄적인 지도가 필요해 보인다. 이에 대해서는 이 작업을 성실하고 지속적으로 수행한 행위자의 정밀한 조사가 존재한다. '엮는자the weaver'라고 스스로를 명명한 이 행위자는 "2010년대의 한국 현대미술 활동을 아카이빙할 요량으로 통칭 '신생공간'들에 대해 리서치하고 있다"[27]고 소개하고, 자신의 활동을 "2010년대의 한국 현대미술이 이뤄지고 있는 어떤 '공간'들을 엮어냅니다"라고 소개하고 있다.

〈그림 3〉은 2016년 11월 현재 그가 기록한 신생공간들의 위치도로,

그림 3 신생공간 위치도.

출처: 구글 맵

18개의 신생공간이 지도에 표시되어 있다. 이를 통해 앞서 내가 지적한 서남부에서 동북부를 연결하는 넥서스에 신생공간들이 분포한다는 사실을 재확인하는 것을 넘어, 이들이 어떻게 접속되고 연계되고 소통하는가, 즉, '엮이는가'에 대한 단초를 찾을 수 있다. 하나의 지도에 표기되어 있다는 점, 그리고 지도 어플리케이션application을 능숙하게 사용하여 지도를 작성했다는 점은 징후적이다. 개별 공간은 산포되어 있지만 이들의 사이는 디지털 테크놀러지를 통해 매개되며 상호관계성이 존재한다. 실제로 엮는자의 작업은 사용 빈도가 가장 높은 사회 관계망 서비스인 페이스북과 트위터를 통해 2015년 중반부터 게시되었고, 표준적인 인터넷 홈페이지를 구축한 것은 그보다 늦은 2016년 봄의 일이다. 이는 신생공간에 대한 매핑 작업이 PC보다는 모바일 환경을 전제하여 이루어졌다는 것을 보여준다.

즉, 신생공간의 의외의 자리잡기에 대해서는 '어디'라는 질문과 더불어 '언제'라는 질문이 반드시 추가되어야 한다. 그 시점은 스마트폰과 지도 어플리케이션의 대중적 보급 및 일상적 사용과 밀접히 연관된다. 이 점에 대해서 한 예술가의 글은 현재의 시공간의 특징을 과거와 선명히 대비해주는데, 그 과거는 "모니터 앞에 앉아 네오룩이나 개별 미술공간의 웹페이지에서 일정을 확인하고, 주변 지인들에게 물어 그중 우선순위를 정한 후, 네이버에 들어가 길찾기 기능을 이용, 각 동선을 모두 노트에 적고 나서야 문을 나섰"[28]던 시공간인 반면, 현재는 "같은 과정을 주머니 속 스마트폰을 통해 '이동 중'에 할 수 있"게 된 시공간이다.

이 예술가는 자신의 논의를 발전시켜 신생공간을 '인스턴스 던전 instant dungeon'이라고 표현했다. 나를 비롯하여 게임, 정확히는 대규모 다중사용자 온라인게임MMORPG에 익숙하지 않은 사람들에게 그의 주장은 쉽게 납득하기 어려울 것이다. 그렇지만 명확한 것은 지금의 신생공간들의 역할이 '허브'나 '플랫폼'에 가깝고, 그들 사이의 관계, 접속, 연계, 소통은 물리적 거리를 생략·압축하여 수행된다는 점이다. 즉, 현재 신생공간들을 운영하거나 이곳들과 밀접히 연관된 예술가들은 이른바 '디지털 네이티브digital native' 세대에 속한다. 그 결과 전시를 비롯하여 이 공간들에서 수행되는 이벤트들은 기존의 홍보 방식에 의존하지 않고 사회관계망서비스의 '타임라인timeline'을 통해 수행되고 이를 통해 자

그림 4 강정석의 신생공간 매핑.

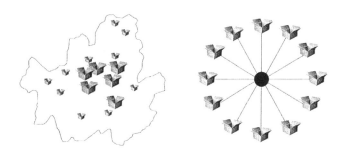

출처: 《2015년 미술생산자모임 2차 자료집》, 182쪽.

동적으로 기록되고 아카이빙된다.

〈그림 4〉의 왼쪽 지도가 스마트폰 도입 이전 시기 예술 공간들의 토포그래피(지지학)라면, 오른쪽의 지도는 그 이후 시기의 토폴로지(위상학)라고 말할 수 있다. 실제로 신생공간을 방문해본다면, 그 장소감은 왼쪽보다는 오른쪽에 가깝다는 점을 실감할 것이다.

즉, 신생공간과 연관된 행위자들은 물리적 위치뿐 아니라 사회적 관계와 작업의 성격도 장소특정적place-specific이지 않다. 통인동에서 독립큐레이터로 활동하는 H4가 "물리적인 장소는 옛날만큼 아주 크게 중요하지 않"다고 함축적으로 말하면서, 이른바 "장소특정적[29]이라는 단어를 통해서 (자신의) 작업을 설명하면 올드하게 들린다"라고 말한 것은 이런 맥락일 것이다. 또한 황학동에서 갤러리를 운영하는 Y2의 경우도 "지역미술, 공공미술, 장소특정성이라는 태그가 붙은 작업들의 경향들을 신뢰하지 않는"다고 말하면서, 잠시 시도했던 커뮤니티 기반의 프로젝트에 대해서도 "지금은 완전히 접었다"고 말해주었다. 더 정확한 이유에 대해서는 Y2가 한 잡지에 기고한 글을 참고할 수 있는데, 그는 자신이 시도했던 커뮤니티 기반 프로젝트에 대해 "청계천변의 노점상들을 싹 갈아엎고 그럴싸한 상가 건물들을 일렬로 세워둔 일이나, 텃밭을 가꾸던 곳에 들어선 롯데캐슬과 같은 너무나도 이질적이고 생소한 또 하나의 사례를 만드는 꼴이 되어버리는 것은 아닐까"라는 질문을 던진 바 있다.[30] 이 발언은 젠트리피케이션이라는 용어를 명시적으로 사용하지 않고도 예술가적 실천이 최근의 도시의 변환과 연관되는 과정, 그리고 이에 대해 예술가들의 (자기)성찰이 나타나는 순간을 날카롭게 보여준다.

3) '신생'을 수행하기: 기동성, 임시성, 출몰성

지역·장소·커뮤니티 등의 단어가 신생공간 예술가들의 작업과 실천에서 의식적으로 기피되는 현상, 즉 장소의 비특정성은 소극적 의미를 갖는 데 그치지 않는다. 젊은 예술가들이 장소 애착이나 장소특정성이 초래할 수 있는 부정적 결과에 대해 본능적 지식을 가지고 있다고 해서 신생공간의 '몰장소성placelessness'을 지적할 수는 없다. 장소특정적 예술에 대해 비판적인 H4가 "장소특정적 공간이 아니라 내가 살고 있는 공간, 인터넷 세계가 아니라 내 눈에 보이는 세계에 대한 생각을 어떻게 펼칠 수 있을까"라고 말한 것도 장소특정성을 부정하는 것으로, 공간과 장소의 문제가 완전히 해결되지 않았다는 것을 보여준다.

미술평론가 남웅은 "경제 사정이 좋지 않아서 영세 공간을 전전하게 된 이들은 그럼에도 지갑 사정에 맞는 스마트폰과 아이맥 등 뉴미디어를 영유함으로써 영세적 시크함과 낡은 첨단성을 확보"[31]했다고 표현하면서, 신생공간 행위자들의 문화적 스타일과 미학적 코드를 함축적으로 표현하고 있다. 그가 "영세적 시크함"과 "낡은 첨단성"이라고 표현한 특징은 이들 신생공간이 "낡고 시간이 누적된 형태를 가짐으로써 내용이 소거된 화이트큐브보다 장소특수성의 향수를 품고 있"다고 정리된다. 그렇다면, 물리적 장소가 중요하지 않더라도 장소의 여러 차원들, 특히 장소감sense of place에 대한 토론을 서둘러 마무리할 수는 없다.

신생공간 특유의 장소감은 종종 폐허라는 은유를 통해 표현된다. 한 미술평론가는 폐허란 "지난 수년 사이에 (…) 새로운 미술 공간들을 방문했을 때 흔히 마주치는 것이 되었"다고 말하면서 "매혹하는 폐허"에 대한 장문의 글에서 폐허가 지난 수년 동안 미술계와 그 주변에서 어떻

그림 5 신생공간이 생겨난 시기를 기점으로 구분한 지도.

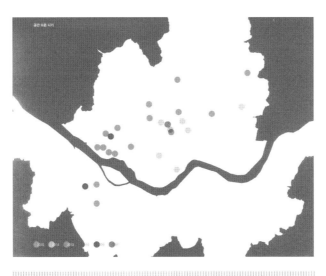

출처: 'The Weaver'(페이지 없음).

게 활용되었는가를 분석한 바 있다.[32] 이 글은 "미술을 쇠락한 구도심에 개입시키는 것만으로 지역 재생, 문화 생산, 새로운 경제적 순환이 일어날 수 있다는 말은 너무 훌륭해서 쉽게 믿기 어렵다"[33]는 날카로운 주장을 담고 있다. 폐허는 신생공간의 예술가들에게는 비판적 성찰의 대상이지 미학적 매혹의 대상은 아니다. 매혹이 있다고 하더라도 폐허, 이른바 '쓰러져가는' 건물과 동네는 '곧 사라질 것'이라는 예상을 동반한다.

그래서 신생공간의 입지 선택에서 '오래되고 허름한 동네가 가진 매력'으로 종종 표현되는 미학적 요인이 작용했는가라는 질문에 선뜻 긍정하는 경우가 없다는 것에 놀랄 필요는 없다. 미학적 요인이 있다고 하더라도 그것은 사후적이거나 부가적인 것이었지, 의도한 것이거나 핵심적인 것은 아니다.[34] 문래동에 자리잡은 K2와 S1이 "[이곳의] 크기와 가격이 우리한테 제일 합당해서 여기 있는 것이지 굳이 이 지역일 필요는 없고, 월세가 오르면 떠나야죠"라고 말한 것은 지나치게 담담하게 들리지만, '현실을 직시'한 것이다.

실제로 현장 연구를 진행한 시점부터 지금 글을 쓰는 시점 사이에도 신생공간들 다수가 사라졌고, 또 다른 신생공간이 생겨났다. 〈그림 5〉에 의하면 2006년, 2007년, 2009년에 각각 1곳씩 출현한 신생공간은 2013년 6곳, 2014년 7곳, 2015년에 10곳이 생겨났다. 앞의 〈그림 3〉에서 2016년 11월 현재 공간 수가 18곳이라는 점을 고려한다면, 이 기간 동안 6곳의 공간이 '그 새를 못 참고' 사라진 셈이다. 이 글의 현장연구를 수행하기 위해 내가 방문하고 인터뷰를 수행한 공간들도 4곳이 사라지고 2곳은 자리를 옮긴 상태다.

따라서 '신생'이라는 표현은 '새로 생겨나서 당분간 지속된다'는 뜻이 아니라 '새로 생겨나고 사라지고 다시 생겨난다'는 뜻에 가깝다고 해석할 수 있다. 이런 성격은 '임시성',[35] '단발성',[36] '휘발성',[37] '기동성'(K4 인터뷰) 등으로 다양하게 표현되는데, 이는 공간의 성격뿐 아니라 이 공간들에서 진행되는 이벤트에도 작용한다. 앞서 두세 차례 인용된 예술가는 "신생공간의 전시 경험이 주는 기묘한 쾌감의 일정 부분은 이러한 휘발성에서 온다"[38]고 말했다.

그렇다면 쉽게 생겨났다 쉽게 사라지는 이런 공간들을 '왜' 운영하는지에 대해 당사자들의 생각을 들어볼 필요가 있다. 앞서 짧게 인용했던 S2와 K4의 발언을 들어보자.

● "(이전 세대의) 대안공간들은 공간에 대한 자부심과 욕심이 크다고 생각해요. 공간을 이끌어나가야 한다는 책임감과 의무감이 있고, 특유의 목적성을 분명히 가지고 있는 공간이라고 생각해요. 그래서 공간이 점차 자리를 잡아가는 과정이 큐레이터나 기획자를 필요로 하고 그들을 중심으로 외부 작가를 끌어 들이는 방식을 취해요. 저희같은 공간의 경우 공간에 대한 욕심이 없어요. 사적 욕망을 채우는 것은 있지만 공적 욕망을 채우는 것은 없는 거죠. 공간에서 우리가 할 수 있는 일, 재미있는 일을 할 수 있으면 충분하죠. 그래서 부담감은 없는 거죠."(S2와 K4 인터뷰).

그들의 발언에서 인상적인 것은 무엇인가를 하겠다는 것 이전에 '하지 않겠다'는 의사가 더 강하다는 점이다. '책임감', '의무감', '부담감' 등으로 표현한 목적성이 없다는 것과 '재미있는 일'을 하겠다는 지향을 특별히 강조하고 있다. 여기서 '일'을 '사건'이라고 대체한다면, 신생공간이라는 '장소'는 재미있는 '사건'이 발생하도록 시간과 공간을 임시적으로 접는 행위에 의해 나타났다가 사라지는, 즉 출몰出沒하는 실천으로서(만) 의미를 갖는다.[39] 달리 말하면, 장소가 물리적으로 소멸하더라도 사건은 기억·기록되고 공간을 만드는 실천은 계속 이루어지는 것이다.

동일한 논점에 대해 조금 다른 각도에서 설명해준 인물은 상봉동에서 전시 공간을 운영하던 K5다.

● "지속 가능하다고 생각하지 않는다는 것이 기본적으로 전제되어 있어요. 그건 경제에 대한 관념이 굉장히 다르기 때문이에요. 성장하던 시대에 살던 사람들과 지금의 사람들이 굉장히 달라요. 예전에는 계속 성장할 수 있었으니까 몸집을 키우고 뻗어나가는 것을 당연하게 여겼다면, 지금은 그냥 유지하는 정도를 많이 생각하는 것이죠. 어떻게 보면 1세대 대안공간들한테서 다들 보고 배운 것일 수도 있어요. 1세대 대안공간들이 다들 그렇게 몸집을 키우다가 사실은 지금 어떻게 되어 있는지를 다들 보고 있잖아요?"(K5 인터뷰)

'지속가능성'이라는 일종의 사회적 합의에 대해서조차 비판적인 그의 견해가 예외적이지 않다는 점은 "[신생공간은] 지속가능성을 추구한다기보다 현재 하고 싶은 것, 할 수 있는 것에 집중한다"[40]라는 또 다른 예술가들이 서술한 문서에서도 확인된다. 예술 공간의 '지속'이 가능하지 않다는 자각은 흔히 신자유주의적 환경이라고 부르는 문화경제적 환경에 대한 경험과 통찰에 기반한 반응으로 해석된다. 한국에서 자본주의가 새롭고 불가역적인 역사적 단계에 접어들었는지에 대해 여기서 길게 토론하는 일은 부적절하지만, 그 단계에 대한 가장 극한적 상상을 예술가가 제출하고 있다는 점을 확인하는 일은 적절하다. 이 점에 대한 "이제 더 이상 거창한 의미에서의 역사는 성립 불가능하되 어찌됐건 우리는 점차 성황리에 '과거형'으로 떠밀리고 있"[41]다는 표현은 그저 문학적인 것은 아니다. 게다가 이 통찰은 신생공간의 쇠퇴기가 아닌 절정기에 제출된 것이다.

신생공간들은 비가시적인 채로 분산되어 있는 데다가 쉽게 만들어지고 사라진다. 이들의 행동을 '반反젠트리피케이션 투쟁'으로 보기 위한 적절한 이론은 아직 없는 듯 보인다. 하지만 이들의 휘발성, 단발성, 임시성, 기동성 등으로 인해 이 '모바일 위주'의 행위자들이 자신들의 의도와 무관하게 공간의 미학화를 통한 젠트리피케이션, 그리고 그로 인한 비자발적 전치를 원천적으로 차단하고 있음을 확인할 수 있다. 앞서 "굳이 이 지역일 필요는 없고 월세가 오르면 떠나야죠"라고 말했던 공간은 수년째 그 자리를 지키고 있다. 그 지역에 접속하려고 노력했던 다른 공간들 다수가 그 지역을 떠난 것을 고려하면 아이러니한 일이다.

결론

앞서 언급한 안드레이 홀름의 논의, 즉, 예술가가 젠트리피케이션에 대처하는 세 가지 종류의 실천들(탈구, 이미지 손상, 저항문화 참여)에 대한 논의로 돌아가보자. 그 틀을 적용한다면, 신생공간의 예술가들은 첫 번째부터 두 번째에 이르는 실천들 사이의 어딘가에 위치한다고 말할 수 있다. 그런데 이 세 실천들 가운데 '어느 것이 다른 것보다 우월하다'라고 위계를 설정하는 것은 정당하지 않다. 나는 단지 이 글의 주요 행위자들이 '저항문화'에 참여한 집단적 실천은 없는지를 검토하면서 결론을 내리고 싶다.

나의 현장연구가 집약적으로 진행되는 기간에 두 개의 사건과 조우할 수 있었는데, 하나는 그해 3월에 열린 미술생산자모임(약칭 '미생모')이었고, 다른 하나는 10월에 열린 〈굿—즈 2015〉라는 아트 페어Art Fair[42]였다. 두 행사 모두 신생공간과 연관된 예술가들이 주도적으로 참여한 행사였다. 두 행사의 상세한 내용과 취지에 대해서는 이미 상당한 논의가 이루어지기도 했다. 이 글에서는 성격이 상이해 보이는 두 행사가 어떻게 연관되는지에 대해서만 검토할 것이다. '운동'의 영역에 속하는 전자와 '시장'에 속하는 후자가 어떻게 양립 가능한 것일까.

미생모는 지난 몇 년 동안 작가비artist fee 지급, 시각예술 분야의 표준계약서 도입 등을 포함하여 예술인 복지와 관련한 제도와 정책에 대해 진보적인 주장을 펴면서 이런저런 활동을 해왔다. 2012년 5월 1일 노동절 총파업 퍼레이드에 참여했던 것을 계기로 결성했다는 점, 그리고 "독립적으로 살아가기", "미술환경을 바꿀 수 있기"[43] 등을 기대 효과로 설정한 점으로 보아 이 '미생'의 실천이 예술가들의 급진적 행동주의라는 것에는 논란의 여지가 없어 보인다. 이들의 2차 공개 토론회가 신생공간의 하나인 교역소(상봉동)에서 열린 것은 이들의 집단적 조직화의 기반이 무엇인지를 잘 드러낸다.

반면 〈굿—즈 2015〉는 세종문화회관의 한 건물에서 진행되었다. 15개의 (신생)공간과 6명의 작가 및 큐레이터가 기획하고, 총 80여 명의 작가가 참여한 이 행사는 젊은 예술가들이 자신의 작품을 직접 판매하는 '장터'였다. 이 행사의 성격에 대해서는 "현대미술장터를 연다는 말에 펄쩍 뛰며 걱정부터 하거나 혀를 끌끌 차는 세대와는 분명 다른 가치관을 보여주었"[44]다는 어느 독립 큐레이터의 평이 많은 것을 설명해줄 것이다. 이 행사가 나름 성황을 이루었음에도 불구하고, "〈굿-즈 2016〉은 없을 것이며 안녕은 영원한 안녕일 것입니다"[45]라는 선언과 함께 휘발된 것도 이들의 '가치관'을 다시 한번 상징적으로 보여준다.

이런 실천들이 현재 예술계, 혹은 예술 생산장에 대해 갖는 의미에 대해서는 대체로 동의할 수 있다. 신자유주의 환경, 즉 '시장으로부터 자율적인 예술'에 대한 의문이 제기되는 환경에서의 자립과 생존을 위한 이들의 실천, 한 큐레이터가 '전복하지 않는 싸움'이라고 말한 실천에 대해 진지하게 토론할 가치도 충분하다. 이는 이들의 실천을 지지하고 그 생각에 동의하는 것과는 다른 문제다.

그런데 이런 '싸움'이 좁은 의미에서 반젠트리피케이션 투쟁에 대해 갖는 함의는 무엇일까. 분명한 것은 이들의 휘발적이고 임시적인 실천이 도시·지역·동네 등 장소에 대한 애착과 권리에 기초해야 한다는 암묵적 합의에 심오한 이의를 제기한다는 점이다. 그럼에도 불구하고 반젠트리피케이션 투쟁, 혹은 철거반대 투쟁에서 이들 젊은 예술가들을 만나는 일은 어렵지 않았다. 즉, 그들 일부는 저항 문화에도 적극적으로 기여하고 있었다.

장소에 대한 애착이 없어 보이는 예술가들이 장소를 지키려는 '보통의' 철거민들의 투쟁에 참여하는 이유는 무엇일까. 이념적으로 급진적

일 뿐 아니라 반젠트리피케이션 투쟁에도 적극적으로 참여하는 예술가 P의 말을 들으면서 이 점을 생각해보자.

● "쫓겨나는 타자의 입장이 아니라 주체적으로 젠트리피케이션이 되지 않는 장소를 만들어야 한다고 생각해요. 도시 안에서 젠트리피케이션을 방지할 수 있는… 아니, 방지하는 것이 아니라 그런 섬 같은 곳 하나가 필요하다는 생각이 많이 들어요."(P 인터뷰)

그가 '방지'라는 말을 사용하다가 철회한 것은 징후적이다. 이는 젠트리피케이션의 힘이 몰려오는 상황에서 그것을 '방지'하려는 노력은 언제나 너무 늦다는 사실 때문일 것이다. 그럼에도 불구하고 그 역시 어떤 식으로든 장소 만들기를 상상하고 있었던 것은 분명하다.

실제로 P는 얼마 전 자신의 작업 장소를 이동했고, 그곳은 그의 말대로 '섬 같은 곳'이었다. 그곳에는 좁은 의미의 예술가 혹은 미술 생산자들이 다른 문화적 생산을 수행하는 행위자들과 서로 만나고 있었다. 인상적인 점은 쫓겨나는 데 이골이 난 예술가들이 이런저런 세심하고 치밀한 사전적 고려를 하고 있다는 사실이었다. 나는 이를 젠트리피케이션에 대한 '싸움'이 고요하게, 그리고 일상적으로 전개되고 있는 것이라고 해석한다.

그럼에도 '여기도 곧 젠트리파이되는 것 아닐까'라는 우려가 완전히 사라지지는 않는다. 향후의 젠트리피케이션 과정이 이제까지 알고 있던 방식을 취하지는 않을 것이라고 전망할 때 이런 우려는 더 커진다. 이는 반젠트리피케이션 투쟁이 철거 현장에서의 싸움뿐 아니라 일상에서의 실천이 되어야 함을 뜻한다. 그 점에서 임시성, 단발성, 휘발성, 기동성이라는 젊은 예술가들의 삶의 윤리는 하나의 자원이 될 것이다. 그 윤리에 기초한 삶이 자발적인 것인지, 그리고 '행복'한 것인지에 대해서는 깊고 넓은 사회적 토론이 필요하다. 신생新生하는 미생美生을 미생未生으로 만드는 사회를 주제로 하는 토론 말이다.

6장

젠트리피케이션,
그 보통의 장면

달여리
기록자

2016년 한 해 동안, 기록자로서 경험한 강제집행만 해도 수차례다. 그것은 하루가 멀다 하고 반복되는 '현실 잔혹사'였다. 도심 한복판에서 벌어지고 있는 일, 먼 옛날이 아닌 바로 오늘날의 일, 그러면서도 전국 곳곳 수많은 곳에서 동시에 일어나고 또 자행되는 일. 젠트리피케이션은 그야말로 비명의 현실이다.

현장으로 만난 한남동 테이크아웃드로잉과 신사동 우장창창, 북촌 장남주 우리옷·씨앗, 무악동 옥바라지 골목과 아현동 포장마차 거리의 모습은 이제 없다. 고통의 장면, 이내 그 위를 뒤덮은 가림막. 그렇게 드러난-드러낸 장면은 공간적으로도 확연한 분절을 만든다. 그곳에 이미 있었던-이제껏 있어왔던 것을 스스럼없이도 지워버린다. 기억마저 단절시킨 합법적 폭력. 그 끝에 마주하게 되는 건, 결코 사라지지 않을 깊은 멍울과 피맺힌 상처, 그리고 오직 높은 펜스뿐이다.

가림된 장면은 곳곳으로 무심코 놓여 있다. 피와 땀으로 일궈온 시간의 공간은 잔인하게 도려내어 지워졌다. 무수한 만남의 사건이 이름을 잃는 건 순식간이다. 간판은 떼어지고 집기들은 내동댕이쳐진다. 부서지고 박살난다. 사람들이 밟힌다. 비명이 울린다.

지워진 풍경은 기억조차 용납하지 않는다. 있지만 없다. 없어도 분명히 있었다. 잔혹한 익명성만이 그것을 증명할 뿐이다.

나는 젠트리피케이션을 '보통의 장면'이라 부르기로 했다. 그것은 일상 속에 파고든 비일상의 일상에 대한 의심이자, 젠트리피케이션에 대한 고발과 경고인 또 하나의 언어이다.

"요즘 말로 젠트리피케이션이 진행되고 있는 나름 따끈따끈한 골목."

_ 어느 블로거의 글 중

서울에서는 젠트리피케이션이 그야말로 대유행이다. 온 동네가 떠들썩하다.

젠트리피케이션이란 '낙후됐던 구도심이 번성해 중산층 이상의 사람들이 몰리면서, 임대료가 오르고 원주민이 내몰리는 현상'을 뜻한다. 무려 50여 년 전 영국의 사회학자 루스 글라스의 논문에서 처음 제시된 단어다. 하지만 단지 차용하듯 소환된 그 오래된 단어는 한국의 현 상황을 제대로 설명해주기는커녕 외려 헷갈리고 어렵게 만든다. 마치 젠틀한 듯한 뉘앙스로 전혀 젠틀하지 못한 이 현상을 포장하고 마는 것이다.

용역 깡패의 폭력을 용인하는 강제집행이라는 악법.

약탈을 담보로 하는 투기인 투자에 대한 절대적 신봉.

타인의 삶조차 유린할 수 있는 사유재산의 신성불가침적 문화.

연예인을 필두로 한 기획 부동산과 금융자본, 방송매체의 골목 유린.

거대 프랜차이즈들의 밀어내기.

소유욕을 추종하는 이중적인 임대차법.

그리고 무자비하도록 무수한 임차인에 대한 악플들, 고소와 소송들.

나는 젠트리피케이션이란 단어에서 비명을 듣는다. 곳곳의 현장에서 목도하고 경험한 현실은 실로 야만적이고 공포스러웠다. 자본은 사람과 공간, 그리고 시간마저 익명으로 지워버린다. 삶은 반인권적 작태에 완전히 무너졌다. 잔인한 폭력은 평생의 트라우마로 남는다. 검은 옷의 무리가 다녀간 자리엔 어김없이 차가운 가림막이 세워졌다. 펜스는 때론 합판이었고 때론 화단이었을 뿐 모두 같았다. 그것은 그 자체로도 충격이었다. 마치 거기엔 아무것도 아무 일도 없었다는 듯 봉인해버리고 나자 공간은 속절없이 이름을 잃어갔다.

펜스가 세워진 건물은 골목마다 있다. 동네는 온통 공사판이다. 너무나도 흔해서 그것은 눈요깃거리조차 되지 못한다. 자주 지나다녔던 길이었음에도, 그 자리가 원래 무엇이었는지 쉬이 떠오르지가 않는다. 며칠, 혹은 몇 주 후 펜스가 거두어진 뒤 보면 자리의 이름은 완전히 바뀌어 있다. 동시에 기억은 단절된다. 이미 있었던 것은 아무렇지 않게 가려지고 지워진다.

보통의 장면은 일상적으로 마주하면서도 일상적으로 지나쳐버리고 마는 펜스다. 보통의 장면은 일상적으로 마주하긴 어렵지만 실상 매우 일상적으로 반복되는 폭력적 쫓겨남이다.

이젠 더 이상 보통의 장면을 그냥 지나칠 수가 없다. 가림막은 가림막 이면에 대한 의심이 된다.

_ 전시 〈보통의 장면〉 작가 노트 중

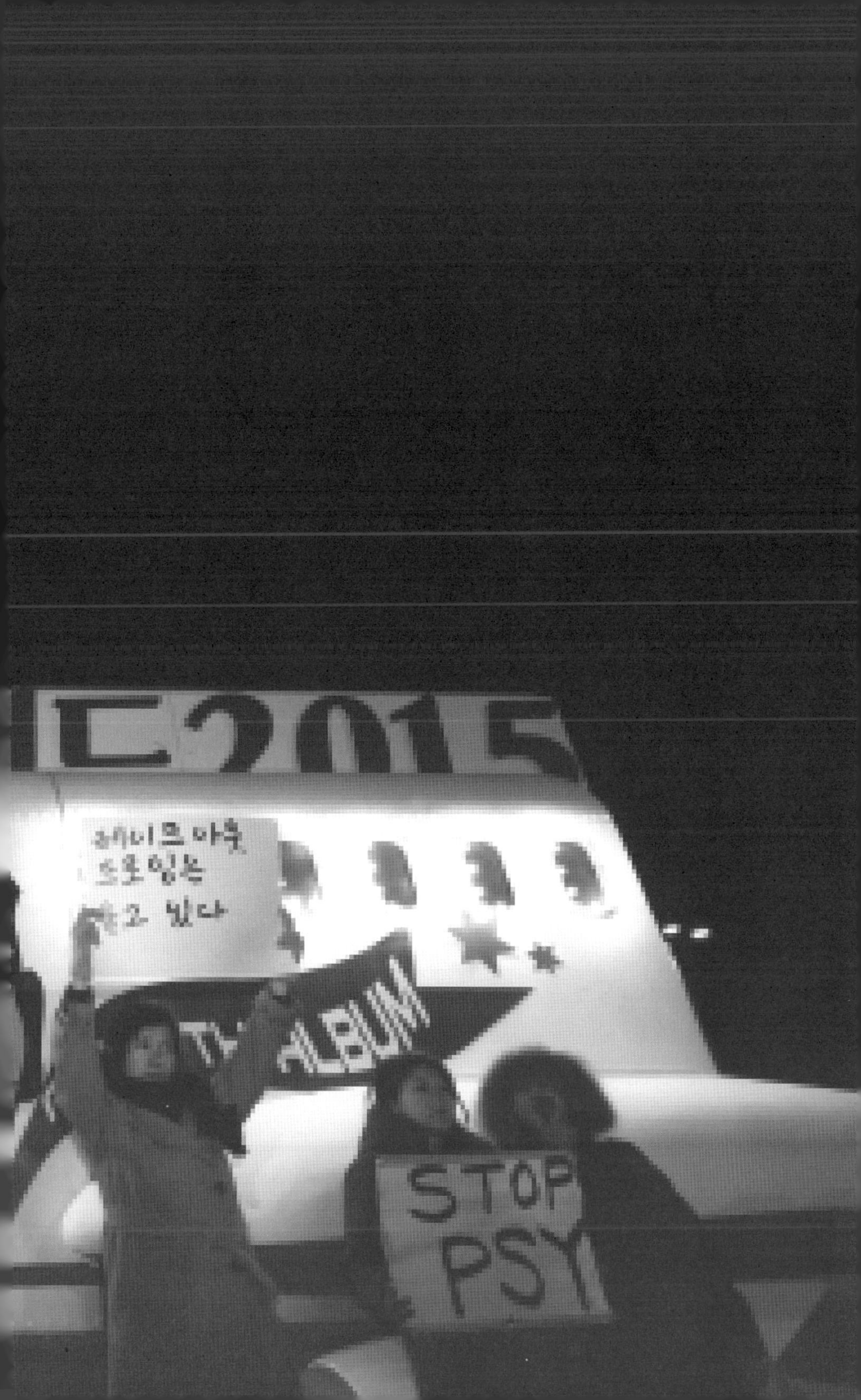
2015
ALBUM
STOP PSY

테이크아웃드로잉
한남동 683-139번지

　미술관 겸 카페인 테이크아웃드로잉은 2010년 한남동에 문을 열었다. 이미 성북동과 동숭동에서 쫓겨난 경험이 있었다. 지역과의 소통이 중요한 테이크아웃드로잉에는 오랜 기간 머물 공간이 필요했다. 당시만 해도 주택가에 가까운 조용한 거리였던 한남동에 자리잡은 것은 그 때문이었다. 10년이고 20년이고 언제까지든 영업을 해도 된다는 일본인 건물주의 말을 믿었다. 그러나 단 6개월 만에 건물주가 바뀌며 문제가 생기기 시작했다. 새로운 건물주는 재건축을 이유로 테이크아웃드로잉을 쫓아내려 했다. 명도 소송 후 법원은 2013년 12월 말까지 건물을 비우라는 내용의 조정안을 제시했다. 임대차보호법 10조의 예외 조항인 '재건축 사유'였기에 어쩔 수 없이 그 조정안을 받아들일 수밖에 없었다. 그러나 그것으로 끝난 것이 아니었다. 합의 조정 후 두 달도 채 안된 상황에서 또다시 건물주가 바뀐 것이다. 싸이였다. 싸이 측은 전 건물주와의 합의 조정안을 바탕으로 건물을 비우라고 통보했다. 테이크아웃드로잉은 이해할 수가 없었다. 현 건물주인 싸이와는 아무런 합의를 한 적이 없었기 때문이다. 만약 전 건물주와의 합의 사항이 유효하다면, 전 전 건물주와의 합의 사항 또한 유효한 것이라는 판단도 있었다. 더욱이 새 건물주 싸이가 내세운 이유는 재건축이 아니라 프랜차이즈 커피점을 들인다는 것이었다. 대화를 요구했지만 돌아온 건 갖은 고소와 소송뿐이었다. 2015년 3월 6일 강제집행, 3월 13일 불법 침입, 4월 22일 강제집행, 9월 21일 강제집행, 10월 8일 무단 침입. 그 과정에서 예술가의 작품은 짓밟히고 부서졌다. 사람들은 다치고 집기들은 망가졌다. 언론플레이와 악플에도 시달렸다. 이에 테이크아웃드로잉은 '대망명'을 선언하고 문화적 활동을 펼쳤다. 지킴이들은 카페에서 잠을 자며 공간을 지켰다. 오랜 싸움 끝에야, 2016년 4월 6일 건물주와 최종 협의를 마칠 수 있었다. 5개월도 채 안 되는 시간만이 '자발적 치유의 시간'으로 주어졌다. 결국 2016년 8월 31일, 테이크아웃드로잉은 건물을 비우고 싸이 측에 부동산 인도를 마쳤다. 하지만 한시가 급하다던 싸이 측의 주장과는 다르게, 건물은 2017년 5월까지 9개월간 그대로 방치되었다.

우장창창
신사동 536-6번지

2010년 11월 문을 연 곱창집 신사동 우장창창은 2012년 5월 건물주가 리쌍으로 바뀌며 계약 갱신 거절을 통고받았다. 우장창창 자리에서 리쌍이 직접 장사를 하겠다는 이유였다. 2013년 8월 건물주와의 합의에 의해 우장창창은 영업하던 1층에서 지하 공간으로 이주할 수밖에 없었다. 우장창창이었던 1층은 리쌍의 가족이 운영하는 포차로 바뀌었다. 큰 돈을 들여 우장창창이 리모델링한 시설물들은 그대로 리쌍 포차의 것이 됐다. 다만 지하로 이주하며 합의한 내용들이 있었다. 계약 기간을 2년으로 하되 2년 뒤에는 주변 시세에 맞게 계약을 갱신한다는 것, 그리고 1층 주차장을 영업에 맞도록 용도 변경을 하고자 할 때는 건물주가 이에 협력하기로 한다는 것이었다. 하지만 합의 내용은 원활히 지켜지지 않았다. 그동안 관행적으로 영업을 해오던 주차장에서의 영업에 대한 민원이 갑자기 비상식적일 만큼 빗발치기 시작하며 영업 손실이 커졌다. 지속적으로 건물주 측에 용도 변경을 요청했지만 번번이 거절당할 따름이었다. 우장창창은 주차장 용도 변경 요청 소송을 진행할 수밖에 없었다. 이에 건물주 측은 주차장 사용으로 인해 피해를 봤다며 오히려 반소를 제기했다. 그러는 동안 계약 만료일이 다가왔고, 건물주 측은 계약 갱신 요구를 하지 않았다는 이유로 갱신 거절 의사를 표했다. 2016년 4월 부동산 인도 강제집행 계고장이 발행되었다. 결국 2016년 7월 7일과 18일 두 차례나 강제집행이 자행됐다. 100여 명이 넘는 용역이 동원된 폭력적이고 야만적인 집행이었다. 엉망이 된 거리에는 비명만이 가득했다. 우장창창은 그렇게 지하 공간에서마저 내쫓기고 말았다. 이미 펜스로 가려진 가게 앞에서 지속적으로 집회를 이었다. 부당함을 알리기 위해 푸드트럭 곱창 시식회를 곳곳에서 열며 계절을 견뎠다. 2017년 3월에 극적으로 합의를 할 수 있었지만, 그렇다고 본래의 자리에서 영업을 이어갈 수는 없었다. 현재 해당 건물은 할리스커피에 보증금 5억, 월세 2,600만 원 7년 계약으로 임대되어 대대적인 리모델링 공사 후 이미 영업이 시작된 상태다.

장남주 우리옷 & 씨앗
가회동 207번지

수공예품점인 씨앗은 2009년부터, 직접 만든 옷을 파는 가게인 장남주 우리옷은 2010년부터 영업을 시작했다. 하지만 북촌이 뜨면서 네 번이나 건물주가 바뀌었고 그때마다 월세는 상한선도 없이 올랐다. 프랜차이즈 커피점을 들이려는 세 번째 건물주에 의해 2015년 5월 명도소송이 제기되었다. 그러는 사이 건물은 또다시 매매되었다. 명도소송은 네 번째 건물주인 삼청 새마을금고의 천상욱 이사장에게 승계되었다. 소송 중이라는 이유로 시세보다 3억 7500만 원 저렴한 금액이었던데다가, '서민 금융사'라는 이유로 취득세 7000만 원까지 면제받은 이른바 값싼 매입이었다. 장남주 우리옷과 씨앗은 정당하게 받아야 할 권리금마저 받지 못하고 쫓겨날 상황에 처했다. 2015년 5월 '상가권리금약탈방지법'이 국회를 통과했지만 장남주 우리옷과 씨앗은 법의 보호를 받지 못했다. 단 1개월 차이로 계약 기간이 만료되었기 때문이다. 만약 법이 적용되었다면 영업기간 5년을 초과했더라도 정당한 권리금을 요구할 수 있었다. 장남주 우리옷과 씨앗은 명도소송 1심에서 패했다. 대화하자는 장남주 우리옷과 씨앗에, 삼청 새마을금고 천상욱 이사장은 2016년 6월 강제집행 계고장을 발송함으로써 기어코 퇴거 명령을 내렸다. 이유는 새마을금고의 이전, 즉 직접 영업이었다. 서민을 위해야 할 돈으로 서민을 쫓아내는 형국이었다. 강제집행은 기습적으로 진행되었다. 2016년 8월 22일 월요일 아침 출근 시간, 가게에 아무도 없는 시간을 노린 집행이었다. 40여 명의 사설 용역이 동원되었다. 이내 간판이 뜯어지고 입구는 합판으로 가려졌다. 상품과 집기는 방치된 채 아무렇게나 짓밟혔다. 이에 장남주 우리옷과 씨앗은 가려진 가게 앞에 텐트를 치고 노숙 농성을 시작했다. 정기적인 새마을금고 앞 집회도 쉬지 않고 이었다. 하지만 근처에서 매번 어버이연합과 같은 이들의 맞불 집회가 연출되는 촌극이 벌어졌다. 여전히 문제는 전혀 해결되지 않았지만, 새마을금고 이전을 위한 내부 공사는 계속 진행되었다.

옥바라지 골목
무악동 46번지 일대

　서대문 형무소 맞은편의 옥바라지 골목은 일제강점기 시절부터 형무소에 수감된 독립운동가의 가족이 머물며 옥바라지를 했던 곳이다. 군부독재 시절에는 민주화 투사를 옥바라지하기 위한 공간이기도 했다. 4·19혁명, 5·16 군사정변, 인민혁명당 사건 등 굵직한 한국 근현대사를 오롯이 거쳐온 그야말로 역사적 공간이다. 1967년 서대문 형무소가 서울구치소로 용도가 변경되면서부터는 주로 형이 확정되지 않은 미결수의 가족이 머물렀다. 하지만 1987년 서울 구치소가 의왕시로 이전하면서 더 이상 수감자의 가족들이 찾지 않자 골목은 점차 활기를 잃어갔다. 결국 2006년 옥바라지 골목은 무악 제2구역 주택재개발정비구역으로 지정되며 사라질 위기에 처하고 만다. 많은 활동가들과 연구자들이 역사적 고증을 해가며 이 지역의 보존을 위해 발 벗고 나섰음에도 아파트 단 4개 동을 짓기 위한 철거는 멈추지 않고 차근차근 진행되었다. 대부분 쫓겨나거나 이주했지만, 마지막까지 남은 주민들이 있었다. 재개발 조합 측은 이들을 내쫓기 위해 기어코 대규모 강제집행을 강행했다. 2016년 5월 17일 새벽의 일이다. 130여 명에 이르는 용역과 크레인 두 대가 동원된 잔인한 폭력이었다. 소화기로 뿌려진 하얀 분말가루 사이로 뜯겨진 문짝이 하염없이 나뒹굴고, 목덜미를 붙잡힌 사람들이 여기저기로 내던져졌다. 공사는 이후 더욱 본격적으로 진행되었지만, 다행히 2016년 8월 서울시의 중재로 재개발 조합 측과 쫓겨난 주민 측의 합의가 이루어졌다. 옥바라지 골목이 완전히 철거된 자리엔 "사람 중심 명품도시 종로"라는 문구가 커다랗게 박힌 펜스가 높이 세워져 있으며, 롯데캐슬 아파트를 짓기 위한 공사가 한창이다.

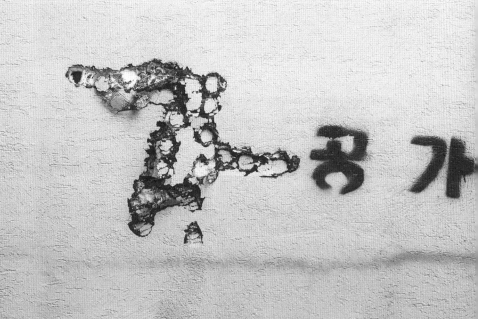

아현동 포장마차 거리
아현동 267번지 일대

원래 쓰레기 적치장이던 자리였다. 1992년 적치장이 사라지면서 다른 곳에 있던 노점들이 옮겨와 포차 거리를 만들게 된 것은 애초에 마포구의 요구 때문이었다. 그렇게 30년이 넘도록 거리를 지켜온 상인들은 지금은 대부분 70세가 넘은 할머니들이다. 아무 탈 없이 지역과 공존해온 이곳에 문제가 생기기 시작한 건, 2014년 아현동 재개발로 마포 래미안 푸르지오 아파트(이하 마래푸)가 들어서면서부터다. 집값을 올리기 위해 포차 거리를 없애달라는 집단 민원이 들어왔다. 이들이 내세운 표면상의 이유는 '미관상 좋지 않다'는 것이었다. 마래푸는 서부 등기소 신축을 반대해 무산시키고 동네 마을버스 노선을 없애는 등 이미 이기적인 행보를 해왔다. 오랫동안 유지된 동네의 생태계를 겨우 2년 남짓된 이주민들이 바꿔어버린 것이다. 그 과정에서 불편을 초래하고 위화감을 조장하길 꺼리지 않았다. 결국 마포구청은 '명품 주거'라는 명목 아래 170여 명에 가까운 용역을 동원해 강제집행을 단행했다. 2016년 8월 18일 아침이었다. 두 대의 관광버스와 몇 대의 봉고차에 나누어 탄 용역들이 그야말로 눈 깜짝할 사이 거리를 완전히 에워쌌다. 시민들과 할머니들이 가게의 안과 밖에 있었지만, 제대로 된 고시도 없이 폭력은 야만적으로 행사되었다. 오랜 세월의 터전은 금세 치워져버렸다. 마포구는 포차 자리에 '꽃길'을 만들겠다 했다. 포장마차의 잔해들이 모두 철거되자마자 큼직하고 볼품없는 화분을 잔뜩 실은 트럭이 몰려왔다. 그것들로 거리를 대충 메움으로써 마포구의 공약은 충실히 이행된 셈이다. 현재 할머니들은 경의선 공유지로 자리를 옮겨 영업을 이어가고 계신다. '꽃길'이 되어버린 아현 포차 거리에서의 기도회와 문화제 또한 꾸준히 이어져오고 있다.

7장

2009~2017
서울 젠트리피케이션

정용택
디큐멘더리 《피디51》 디렉디

| 두리반 건물 (다큐 파티51) |

| 밤섬해적단 두리반 공연 (다큐 파티51) |

1. 두리반

홍대 앞을 문화 터전으로 일구어오던 음악가들이 철거 위기에 처한

칼국수집 두리반으로 모여들었다.

홍대 앞의 지가 상승으로 공연할 곳이 없어진 음악가들에게

GS건설의 재개발로 쫓겨나는 두리반의 주인 부부도 자신들과 똑같은 처지로 보였다.

"홍대 앞에서 밀려나는 음악가들의 처지와 홍대 앞에서

밀려나는 상인들의 처지가 같다"라고 말한 그들은

2010년 5월 1일 51개 밴드가 참여하는

뉴타운컬쳐파티 51+ 페스티벌을 열어 홍대 앞 젠트리피케이션에 맞섰다.

두리반은 작은 승리를 거두었다.

| 테이크아웃드로잉 한남포럼 자립유도 퍼포먼스_한받 |

2. 테이크아웃드로잉

많은 예술가들이 홍대에서 두리반을 지켜냈으나

서울 곳곳에선 젠트리피케이션이 암세포처럼 자라났다.

홍대·이태원·성수동 등지에서 연예인이 건물을 매입하면 언론에서 띄워주며

지가를 상승시키는 것이 유행이었다.

기존의 세입자를 내쫓고 프랜차이즈 커피숍을 들이는 것은

매매 가격 상승과 권리금 약탈을 노린 신기술이었다.

2010년에 임대료 상승률이 가장 높은 곳이 홍대였다면

2015년엔 이태원이었다.

그리고 이태원 옆 한남동에선 큰 자본을 가진 연예인 싸이가

예술가들을 쫓아내는 사건이 발생했다. 또다시 예술가들이

젠트리피케이션 최전선에서 거대한 힘에 맞섰다.

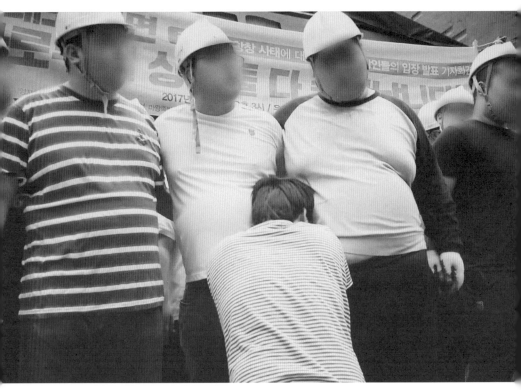

| 리쌍이 사설용역을 동원해 우장창창 1차 강제집행 |

3. 우장창창

싸이가 사과를 하고 합의를 한 후 포털 다음 뉴스 댓글의 베스트는

"나는 아직도 싸이가 뭘 잘못했는지 모르겠다"였다.

리쌍은 싸이보다 몇 배 더 강력한 여론을 등에 업고

사설 용역을 동원해 세입자를 내쫓았다.

한일 권리금 연구를 하는 서울대 다무라 후미노리 연구원은

리쌍처럼 용역을 동원해 세입자를 내쫓는 일은

일본에선 100년 전에나 가능했던 일이라고 한다.

우리는 100년 전의 야만을 이 땅에서 목격하고 있다.

4. 장남주와 씨앗

관광객으로 떠들썩한 북촌에서도 상인들이 쫓겨나고 있다.

소상공인이 운영하는 전통한복가게 장남주와

공예품 가게 씨앗을 내쫓는 건물주는 놀랍게도

서민들의 금고라는 삼청 새마을금고다.

삼청 새마을금고의 이사장은 새누리당 전 종로 당협 위원장이다.

정치권력을 가진 지역 토호 이사장 때문인지

새마을금고를 지지하는 집회에 억지로 나오는 상인들도 있다고 한다.

부동산과 정치권력이 맞물렸을 때 서민들의, 쫓겨난 자들의 고통은 더 가중된다.

| 장남주 씨앗 강제집행 당하던 날 |

5. 공씨책방

신촌 오래된 책방에 새로운 건물주가 전화를 걸어와 이렇게 말했다고 한다.

"재테크하는 사람인데 커피숍에 임대를 주려하니 나가 달라"라고

서울 미래 문화유산 간판이 자랑스러운 신촌의 오래된 책방 공씨책방도

재테크꾼(부동산 투기꾼) 앞에서는 간판을 내리고 떠나야 한다.

미래 문화유산으로 지정해준 서울시에 도움을 요청했으나

현행 법 앞에선 어쩔 수 없다고 한다.

오래된 공간과 문화를 지켜야 한다는 생각은 있으나

법과 제도가 지켜주지 못하는 현실을

재테크꾼은 날카롭게 파고든다.

| 서울미래유산 공씨책방 |

| 홍대관광특구 반대 애국가 뮤직비디오_한받 |

6. 홍대 관광특구

두리반 사건의 시작이 된 공항철도 개통 이후 홍대는 명동 같은 관광지가 되었다.

오래된 가게, 공연장들은 거의 다 밀려났고 관광객과 프렌차이즈만 차고 넘친다.

이미 번화한 관광지를 마포구청은 관광 특구로 만들려고 추진했으나

반대 운동에 부딪힌후 잠시 숨을 고르고 있다.

조물주 위의 건물주보다 더 거대한 자본의 욕망이

홍대를 집어삼키고 있다.

| 리쌍과 할리스 커피 |

7. 리쌍과 할리스 커피

리쌍은 우장창창을 쫓아낸 후

40억이 오른 90억에 건물을 내놨다가 여론을 의식해서 철회했다.

이후 할리스 커피에 5억 2800에 임대를 해주기 위해

우장창창의 집기를 임의로 처분하려다 발각돼서

우장창창 측이 유치권을 행사했다.

80%의 은행 대출을 받아 건물을 구입한 후 기존의 임차인을 내쫓고

프랜차이즈 커피숍으로부터 많은 임대료를 받거나

몇 십억의 시세차익을 남기고 파는 일이

건물주들에게 일종의 공식이 되었다.

그리고 연예인들이 재테크란 이름으로 이런 투기행위에 앞장서고 있다.

리쌍과 우장창창의 합의 결과는

상가 임대차보호법과 젠트리피케이션에 큰 영향을 끼칠 것이다.

8장

왜 정부의 임차상인 보호정책은 실패하는가

: 투기를 부추기는 임차상인 대책 평가

김상철
경의선 공유지 시민행동 × 26번째 사지+운동

1 | 문제의 재설정

용어의 과용보다 문제가 되는 것은 오용이다. 특히 오용이 문제가 되는
것은 용어가 만들어지게 된 배경과 그로 인해 축적된 역사적·사회적 맥
락이 현실에서 벌어지는 사건의 중요한 맥락을 가리기 때문이다.[1] 아
마도 최근 회자되는 젠트리피케이션이 과용과 오용의 경계에 위태롭
게 놓인 용어가 아닌가 싶다. 크게 두 가지 측면에서 그렇다. 젠트리피
케이션이란 본래 '거주자의 교체', 특히 상대적으로 사회계층의 위쪽에
있는 이들로 교체된다는 의미를 지녔으나 이러한 본래적 의미와 현상
이 일치하지 않는다. 좀더 구체적으로 보자면 2000년대 이후 뉴타운 재
개발로 상징되는 주거지 개발사업의 경우 거주자의 사회계층적 변화가
도드라지지만 상가 임차인들에게 벌어지는 현상은 사회계층적 이동이
라는 현상과는 거리가 있다.[2] 임차인이 부담해야 하는 임대료의 상승이
곧 임차인의 사회계층의 변화로 이어지지는 않는 것이다. 원하든 원치
않든 젠트리피케이션이라는 말은 임차 상인들을 사회계층상 약자의 위
치에 놓이도록 하는 프레임을 작동시킨다. 하지만 임차 상인의 여러 분

쟁이 문제가 되는 것은 단순히 임차인이 '가난해서'가 아니다. 비슷하게 건물주라고 해서 절대적으로 '돈이 더 많은 이들'이라고 볼 수는 없다.* 보다 구조적인 문제, 특히 상가 건물의 소유라는 특수한 권리관계를 둘러싼 법적·제도적 권리의 분배 문제가 존재하는 것이다. 하지만 계층 이동을 전제로 하면 이런 독특함에 주목하기 어려워진다.

　이는 자연스럽게 두 번째 맥락으로 넘어간다. 젠트리피케이션이라고 칭하는 순간 다른 젠트리피케이션과의 유사성에 주목하게 되는 것이다. 즉 주요 사례들, 특히 외국에서 벌어지는 사례들과의 유사성에 주목하고 그에 따른 해결을 모색하려는 시도를 하기 쉽다. 하지만 국내 상가 임차인 분쟁의 독특함은 그 과정이 '약탈' 과정이라는 점, 좀더 노골적으로는 '합법적인 강탈'이라는 점에 있다.[3] 이를테면 젠트리피케이션 논의가 확산되자 뒤이어 나온 이야기는 '좋은 젠트리피케이션'도 있다는 반론이었다. 실제로 도시환경의 개량이라는 측면에만 주목한다면 젠트리피케이션이 가진 긍정적인 맥락이 있을 수 있다. 하지만 실제로 한국 임대차 시장에서 발생하는 임대차 분쟁에 과연 도시환경의 개량이라고 부를 수 있는 요인이 있을까? 특정 상권의 발달이라는 측면에서 보자. 실제로 젠트리피케이션이 전제하는 '젠트리파이어', 적극적인 개발업자가 존재할까? 현재 논란이 되는 주요 분쟁의 현장은 많은 경우 임차 상인들이 형성한 자생적 상권이다. 사실 현재 상가 임대차 과정에서는 도시환경 개량이라는 젠트리피케이션의 부수적 효과는 기대하기

---

* 일례로 '우장창창 사태' 때 건물주였던 리쌍은 강남역 '라페킹' 분쟁 당시에는 세입자로 권리금 보상 없이 재건축을 한다는 건물주에 의해 쫓겨났던 당사자이기도 했다.

어렵고 오히려 적극적인 백화 현상**이 벌어지고 있다는 점에 주목해야 한다. 즉 건물 소유자에 의한 상권 강탈이 일어나는 것이다.

그럼에도 젠트리피케이션 논의가 그동안 개별적인 분쟁과 물리적 충돌로 이어졌던 일련의 사태들에 종합적으로 접근할 수 있는 틀을 제공했고 무엇보다 국제적이면서도 지역적인, 다양한 스케일의 논의를 가능하게 만들었다는 장점을 부정할 수는 없다. 실제로 기존 임대차 분쟁이 개별 권리관계의 개선을 중심으로 이야기되어오다가 공간의 관리라는 측면에서 방지 대책이 마련되기 시작한 데에는 젠트리피케이션이라는 범용적인 용어의 등장이 큰 영향을 미쳤다. 그런 점에서 보면 현재 필요한 것은 젠트리피케이션이라는 용어의 기각이나 혹은 수용이라는 양자 선택이 아니라 일반적인 젠트리피케이션 논의를 참조하면서도 보다 한국적 맥락을 드러낼 수 있는 '구체화' 과정이라고 할 수 있다.

이 글은 바로 이런 구체화 과정에 있어 주요한 행위자, 특히 중앙정부와 지방정부가 정책으로써 개입하는 부분에 초점을 맞춘다. 특히 현재 임차관계가 지닌 특수한 '약탈적 과정'은 개별 개인들의 사적 이익의 충돌이라는 외형을 지니고 있지만, 사실은 정책에 의해 제도적으로 유인된 결과라는 가설을 제기한다. 이를 위해 현재 임대차 관계의 약탈적 구조를 만드는 환경에 대해 살펴보고 그것이 중앙정부와 지방정부의 주요한 정책과 대책에서 어떻게 확대 재생산되는지를 짚어보고자

** 백화 현상은 원래 산호가 수온의 급격한 변화로 하얗게 죽어가는 현상을 뜻하는데, 이와 유사하게 젠트리피케이션의 영향으로 어느 지역의 상업 공간이든 프랜차이즈 업체가 늘어나 상권이 쇠퇴하는 현상을 비유적으로 일컫는다.

한다. 젠트리피케이션의 일반적인 논의가 그러하듯 이런 문제제기를 통해 상가 임대차 분쟁을 자본주의 도시의 자연스러운 과정으로 해명하거나 건물주나 임차인들 간의 '제로섬적' 이해관계의 상충으로 설명하려는 것은 아니다. 오히려 자연스러워 보이는 이 과정이 유인된 것이며, 중앙정부나 지방정부가 수동적으로 혹은 적극적으로 '오진'함으로써 현재의 사태를 더욱 부추기고 있음을 드러내려 한다. 즉, 임대차 분쟁의 구체적 사례를 통해 현재 한국 도시들이 겪고 있는 지대 약탈 과정의 특수성을 규명할 것이다.

2 | 유예된 위기, 전가되는 부채

2000년 이후 도시 공간의 대규모 개발은 주거지를 중심으로 진행되었다. 대표적인 것이 뉴타운이다. 2010년 말 기준으로 서울시내 재정비촉진구역은 총 329개로 2591만 제곱미터에 달했다. 이는 서울시 전체 면적의 4.2%에 달하는 것으로 산술적인 가구수의 비중으로 보면 17만 5973세대에 해당한다. 이런 대규모 사업은 향후 발생할 수 있는 이익을 담보로 추진되었다는 특징이 있는데, 구체적으로는 현재가치를 지속적으로 낮추고 미래가치에 대해서는 선택적으로 최대치를 전제하는 방식이었다. 현재가치를 낮추는 과정에서 다양한 세입자들은 '비용'으로 전락했다. '뉴타운 개발사업의 경제성' 기준에 따르면 세입자를 보호하기 위해 재원을 지출할수록 사업성이 낮아지는 것이다. 대규모 강제 이주로 인해 주민의 급격한 교체가 이루어졌다.

하지만 2008년 경제 위기를 기점으로 주거지 개발 사업은 한계에 직면한다. 2010년까지 상승하던 주택가가 주춤하자 대규모 주거지 재개발 사업의 경제성 근거였던 미래 수익에 대한 기대가 줄어들었다. 주택 재개발 사업으로 기대했던 지대의 추구가 어렵게 되자 투기자본의 관심은 상가 건물로 옮겨갔다. 저성장이 지속되는 2008년 이후 경제 상황에서 대부분의 투자 자금은 대출을 통해 형성되었다. 한국은행이 매년 12월에 작성해 국회에 보고하는 〈금융안정보고서〉[4]를 보면 2013년 이후 주요 업종군에서는 모두 대출이 감소하거나 정체되었지만 부동산임대업에서만 대출이 지속적으로 높아지는 것을 확인할 수 있다. 일반 은행의 전체 기업대출 가운데 부동산임대업 대출의 비중은 2012년 말

표 1　유형별 부동산임대업 대출과 업종별 대출금리.

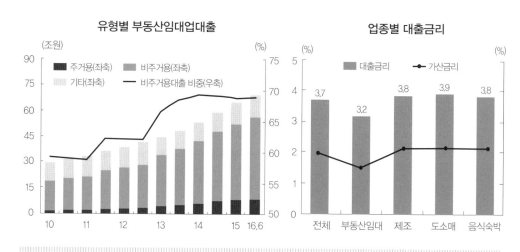

출처: 한국은행, 〈금융안정보고서〉, 2016.12, 112쪽, 113쪽.

13.3%에서 2016년 6월 말에는 19.5%로 상승했다. 문제가 되는 것은 부동산임대업 대출의 상당수가 대기업이나 중소기업 등 법인 대출이 아니라 개인사업자 대출이라는 점이다. 같은 기간 일반 은행의 개인사업자 대출 증가율은 연평균 18%로, 이는 전체 부동산임대업 대출의 증가율 16%를 웃도는 수준이다. 같은 기간 제조업의 대출 증가율이 8.6% 정도인 것과 비교하면 개인이 부동산임대를 목적으로 받는 대출이 급격하게 늘어났음을 확인할 수 있다. 특기할 만한 것은 부동산임대 대상 중 아파트 등 주거용 부동산보다 상가건물 등 비주거용 부동산 비율이 급격하게 높아졌다는 사실이다. 2016년 6월 말 일반 은행의 비주거용 부동산임대업 대출 비중은 69%였다. 실제로 '유형별 부동산임대업 대출' 현황을 보면, 총규모가 2010년부터 점차적으로 증가하고 있으며 그 증가 폭은 비주거용 대출 규모에 의해 견인되고 있음을 파악할 수 있다.

여기서 특기할 만한 것은 '업종별 대출금리' 현황이다. 전체 3.7%로 유지되던 대출금리가 부동산임대업종에 대해서만은 3.2%로 평균치를 밑도는 수준을 보였다. 다른 제조업이나 도소매업, 음식숙박업의 대출금리가 상대적으로 평균 금리보다 높은 것과 대비된다. 즉 금융권은 담보가 있는 부동산임대업에 비교적 낮은 금리의 대출금을 제공하고, 낮은 대출금리라는 유인에 의해 많은 건물주가 빚을 내서 건물을 산 셈이다.* 빚은 건물주만 진 것이 아니다. 통계청이 발표하는 〈가계금융복지조사〉의 금융 부문 자료를 보면 2012년에 자영업자 평균 가처분소득,

---

* 한국은행은 비주거용 부동산대출이 증가한 이유를 "부동산 투자수요 증대, 세금 환급 등 절세 유인 등에 따른 것"이라고 평가했다(한국은행, 〈금융안정보고서〉, 2016.).

표 2 **1인 자영업자 가구 원리금 상환 비율 추이.**

(단위: 만 원, %)

연도	2012	2013	2014	2015	2016
가처분소득	3513	3729	4054	4093	4321
원리금 상환 비율 (원리금 상환액)	28.3 (993)	33 (1230)	38.1 (1546)	36.9 (1510)	45.3 (1959)

출처: 통계청, 〈가계금융복지조사〉, 2016.12.

즉 임대료·인건비·재료비 등을 제외하고 처분할 수 있는 수입이 3513만 원이었는데 이 가운데 28.3%에 해당하는 933만 원이 금융채무에 따른 원금과 이자의 상환에 쓰였다.[5] 이 비중은 2013년에는 33%, 2014년에는 38.1%로 높아지더니 2016년 말에는 45.3%에 달하는 1959만 원을 원금과 이자를 갚는 데 사용하는 것으로 나타났다. 이 기간 동안 가처분소득 전체의 증가액은 809만 원으로, 1000만 원 가까이 증가한 원리금 상환액을 밑돌았다. 가처분소득이 증가하는 속도보다 더 빠르게 빚이 늘어난 것이다.

비주거용 부동산, 즉 상가 건물을 매입하여 임대업을 하는 건물주도 그로부터 가게를 얻어 장사를 하는 자영업자도 모두 빚이 늘어가는 상황이 된다. 건물주의 경우 상가 세입자들이 내는 임대료가 유일한 수입원이다. 즉 상가 건물의 가치는 상가 세입자들이 부담 가능한 임대료의 수준으로 결정되는 셈이다. 하지만 앞서 본 바와 같이 현재 자영업자는 지속적인 임대료 인상을 감당할 수 있는 상황이 아니다.

국회예산정책처가 낸 보고서에 따르면, 2010~2014년 소득 5분위 중 1~2분위에 해당하는 영세자영업자 가구의 경상소득은 같은 소득 분위의 상용근로자 가구에 비해 낮은 수준으로 나타났으며 해당 기간에 그 비율은 낮아져 연간 0.4% 감소했다. 반면 상용근로자의 부채와 비교해서는 2010년 96.4%로 상대적으로 낮은 상황이었다가 2011년 147.8%로 급격하게 높아져 2014년까지 연평균 5.8%의 증가율을 보였다. 즉, 2010년 이후 영세자영업자의 경우 근로소득자에 비해 소득은 줄었지만 부채는 늘어나는 현상이 도드라졌다.

원리금 상환이라는 압력 속에 놓인 건물주와 소득이 줄어드는 자영업자 간의 임대료 분쟁은 불합리한 관행의 수준을 넘어 약탈적 관계가 될 수밖에 없다. 건물주 입장에서는 유일한 수입원인 임대료가 지속적으로 인상되지 않으면 안 되고, 자영업자의 경우 이미 자신의 소득을 웃도는 부채로 인해 소득이 잠식당하고 있는 실정이라 임대료 인상에 탄력적으로 대응할 수 없다. 더군다나 현재와 같이 제도적으로 상가 세입자에 대한 보상이 취약한 상황에서, 현재 장사하는 가게에서 나간다면 다시 자영업을 시작할 수 있는 가능성은 매우 낮다. 즉 무리한 대출의 증가로 건물주나 자영업자나 생존을 위한 치킨게임을 할 수밖에 없는 구조가 만들어진 것이다.

3 | 자영업 구조의 특징: 강제된 구조

1) 선택이 아닌 자영업

그런데 여기에는 더 깊은 구조적인 문제가 있다. 바로 지속적인 자영

표 3 소득 5분위 중 1~2분위 가구의 상용근로자 가구 대비 자영업자 가구 현황.

(단위: %)

	2010	2011	2012	2013	2014	연평균 증감률
경상소득 비율	94.4	92.6	92.5	93.3	93.1	−0.4
부채비율	96.4	147.8	122.7	153.2	120.8	5.8

• 주: 경상소득 및 부채 비율은 각 연도의 (자영업자가구/상용근로자가구)×100으로 산출함.
• 출처: 한정수, 〈자영업자 지원사업 평가〉, 《사업평가》 15-11, 국회예산정책처, 2015, 10쪽.

업 인구의 증가다. IMF 경제 위기 이후 급격히 늘어났던 자영업자 수는 2002년 이후 하락해 자영업의 과잉화가 해소되는 듯했으나 2010년 이후 반등하여 다시 과잉화되고 있다. 특히 자영업의 과잉은 기존 노동시장의 변화에 의해 촉발되고 있기에 일시적인 현상이라기보다 상당히 구조적인 현상으로 볼 수 있다.

통계청[6]에 따르면 가장 오래 근무한 일자리 이직 연령은 평균 53세(남자 55세, 여자 52세)로 나타났다. 상대적으로 이른 나이에 퇴직한 사람들은 그대로 자영업 부문으로 흡수되었다. 2009년 27.4%였던 50대 자영업자 비중은 2011년에 30.0%, 2013년에 30.8%로 증가했다. 또 생계형 창업의 비중 역시 2007년 79.2%, 2010년 80.2%, 2013년 82.6%를 기록했으나, 창업 후 생존율은 창업 1년 후 83.8%, 창업 3년 후 40.5%, 창업 5년 후 29.6%에 불과했다. 기존의 전통적인 노동시장에서 조기 퇴직한 사람들이 자영업으로 몰려 장사가 곧 생계인 상황임에도 10명

중 7명은 5년을 버티지 못하고 폐업하는 것이다.

실제로 자영업의 비율은 여러 변수 가운데 실업률과 상관성이 높다는 것이 일반적 분석이다. 실업률이 높아 임금근로의 기회가 줄어들면 자영업을 선택할 가능성이 높아져 실업률과 자영업자 비중 간의 관계가 양(+)으로 나타난다는 밀어내기 가설unemployment push hypothesis이 가장 일반적인 가설이다. 전병유 등의 연구[7]에서는 우리나라의 실업률과 자영업은 1980년대 양(+)의 상관관계를 보였으나 1990년대에 상관관계가 없어졌고, 다시 외환위기 이후 양(+)의 관계를 나타내고 있음을 실증 분석을 통해 확인하였다. 이는 자영업이 생계의 방편이었다가 1990년에 투자의 방편이었다가 다시 IMF 경제위기 이후 생계의 방편이 되었다는 의미다. 이런 분석은 국회예산정책처의 보고서에서도 확인된다.[8] 이 보고서는 자영업 진출 결정요인으로 실업률 외에 성별, 연령, 혼인 여부, 학력 등을 들고 있다. 보고서에 따르면 실업률이 높을수록, 여성보다는 남성이, 연령이 높아질수록, 미혼자보다는 기혼자가, 학력이 높아질수록 자영업 가능성이 높다. 즉 기존의 정규 노동시장에서 조기에 밀려난 남성 가장이 자영업을 할 가능성이 높다는 뜻이다.

기존 노동시장에서 밀려난 이들이 자영업으로 흡수된 데에는 정부가 만들어낸 제도의 유인도 존재한다. 한국의 자영업자 대책은 일차적으로 소상공인 지원정책이라는 틀에서 시행되어왔고, IMF 이후 노동시장의 불안정성이 높아진 뒤 2000년 특별조치법이 제정됨으로써 제도화되었다. 하지만 현재 시행하고 있는 소상공인 지원정책은 대부분 일시적으로 또 하드웨어 중심적으로 이루어지다 보니 실제 자영업자가 처해 있는 상황과는 동떨어져 있는 실정이다. 특히 기본적으로 자영업 시장으로의 진출에 정책의 초점이 맞춰져 있어 약탈적 상가 임대차 과정에 상가임차인을 투입하는 결과를 낳는다.

이처럼 정부의 자영업자 정책은 불안정한 노동시장을 보완하는 역할을 해왔고, 이 때문에 창업지원이 유일한 지원정책으로 정착되어왔다. 문제는 이렇게 노동시장을 보완하기 위한 정책과 부동산 거품을 통한 불로소득 기반형 자산정책이 지속적으로 상충한다는 것이다. 즉, 자영업자의 확대와 부동산 시장을 이용하는 자산전략이 가장 극단적으로 부딪히는 곳이 상가임대 현장이다. 임대인의 경우 두 가지 측면에서 '무임승차'하고 있는데, 그 첫 번째가 각종 대출 금리의 특혜 등 정부정책

표 4 중소기업청의 소상공인 지원정책 현황.

사업 분야	현황 및 문제점
금융지원 정책	소액·살포식 지원이고 평가 시스템에 의한 선별 과정 없이 사업보고서를 근거로 선착순 지원하기 때문에 일부 우량 소기업 혹은 경쟁력 없는 소상공인 이자비용 절감 수단으로 자금이 활용됨.
소상공인 교육	기본적으로 창업을 유도하는 사업으로, 생존보다는 시장 진출에 성과 목표가 맞춰져 있기 때문에 일시적인 효과에 집중됨.
소상공인 컨설팅	컨설팅 전문성 부족, 미흡한 컨설팅 권고안 이행 관리 등 다양한 문제점이 발생함.
나들가게 지원사업	2010년부터 2014년 6월까지 나들가게 누적 폐업·취소율은 10.8%(폐업률 9.2%, 취소율 1.6%)이며, 연간 폐업률 기준으로는 약 2%로 사후관리 문제가 지속적으로 발생함.
전통시장 정책	전통시장 활성화 지원 내용의 80% 정도가 시설 현대화 등 하드웨어에 치중된 상태.

출처: 한정수, 〈자영업자 지원사업 평가〉, 《사업평가》 15-11,
국회예산정책처, 2015의 내용을 재구성.

에 의한 것이다. 두 번째는 법적 관계에서 임차인보다 임대인이 우위에 놓인다는 점이다. 실제로 건물주인 임대인은 지속적으로 중앙정부와 지방정부의 도심 활성화 정책에 편승해왔으며, 또 한편으로는 취약한 법제도를 이용해 상가임차인이 조성한 상권을 손쉽게 임대료 수입으로 흡수해왔다.

최근 들어 중소기업청은 임대료 인상 문제에 개입하겠다고 밝히면서 "임대료 상승과 자영업자 과다 퇴출에 대한 대안이 필요한 시점"이라고 진단했다. 2016년 2월 25일자로 공개한 〈소상공인 활력회복 방안〉은 크게 자영업자 과당경쟁 방지와 상가임대료 상승 억제라는 두 가지 축으로 구성되어 있다.[9]

하지만 세부적으로 보면 이런 정책 목표가 제대로 된 분석과 전망 속에서 수립된 것인지 의심스럽다. 중소기업청은 '소상공인 사관학교'를 설치해 준비된 창업을 유도하고 창의적 경영모델 확산을 위해 협동조합 및 프랜차이즈화를 촉진한 것과 전통시장을 골목형·문화관광형·글

표5　**골목상권 임대료 상승 억제 방안.**

구 분	주요 내용
핵심 상권	임대-임차인 협약을 통해 임대료 상승을 억제하는 '자율상권법' 제정.
전통시장	'시설현대화', '특성화시장', '청년몰' 등 전통시장 지원사업에 임대료 인하. 자율동결 협약을 맺은 시장은 우대지원 강화 및 의무화 검토.
일반 상가	임대차 존속 기간 확대 검토, 권리금 보호 대상에 '전통시장'을 추가.

출처:중소기업청, 〈소상공인 활력제고 대책〉, 2016.의 내용을 재구성.

로벌명품형 등 3가지로 구분하여 (과거와 같은) 아케이드나 주차장 등 편의시설을 확충한 것을 자신들의 성과로 꼽고 있다. 상가임대료 상승을 막기 위한 수단으로는 국회 계류 중인 '자율상권법'*을 제정하는 것이 고작이고, 과당경쟁 방지 대책이란 '과밀업종 진입 억제'를 하겠다는 것으로 사실상 임차인 통제 정책에 가깝다. 창의적 경영모델의 방법으로 제시한 협동조합 및 프랜차이즈화는 현재 벌어지고 있는 자영업의 문제점을 자영업자의 경쟁력 약화로 진단한 결과다. 즉 협동조합을 만들든 프랜차이즈로 묶든 통합 브랜드를 만들고 공동으로 경영·관리를 하면 경쟁력을 높일 수 있다고 제안하는 것인데, 이미 시행한 '나들가게'라는 브랜드가 연간 10% 이상의 폐업률을 보이는 상황에서 보면 허황된 정책에 가깝다. 오히려 골목상권을 위협하는 것은 무분별한 대기업 SSM의 진출과 더불어 영업 수입을 상회하는 임대료 인상 압박이다. 임대-임차인 협약을 통한 임대료 상승 억제 방안과 관련해서는 '자율상권법'이 기한 만료로 폐기된 것은 둘째치더라도 현재 신촌·성수 등 일부 지역에서 시행 중인 협약 방식의 임대료 통제가 실효성이 있는지에 대한 평가가 누락되었다. 결국 중소기업청이 내놓은 정책 가운데 가장 강력한 것은 '과당경쟁 방지를 위해 과밀업종 진입을 억제하겠다'는 자영업자 통제 정책이다. 음식점 창업이 많아 폐업률이 높으면 음식점 창

---

* '자율상권법'은 2015년 8월 이정현 의원 등 13명이 공동 발의한 법률로 '자율상권구역의 지정 및 운영에 관한 법률'을 뜻한다. 해당 발의안에 따르면 '자율상권구역 내 상가건물의 임차인인 상인은 임대인에 대하여 자율상권구역 지정일부터 10년 이내의 범위에서 일정기간 계약갱신 요구원을 행사할 수 있고, 임대인은 일정 비율을 초과한 차임 또는 보증금의 증액을 청구하지 못하도록 '상가건물 임대차보호법에 대한 특례'를 둔다.

업을 억제해 이를 줄이겠다는 것인데, 실제 음식점 창업이 많은 것은 창업에 드는 시간과 비용이 적기 때문이라는 사실을 전혀 고려하지 않은 정책이다.

2) 실태조사의 편향성

이렇게 현실과 엇나가는 정책을 내놓는 것은 정부가 문제의 원인인 건물주와 임차인 간의 약탈적 관계를 몰라서가 아니다. 오히려 일련의 과정은 이를 의도적으로 외면하거나 적극적으로 회피하려는 과정으로 이해할 수 있다. 이는 유일한 상가 임대차 관련 사회조사라고 할 수 있는 〈상가건물 임대차 실태조사〉*의 설계를 보면 단적으로 드러난다. 이 조사는 중소기업청이 지역마다 있는 지청에 설치한 소상공인지원센터를 통해서 진행했다. 그리고 그 표본은 임대차사업자를 통해서 확보한다. 즉 자체적으로 선정한 임차인·임대인을 대상으로 진행하는 것이 아니라 임대차사업자가 확보한 자료를 통해서 진행하는 것이다. 이런 표본의 문제도 문제거니와 가장 문제가 되는 것은 답변을 유도하는 문항들의 의도다. 가장 문제가 되는 것은 '계약 갱신청구 기간'에 대한 질문으

---

* 해당 조사의 개요는 다음과 같다.
  • 조사 목적: 상가건물 임대차 실태 및 시장 현황, 법 도입의 영향 및 변화 요인 등을 분석하여 보다 효율적인 상가건물 임대차 제도를 수립하기 위한 기초자료 수집 및 제공.
  • 조사주기: 5년.
  • 조사 방법: 지역별·업종별 고정할당비율에 의한 전화조사 및 직접 방문조사 병행, 지역별·업종별 고정할당비율에 의한 표본 추출, 전국 61개 지역 소상공인지원센터 상담사를 활용하여 구조화된 설문지에 의한 조사 실시.
  • 면접 방법: 타계식 전화조사.
  • 조사체계: 임대차(중개업자)사업자 → 소상공인지원센터(조사) → 소상공인진흥원(분석 및 보고서 작성) → 중소기업청.

표 6 계약갱신청구기간 적절성에 대한 설문조사. ||||||||||||||||||||||||||||||||||||||||||||

(단위: %)

	3년으로 축소	4년으로 축소	6년으로 확대	7년으로 확대	지역
2013	5.8	0.4	4.8	65.3	일반
	6.3	0.4	4.8	65.7	중심
	3년으로 축소	기존 5년으로 유지	7년으로 확대	10년으로 확대	
2008	3.9	63.4	17.4	12.7	일반
	3.8	67.1	15.7	10.5	중심
	3년으로 축소	기존 5년으로 유지	7년으로 확대	10년으로 확대	
2004	11.8	65	11.6	11.2	일반
	12.1	64.5	10.7	11.7	중심

|||||||||||||||||||||||||||||||||||||||||||||||||||||||||||||||||||||||||||||||||||||||||||||||||||||

출처: 중소기업청, 각년도 〈임대차 실태조사〉 결과 재구성.

로 국회나 중앙정부는 이 조사를 근거로 임차상인들이 현행 5년의 갱신청구 기간을 가장 선호한다고 밝혔다. 2004년에는 기존 5년을 유지한다는 항목에 찬성한 비율이 65% 정도였다. 7년이나 10년으로 확대하길 요구한 비율도 22% 수준이었다. 2008년에 실시한 조사에서는 확대를 요구한 비율이 30%를 넘어섰음에도 5년 현상유지에 대한 선호가 높았다. 그런데 2013년 조사에서 '현행 5년'을 빼고, '줄일 것인가 늘릴 것인가'라는 선택지로 문항을 바꾸자 7년으로 확대하길 요구하는 비율이 65%를 넘어섰다.

현상유지에 대한 선호는 사실 현행 5년이라고 해도 실제 5년이 보장되는 사례가 많지 않기 때문에 '지금 법에서 정한 기간이라도 지켜졌으면 좋겠다'는 바람이 반영된 것으로 볼 수 있다. 그게 아니라면 불과 5년 사이에 현행 5년보다 계약갱신 기간이 길어졌으면 좋겠다고 바라는 임차상인들의 수가 급격하게 늘어난 것이다. 그런데도 중앙정부는 2008년까지의 조사를 바탕으로 임차인들이 5년간의 갱신 기간을 가장 선호한다는 해석을 내놓았다. 상가임차인의 실태를 조사해 정책 변화에 반영하겠다는 취지의 상가 임대차 실태조사에서 문항의 설계에 따라 전혀 다른 방식의 유도가 나타나는 것이다.

관리비 고지에 대한 문항을 보자. 해당 조사는 임차인과 임대인에게 물어본 것인데, 임차인의 경우에는 관리비 내역서를 받지 못하는 비율이 73%나 되고 이를 받지 못하더라도 임대인에게 관리비 내역서를 달라고 요구하는 임차인은 10% 정도에 불과하다. 임대료와 더불어 상가임차인 개인이 부담하는 관리비의 상세 내역조차 제대로 받지 못하는 것이 현재 상가건물 임대차 상인들의 현실이다. 여기서 건물주나 관리인에게 관리비의 상세 내역을 달라는 요청 자체를 하지 않는다는 응답이 비상식적으로 높은 것에 주목할 필요가 있다. 임대료와 함께 임대차 갈등의 주요한 요소인 관리비 내역조차 이런 상황이라는 것은 현행 임대인과 임차인의 관계가 전혀 수평적이지 않다는 것을 드러낸다. 임대인과 임차인의 관계가 비대칭적이므로 문항 결과의 해석에 있어서 이를 고려해야 한다. 즉 앞서의 계약기간 선호를 묻는 문항에서 '5년'이라고 답한 비율이 높은 이유가 진짜 선호라기보다는 상대적 선호라는 점을 염두에 두어야 하는 것이다.

표 7 　임차인의 관리비 내역서 청구/열람 현황(2013).

(단위: %)

		받고 있다	받고 있지 않다	임차인 요청 존재	임차인 요청 비존재
	소계	26.4	73.6	9.9	90.1
상권	일반	24.1	75.9	12.2	87.8
	중심	28.4	71.6	11.2	88.8
	시장	24.9	75.1	5.4	94.6
권역	서울	33.2	66.8	11.4	88.6
	과밀	35.2	64.8	15.9	84.1
	광역시	18.0	82.0	3.4	96.6
	기타	24.3	75.7	12.9	87.1

출처: 중소기업청, 〈임대차 실태조사〉, 2013.

　정책 수립의 기본이 되는 기본 통계가 이렇게 만들어지고 있다면 그 결과로 나오는 정책 역시 '임차인 지향'이 가능할지 의문스러운 것은 당연하다. 실제로 2013년 상가 임대차 실태조사에는 기존 두 차례 조사에는 없었던 항목이 들어갔는데, 그것은 임대차보호법 자체의 존립 근거에 대한 질문이었다. 즉 상가 임대차보호법이 임대인의 사적 자율권을 침해하는지 여부에 대한 질문인데, 이는 임대인에게 배타적으로 묻는 것이었다. 임차인 보호를 위해 제정된 법을 두고 임대인에게 이 법이 '당신의 사적 자율권을 침해하는가?'라고 묻는 것은 국가가 공법을 만들어서 집행하는 것이 적절한지를 묻는 것과 같다.

흥미롭게도 임대인의 경우 임대차보호법이 자신들의 사적 자율권을 해치냐는 질문에 절반은 보통이라고 답했고 '그렇지 않다'는 답변도 30%에 달해 '그렇다'고 답한 20%보다 높았다. 하지만 이 설문의 목적이 '상가 임대차보호법이 사적 자율권을 침해한다'는 사실을 알려주기 위한 것이라면 충분히 효과가 있었다고 볼 수 있다. 기본적으로 개별 시민들은 정부나 지방정부가 제정하는 법과 정책이 공익을 위한 것이고 이를 위해 개개인의 사적 자유가 다소 제한될 수 있다는 사실을 받아들인다. 하지만 위의 질문처럼 공익과 사익을 비교하는 질문을 반복하다 보면 양자가 갈등하고 있으며 상가 임대차보호법이 '나의 사적 자율권을 침해하는 것'이라는 인식을 심어줄 개연성이 크다. 무엇보다 상가 임대차보호법 자체가 민법상의 재산권을 부분적으로 제한하기 위한 것이기 때문에 '사적 자율권' 침해 여부를 물어본 것 자체에 의도가 숨겨져 있지 않은지 의심할 수밖에 없다. 이는 여전히 중앙정부가 상가임대차 문제를 법리상 '계약관계'문제로 보는 수준을 넘어서지 못하고 있음을 보여준다. 해당 법리가 구체적인 현실에서 어떻게 적용되고 어떤 결과로 나타나는지에 대한 분석이 부족하니, 임대인과 임차인 쌍방의 기계적 형평성만을 강조하는 것이다. 더 나아가 상가건물 임대차 관계를 여전히 사인 간의 계약 문제로만 바라보는 중앙정부의 시각도 확인할 수 있다. 상가 임대차 분쟁을 공적인 문제가 아니라 개인 간에 발생하는 사적 문제로만 보는 것이다.

표 8 　임대차보호법이 임대인의 사적 자율권을 침범하는지 여부(2013).

(단위: %)

		2013				
		매우 그렇다	그렇다	보통이다	그렇지 않다	매우 그렇지 않다
전체	소계	2.9	16.8	50.4	27.7	2.3
상권	일반	3.1	19.2	44.2	31.7	1.8
	중심	2.4	16.7	52.9	24.6	3.4
	시장	3.3	14.1	53.8	27.7	1.1
권역	서울	1.1	19.9	55.1	19.3	4.5
	과밀	5.0	15.1	58.3	20.9	0.7
	광역시	1.7	17.6	45.9	33.5	1.3
	기타	4.6	13.7	44.4	34.6	2.6

출처: 중소기업청, 〈임대차 실태조사〉, 2013.

4 | 헛도는 대책들: 서울시를 중심으로

중앙정부의 정책이 잘못된 조준으로 지체되고 있는 상황에서 가장 빠르게 대안 정책을 강구하고 내놓는 곳은 지방정부다. 실제로 서울시 성동구는 2015년 9월 23일 소위 '젠트리피케이션 조례'(성동구 지역공동체 상호협력 및 지속가능발전구역 지정에 관한 조례)를 발표했다. 또 서울시는 같은 해 11월 24일 '젠트리피케이션 종합 대책'을 내놓았다. 우리는 성동구의 성수동 일대나 서울시의 경의선 부지 개발 등 공공 주도의 젠트리피케이션이 상당 수준으로 진행되고 있었던 점에 주목해야 한다. 서울시나 성동구 측은 기본적으로 중앙정부의 정책 사각지대에 대응하면서, 스스로 젠트리피케이션의 원인 제공자라는 관점에서 이를 막기 위한 자기규제 방안을 함께 모색해야 했다.

결론적으로 성동구와 서울시의 대책은 일종의 이벤트로서 효과를 거두었는지 모르나 현재 벌어지고 있는 젠트리피케이션의 속도를 늦추지도, 임차인들을 효과적으로 조직하고 젠트리피케이션 사태에 대항할 수 있는 힘을 길러주지도 못한 것으로 보인다. 분명 '정책효과의 시차' 문제가 있겠지만, 이는 역으로 현재 벌어지고 있는 임대차 갈등에는 '개입하지 않는다'는 지방정부의 소극적인 정책 지향을 보여준다 할 것이다. 우선 성동구 조례는 기본적으로 서울시에서 정한 '리모델링 활성화 구역 지정 지침'에 의거한 구역지정안을 핵심으로 하여, 지속가능발전 구역 지정을 통해 젠트리피케이션을 관리하겠다는 것이 골자다. '리모델링 활성화 구역 지정 지침'은 건축법상 리모델링을 활성화하기 위한 지침으로, 서울시는 에너지 절약 설계유도를 통해 인센티브를 제공한다는 내용과 함께 활성화 구역으로 지정되면 연면적 합계 30% 범위에서 증축하도록 건축 기준을 완화하겠다고 밝혔다.

'지속가능발전구역' 정책의 경우 지역 건물주와 상생할 수 있는 협약을 통해 입점 품목을 제한하는 등 지나친 상업화를 막겠다는 것이지만 과도한 건물의 매매로 인한 임대료 상승 등을 막기에는 역부족이다. 서울시의 '젠트리피케이션 종합대책'에는 일곱 가지의 총괄 대책과 함께 대학로, 인사동, 신촌역·홍대입구역·합정역 주변(일명 신홍합 지역), 마을 공동체, 도시재생지역, 북촌 및 서촌 등 6개 지역에 대한 맞춤형 대책, 도시계획사업 계획 수립시 예방대책을 마련하고 지구 단위의 가이드라

그림 1 서울시 젠트리피케이션 종합대책 내용.

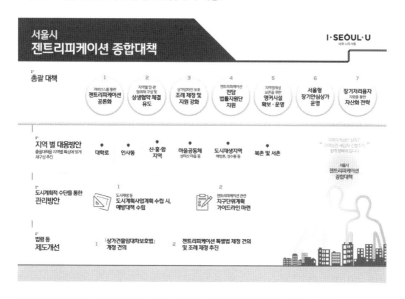

출처: 서울시, 〈서울시 젠트리피케이션 종합대책〉, 2015.

인을 마련하겠다는 내용을 담고 있다. 이중에서 도시계획적 수단을 활용하겠다는 것은 지구 단위 계획이나 정비사업 등 관리 계획 수립시에 건축물 용도를 제한하든지 아니면 주민협정을 통해서 임대료 인상 억제를 위한 방안을 모색하겠다는 것, 그리고 지구 단위의 가이드라인을 만들어서 보다 구체적인 규제 대상과 지원 대상을 특정하는 방안을 마련하겠다는 것이다. 특히 앞서 성동구 안에서도 나온 바 있는 리모델링 사업에 대한 인센티브를 통해 재건축보다는 리모델링을 유도하고 용적률을 늘려주는 방식을 제시하고 있다.

　서울시의 대책에서 특히 주목을 받았던 것은 '앵커시설을 확보·운영'

한다고 밝힌 부분과 '서울형 장기안심상가'를 운영하는 방식이다. 앵커시설의 경우 "젠트리피케이션 발생 지역은 높은 지가 및 임대료로 인해 지역의 특성을 대표하는 민간시설 이전이 불가피"해졌고 이에 따라 "지역의 정체성 유지를 위해 공공기관에서 부동산 매입 또는 임차를 통해 앵커시설을 확보·유지하는 것이 필요하다"는 분석에 따른 것이다. 지원 대상은 몰형 연극종합시설, 서울 연극센터 리모델링 및 증축, 신촌 문화발전소 운영, 도시재생지역 마중물 사업, 성미산 마을의 마을활력소 조성으로 꼽혔다. 이런 대책의 가장 큰 맹점은 '누가 결정하는가'라는 점이다. 지금도 다양한 소규모 공연시설이 퇴거하고 있는 홍대 앞 상황에서 '신촌문화발전소'가 무슨 의미가 있을까? 대학로에서 밀려난 소극장이 한성대 앞 몰형 종합시설로 '이전'하는 것이 대학로 젠트리피케이션 방지에 어떤 도움이 될까?

앵커시설을 보전하려면 서울시는 재원을 확보하고 매입 대상을 '지역'에서 요청할 수 있도록 하는 시스템을 구축해야 한다. 지금 추진되는 앵커시설 정책은 관련 지역의 '민원 해소' 정도의 역할밖에 기대할 수 없다. 이는 서울형 장기안심상가 계획도에서 유사하게 발견되는데, "노후화된 상가건물에 대해 리모델링·보수 비용을 지원하여 상가임차료 인상을 일정 기간 제한함으로써 상가임차인의 안정적 영업활동을 보장"한다는 것이다. 건물당 3000만 원 한도 내에서 지원하는 것으로 2016년에 9억 원을 편성했으므로, 총 30개 상가건물 리모델링 지원이 가능한 수준이다. 그 외 장기 저리 융자를 통해 임차인에게 건물 매입 금액의 75%까지 지원해 자산화한다는 방안이 나왔다. 사업자별로 8억 원 한도로 10억 원 미만의 상가들이 대상이다. 이 역시 2016년 예산이 50억 원으로 산술적으로 6개 상가를 매입·지원할 수 있는 수준이다. 소위 자산화를 위해 서울시가 가용하고 있는 예산의 수준을 가늠하기 위해서는 실제로 상가건물의 매매를 통해서 징수하는 취득세의 수준을 확인하면 된다.

서울시에서 발간한 〈2015 지방세정연감〉에 따르면, 취득세 총액은 3.3조 원인데 이 가운데 일반건물 매매에 의해 부과되는 4.6%의 취득세 세입은 5616억 원으로 나타났다. 임차상인의 임대료로 전가되는 상가매매에 따른 세입이 5000억 원이 넘는데 상가임차인에게 지원하는 예산은 기껏해야 60억 원 수준인 것이다. 중앙정부의 소상공인 지원정책은 '창업지원' 중심으로 현상유지형에 가깝고, 임차상인 정책은 정책 조준이 잘못되어 있으며 지방정부의 젠트리피케이션 정책은 스스로 주요한 공공행위자가 아니라 관찰자이거나 혹은 잘해봤자 독지가 정도의 위치만 점하고 있는 상태다.

중앙정부·지방정부는 전형적인 '정책 조준의 오류'에 빠져 있으며, 이는 정부의 정책이 현재 일어나고 있는 임대차 분쟁에 대한 직접적인 개입 효과가 없다는 점에서 드러난다. 개입 효과의 부재 원인은 시세차익을 추구하는 상가건물 매매에 대한 정책이 전무하다는 점, 그리고 자산화 전략 역시 '건물주가 양해하는 수준'의 비갈등적 정책만을 선택적으로 추진하고 있는 점을 들 수 있다.

실제로 정책이 수립된 지 2년이 되어가지만 젠트리피케이션 대책을 내놓았던 성동구나 서울시의 상가 임대차 분쟁은 해소되기는커녕 더욱 심화되고 있는 형편이다. 일부 지역에서 체결된 협약은 더 이상 확산되지 않고 있으며 '망리단길' 등 젠트리피케이션 현상이 보이는 지역은 확대되었다. 이런 문제는 지방정부 역시 상가 임대차 분쟁에 대해 편중된 권리관계에서 파생되는 현행 임대차 관계의 특수성 대신 기존 상권개발 중심의 건물가치 상승이라는 전통적인 '지대 추구 전략'을 유지하고 있기 때문이다. 즉 건물주의 지대 추가가 곧 지방세수의 세원 증가로 이어지는 현 상황에서 임차인의 권리 보장을 통해 받을 수 있는 영향을 최소화하려는 모순된 정책 방향이 소극적인 임차인 보호 대책으로 나타나는 셈이다.

5 | 재테크 공모 구조를 넘어서

결국 문제는 '임차상인의 권리 보장'이라는 정책 목표가 왜 제대로 수립되지 않는가'이다. 이는 다시 서두에서 제기한 '재테크' 문제로 넘어간다. 정책 결정권자나 수립권자가 사회정책의 직접적인 이해관계자인 경우가 적어야만(이것이 근대 국가에서 관료제를 채택한 목적 가운데 하나임) 객관적인 사실관계를 파악하는 것이 구체적인 목표를 지향하는 정책으로 이어질 수 있다. 하지만 상가 임대차 문제는 현재의 주식투자와 마찬가지로 사회계층 수준이 높을수록 직접적인 이해관계자가 되는 '계급적인 문제'가 되고 있다. 즉 임차상인 보호에 있어 일반인들의 상식과 정책 결정권자의 상식이 일치하지 않는 문제가 지속적으로 발생하는 것은 양자가 상이한 이해관계를 가지고 있기 때문이다.

2007년 고위공직자 재산공개 내역을 보면 상가(근린생활시설, 상가, 상가주택 등)에 투자한 공무원(배우자 포함)은 무려 132명(21%)에 이르는 것으로 밝혀졌는데, 다섯 명 중 한 명은 상가 투자에 나선 꼴이다. 이 자료에 따르면 많게는 4~7개의 상가를 소유한 공무원도 있었으며 이들이 소유한 상가는 총 210개로, 상가를 보유하고 있는 공직자당 1.6개의 상가 관련 시설을 소유하고 있는 것으로 나타났다.

다른 언론보도[10]에 따르면, 전월세 대책을 내놓은 5개 부처(국토교통부, 금융위원회, 기획재정부, 법무부, 안전행정부)의 재산내역 공개 대상 고위직 공무원 110명의 부동산 재산을 조사·분석한 결과 공무원 일가의 주택 재산은 총 724억 4664만 5000원에 달하는 것으로 집계됐다. 일인당 단순 평균화한 수치로는 금융위원회가 가장 많은 주택 재산을 보유하고 있었고 금융위 소속 24명의 고위 공직자와 그 직계가족이 소유한 자가주택의 시가는 총 176억 955만 3000원에 이르렀다. 일인당으로 환

표 9 **주택임대차 시장 선진화 방안을 마련한 5개 부처 고위직 공무원 110명의 부동산 재산 내역.**

	자가주택	임차주택	자가수익형 부동산	임차수익형 부동산	자가토지
금융위	176억 955만 원	52억 4757만 원	20억 6934만 원	4억 3200만 원	34억 5065만 원
기재부	93억 5055만 원	29억 2500만 원	26억 1858만 원	2억 4000만 원	37억 295만 원
국토부	205억 3232만 원	33억 3500만 원	5억 2078만 원	1억 1500만 원	16억 8983만 원
법무부	90억 4430만 원	16억 300만 원	33억 7666만 원	1000만 원	21억 9230만 원
안행부	159억 991만 원	19억 2000만 원	10억 4618만 원	9800만 원	61억 9692만 원
합계	729억 4664만 원	150억 3057만 원	96억 3157만 원	8억 9500억 원	172억 3267만 원

출처: 〈전월세대책 공무원들 수억대 '집주인'… 세입자 사정 알까?〉, 《뉴스토마토》, 2014.4.2.

산하면 7억 3373만 1375원이다. 법무부 소속 재산내역 공개 대상 13명 공무원의 자가주택의 시가 평균은 6억 9571만 5385원이며, 부동산 정책의 주무부서인 국토부는 30명에 평균 6억 8441만 700원에 달했다. 해당 정책의 총괄부서인 기재부는 15명에 평균 6억 2337만 267원의 부동산을 보유하고 있는 것으로 나타났다.

이들 고위직 공무원 110명은 주택 외에도 근린생활시설, 사무실, 상가, 오피스텔 등 총 96억 3157만 3000원 규모의 수익형 부동산도 소유하고 있었는데, 과연 이들이 상가 임대차 문제에 있어 중립적인 태도를 취할 수 있을까? 이런 현상은 국회의원도 예외가 아니다. 중요한 것은 고위 공무원이나 국회의원의 부동산 보유 자체라기보다, 이런 정책 편향을 교정할 수 있는 정책수립 과정의 다양성이 확보되지 못하고 있다는 점이다. 현행 중소기업청 산하의 창업지원기관은 과연 임차상인 문제를 해결할 수 있는 정책부서인가? 중개업소를 매개로 하는 통계작성 방법 등이 적절한가? 우리는 이러한 질문을 던질 수밖에 없다. 기존 상가건물 임대차보호법 개정 단계의 국회 전문위원실 검토의견이나 국회 회의록에서도 반복적으로 편향이 나타났기 때문이다. 특히 법률가 단체들은 민법상의 사적 자치를 강화해야 한다는 의견을 지속적으로 내고 있다. 상가 임대차 문제를 해결하기 위한 정책을 만들어나갈 때 이해 관계자의 참여를 특별하게 보장해야 한다.

현재 임차상인이 처해 있는 상황을 짐작해볼 수 있는 조사결과가 있다. 중소기업청[11]에 따르면, 상가건물 임대차보호법은 재계약시 임차보증금 인상률을 9%로 제한하고 있는데 이에 대해 축소해야 한다(5% 축소 82.3%, 7% 축소 6.3%)는 의견이 88.6%로 대부분을 차지했고, 현행과

표 10 임대료 인상률 상한(현행 9% 이내 제한) 적정 수준. |||||||||||||||||||||||||||||||||||||||||||||||

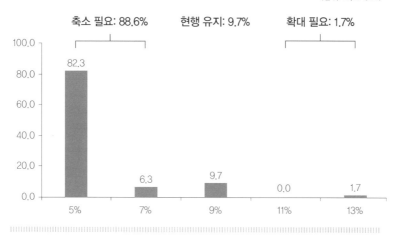

(단위: %, n=300)

축소 필요: 88.6%   현행 유지: 9.7%   확대 필요: 1.7%

82.3

6.3   9.7   0.0   1.7

5%   7%   9%   11%   13%

표 11 임차상인 보호대책이 미흡한 이유(복수응답). |||||||||||||||||||||||||||||||||||||||||||||||

(단위: %, n=86)

53.5

12.8   12.8   10.5   10.5   1.2

임대인의
부담 증가에
따른 임대료
상승 우려

임대인의
권리금 회수
협력 기간
(2개월)이
너무 짧음

재건축,
리모델링으로
인한 피해
대책 미흡

권리금
표출로 인한
세금 부담
증가

권리금
공식화로
고액화 우려

기타

동일하게 9%로 유지해야 한다는 의견은 9.7%, 13% 정도까지 확대해야 한다는 의견은 1.7%로 미미한 수준이다.

또한 정부가 2014년 9월 발표한 '임차상인 보호대책'이 미흡한 이유로는 임대인의 부담 증가에 따른 임대료 상승 우려를 꼽은 경우가 과반수(53.5%) 이상으로 가장 많았고, 그다음으로 임대인의 권리금 회수 12.8%, 재건축, 리모델링으로 인한 피해 대책 미흡 11.6% 등의 순이었다.

6 | 만들어진 구조를 넘어야 임차상인이 산다

정부 정책의 한계는 '현실 진단과 정책수립 과정의 구조적 편향성'에 따른 것이지 인지를 못하고 있다거나 중요성을 간과해서가 아니라고 생각한다. 이를 보정하기 위해서는 일차적으로 해당 과정의 공개와 사회적 합의 구조 마련, 그리고 비대칭적인 관계를 개선할 수 있도록 임차상인 당사자 조직이나 지지 그룹을 활성화해야 한다. 더 근본적으로는 현재 정부의 자영업자 지원정책과 임차상인 보호대책이 서로 '충돌하고 모순되는' 부분을 교정하는 것이 시급하다. 정부의 소상공인 지원정책은 개별 자영업주에 대한 지원이 중심이기 때문에 상업 활동이 이루어지는 장소 자체에는 주목하지 않았다. 즉 장소의 문제가 개인화되기 때문에 여전히 소상공인 지원정책은 기존 노동시장을 보완하는 역할에서 벗어나지 못하고 있다.

또한 임대차보호법은 부동산인 건물의 소유와 점유를 둘러싼 법적

그림 2 현재 상가임차 갈등의 모형.

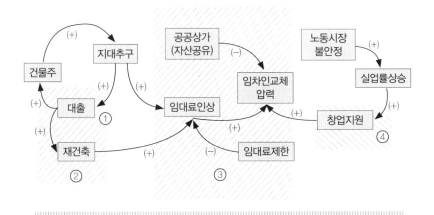

관계 자체만 주목한다. 즉 건물을 소유하고 여기서 임차수입을 얻는 임
대시장과 건물을 임차하여 영업하는 영세자영업자 간의 사적 계약관계
로 문제가 축소되는 것이다. 이를 개선하기 위한 정책은 그야말로 종합
적이어야 한다. 시세 차익을 목적으로 하는 상가건물 투기 시장에 개입
하고, 건물주와 임차인의 비대칭적인 관계를 개선하며, 구조적으로는
불안정한 노동시장을 보완하는 역할에 그쳐온 자영업 정책의 독자적
성격을 강화하는 것까지 고려해야 한다.

　단순화하면, 현재 '재테크'로 상징되는 비주거용 부동산 시장의 상
황은 지속적으로 대출을 유도하며, 대출이 늘어날수록 이를 임대료 차
익으로부터 보전하고자 하는 욕구가 커진다. 이렇게 되면 기존 권리금
은 중요한 명도소송의 근거가 된다. 이런 조건에서 임차인이 지속적으
로 교체된다. 불안정한 노동시장 때문에 자영업으로 진출하는 사람들
은 언제나 존재하고, 여기에 더해 대기업들의 일반 프랜차이즈 영업이

강화된다. 이러한 악순환의 구조가 현재 임대차 갈등의 기저에 놓여 있다. 이에 대해 정부의 적절한 정책이 각각의 단계에 맞게 나와야 하지만 그렇지 않다는 것이 문제다. 이를 테면 현재 상가건물의 경우 시세의 50% 이상은 담보로 설정되지 않으나 실제로는 이를 상회하는 상가건물이 상당히 많다. 기본적으로 10~20%까지의 가산비율을 적용하기도 하고 온라인상에는 이미 상가건물의 90%까지 대출한도가 적용된다는 은행권 안내가 즐비한 상황이다(그림 2의 ①의 영역).

이런 상황에서 재건축을 허가하는 일선 구청은 건축법상의 내용을 '절차법'으로 해석해 상당히 편의적인 방식으로 인허가를 내주고 있다(그림 2의 ②의 영역). 건축법상 규정이 없다 해도 인허가 과정에서 임차상인 잔여 기간 등을 확인할 수 있음에도 이에 대한 행정조치가 이루어지지 않는다. 또한 매매 시기를 결정할 때에도 기존 건물주와 임차상인 간의 계약 내용에 대한 승계가 전혀 고려되지 않는다. 상가임차인이 지속적으로 교체되는 것은 결국 영업이 잘되는지 여부와 상관없이(갑자기 기존 임대료의 50%에서 300%까지 요구하는 사례가 빈번함) 임대료가 급격하게 인상되기 때문이다. 당연히 임대료 상한제 등을 적용해야 하나 현실적으로는 환산보증금이라는 비현실적인 제도가 있는데다, 임대료 상한 비율도 한국의 연간 경제성장률을 3배 이상 상회하는 9% 이내라는 기준이 적용되고 있다(그림 2의 ③의 영역).

그렇다면 한계 자영업자의 경우 기존 노동시장으로의 편입을 고려해야 하지만, 현재 자영업자 지원정책에는 이런 고려가 없다. 현재의 문제는 중산층이 끊임없이 자영업으로 유입되어 최소생계 수준의 영세자영업자가 양산되고 있다는 것이다(그림 2의 ④의 영역). 위의 네 가지 영역을 종합적으로 고려한 정책을 내놓아야 상가임차인 분쟁을 구조적으로 해결할 수 있을 것이다.

① 상가건물의 탈금융화: 상가담보대출 조건 강화, 정책보증제도 폐지, 차환 방식을 통한 지분 공유, 특별계획구역 지정을 통한 상가 매매 제한.

② 재건축시 상가 세입자 동의 여부: 최소 초기 투자금 상황이 가능한 기간의 보장, 각종 리모델링 지원시 상가 세입자와 협약 여부 필수화(인센티브가 아닌 필수 조건), 건물주가 아닌 실제로 장사하는 사람을 중심으로 하는 상가 활성화 정책(기존 상인회 중심 제도의 한계).

③ 임대료 제도의 정책화: 임대료의 연동기준제(물가, 최저생계비, 건물의 통상적인 감가상각 등 연동기준 마련), 임대료 관리비 내역의 공시(이를테면 아파트관리비 공개시스템처럼) 및 발급 의무화, 환산보증금제도 폐지.

④ 상가임차인의 노동자성 보장: 사적 계약에 우선하는 공법체계 구축(불합리한 특약 규정 해소).

여기에 포함해야 하는 부분은 경의선 부지나 서울숲 등 공공투자로 조성된 지역의 경우 최소 10년간 특별계획구역으로 지정하여 단기간의 도시변화를 최대한 억제해야 한다는 점이다. 이 조건을 충족할 수 없다면 아예 공공이 개입하지 않는 조치도 필요하다(노후화도 자연스러운 도시 형태의 하나이고, 그것 자체도 계층별로 의미가 있음).

필자는 임차인 정책의 핵심 문제가 도시계획과 금융정책에 있다고 본다. 이를 해소할 방안을 거칠게 제안하면 다음과 같이 정리할 수 있다.

표 12 정책수단 및 대상별 정책. ||||||||||||||||||||||||||||||||||||||||||||||||||||||||||||||||||||||||||||||||||||

금융정책	임대인(소유자)	임차인(점유자)
임대인 (임대업자)	• 재건축 요건 강화(임차인통보제). • 프랜차이즈 입점시 상가 영향 평가. • 담보 전환 정책.	• 임대료 상한제. • 상생협약에 대한 금융지원.
임차인 (소상인)	• 건물 지분 매입 지원. • 재건축시 임차인 동의제. • 매매 요건 강화.	• 상가지원형 창업지원. • 설비투자 보험제. • 임차인조합, 공유상가 자산화 지원.

상가 임대차 분쟁은 단순히 지대 추구에 혈안이 된 건물주와 생계가 걸린 상가임차인의 처지에서 비롯된 사적 갈등이 아니며, 한국 사회가 불안한 노동시장의 문제를 '정책적으로' 자영업 확대 정책으로 풀어가려 한 결과다. 고질적인 부동산 경기부양을 통한 경제활성화 정책이 기존 주택 재개발사업에서 상가건물 거래 활성화로 옮겨가 이에 대한 금융지원이 강화된 것도 중요한 원인이다. 즉 상가 임대차 문제는 중앙정부나 지방정부가 내놓은 '지대 추구' 정책의 편향으로 인한 사회적 문제이자 '의도된 결과'에 가깝다. 이러한 편향은 정책 수립에 필요한 기초조사에서도, 지방정부 수준의 각종 대책에서도 드러난다. 그뿐 아니라 주요 정책 결정자들 역시 고액의 부동산 소유자인 경우가 많아 상가임차인보다는 건물주의 이해관계를 우선시할 가능성이 있다.

다시 말하면 상가를 상인들이 생계를 책임지며 살아가는 생산 요소

중 하나로 보는 것이 아니라 순수하게 지대 차익을 추구하는 자산으로만 보기 때문에 상가 임대차 문제가 발생하는 것이다. 따라서 한국 사회의 상가 임대차 문제는 의도된 정책 지향의 결과이며 이는 실질적으로는 정책 편향의 문제이면서 다른 한편으로는 한국 사회 전반의 이데올로기 문제이기도 하다. 2016년 1월 JTBC가 서울시내 830명의 초·중·고등학생을 대상으로 장래희망을 조사했는데 고등학생의 경우 1위가 공무원, 2위가 건물주였다. 건물을 가진다는 것이 하나의 직업처럼 장래희망이 되는 사회인 셈이다. 일간지의 재테크 칼럼에서는 임차인이 장사를 잘못하면 새 임차인을 찾으면 된다는 주장이나, 명도소송 비용이 들더라도 기존 임차상인들을 내보내고 대형 프랜차이즈를 들여 건물 가치를 높이는 것이 상가 재테크의 기본이라는 주장을 심심치 않게 발견할 수 있다. 법원과 검찰청이 모여 있는 지역이나 '지식인' 등 인터넷포털의 질의응답 서비스에서 어렵지 않게 '명도소송 전문' 변호사 사무실 광고를 발견할 수 있다.

상가 임대차 문제는 한국 사회가 오랫동안 당연시해왔던 압도적인 사회적 힘을 드러낸다. 따라서 상가임차인이 겪는 문제를 단순히 나쁜 건물주와 재수없는 상가임차인이라는 특수한 현상으로 보기보다 이런 상황을 조장하는 한국 사회의 구조적 특징에 주목하고 투기가 재테크로 둔갑한 과정을 사회적·문화적으로 고찰해야 한다.

9장

젠트리피케이션과 법제도의 개선 방향

이강훈
법무법인 덕수 변호사·참여연대 민생희망본부 부본부장

1 | 젠트리피케이션, 문제의 뿌리부터 살펴보아야 한다.

젠트리피케이션 현상은 특정 지역에 토지와 건물의 소유권을 중심으로 자본이 투입되면서 주거지와 상업지역이 고급화되어 주로 저소득층 원주민과 중·소상공인들이 쫓겨나는 현상이다. 과거 한국의 도시개발 시기였던 1960~1990년대까지만 해도 개발과 관련해 그 지역에서 월세로 살거나 무허가 주택에서 거주하는 주민들의 이주 대책이 항상 문제가 되었다. 이를 해결하기 위해 정부 당국은 주로 빈민·저소득층을 위한 주택 정책을 내놓았다. 그런데 2000년대 이후 발생하는 대도시의 젠트리피케이션은 저소득층뿐 아니라 중산층까지 위협하고 있다. 도심과 부도심의 소위 '뜨는' 상업지역에 자본 투자가 집중되면서 지역에 정착해 영업하던 상가 임차인들이 쫓겨나는 현상이 빈번해졌다. 또한 주택 전세가격이 급등해 주택 임차인들은 민간주택 임대 시장의 안정화를 요구하고 있다. 재개발 지역에서는 정비 사업으로 인해 쫓겨날 처지에 있거나 자신들이 부담해야 할 경제적 위험이 크다고 느낀 주택·상가 건물 소유자들, 보상금으로는 이주가 힘든 상가 세입자들이 정비사업

조합 등 개발 추진 세력과 심각한 갈등을 빚고 있다.

문제는 명확하지만 이런 사안들에 대한 해결책을 마련하기란 쉽지 않다. 이해관계자 집단이 자신들의 이해를 뒷받침해주는 법제도를 기반으로 굳건하게 형성되어 있고 개선해야 할 법제도 역시 한두 가지가 아니기 때문이다. 현행 제도하에서 상대적으로 더 많은 이익을 얻고 있는 이해관계자 그룹이 주거 환경의 개선, 상업적 고도화를 통한 이윤 창출 등을 위해 추진하는 다양한 유형의 개발 행위가 피해자 그룹에 속하는 사람들의 주거와 생계에 큰 불안정과 축출을 야기하고 있다는 점에 주목해야 한다. 피해자 그룹이 간절히 소망하는 주거와 생계의 안정 역시 국가와 사회가 달성해야 할 중요한 공익적 가치이다. 이하에서는 도시 공간 이용권을 도시 거주자들이 경제적 지위 등에 따른 차별없이 향유할 수 있어야 한다는 문제의식 속에서 이해관계자들의 권리와 의무를 어떻게 재조정해야 하는지, 당사자들이 서로 대등한 지위에서 교섭하며 스스로 문제를 해결할 수 있도록 하기 위해서는 어떻게 법제도를 개선해나가야 할지 차례로 살펴본다.

2 | 주택 및 상가 임대차의 문제와 제도적 개선 방향

1) 임대인과 임차인 간의 교섭력의 현저한 불균형

(1) 문제의 소재

젠트리피케이션 현상을 발생시키는 도시에서의 각종 개발 추진 과정에서 임대인 또는 개발 추진 세력들은 주택 임차인, 상가건물 임차인의 취약한 거래상 지위를 이용해 계약을 갱신하지 않음으로써 임차인의 점유·사용권을 상실시켜 적절한 보상 없이 손쉽게 임차인을 쫓아내고 있다. 계약자유의 원칙을 근간으로 한 국내의 법제도로 인해 임차인은 소유권자인 임대인에 비해 상당히 불리한 위치에 있다. 여기서는 임대차 계약의 갱신 협상에 작동하는 법률적 매커니즘을 살펴봄으로써 어디서부터 문제를 개선해야 할지 확인해본다.

(2) 계약 갱신과 교섭력 차이

주택이나 상가의 임대차 연장이나 갱신 협상과 관련한 임대인과 임차인 간의 교섭력은 주로 다음 사항과 관련된다. ① 부동산 임대 시장 상황이 어떠한가, ② 임차인이 시장에서 다른 공급자를 선택할 경제적 능력이 있는가, ③ 계약이 갱신되지 않고 종료될 때 임대인과 임차인 중 누구에게 거래 비용이나 손해가 더 크게 발생하는가(누가 더 불리한가). 위 ①번 요소와 관련해 임대차 시장이 안정 또는 활황일 경우 임차인으로서는 거주지나 사업 장소의 이전을 선택하면 일정한 손해나 부담이 발생하기 때문에 거의 대부분 임대인에게 월등히 높은 교섭력이 형성된다(물론 민간 임대 시장이 불황인 경우는 임대인의 교섭력도 하락한다). 임대차 시장이 하락세일 경우 임차인도 더 저렴한 주택을 찾아 나갈 배짱을 부릴 수 있게 되므로 교섭력이 증가할 수 있다. 그러나 상가의 경우는 실제로 나가는 데 상당한 비용이 발생하기 때문에 전략적 선택이 아니라면 임차인이 쉽게 계약 종료를 단행하기 어렵다는 것을 임대인도 인식하고 있다. ②번 요소(임차인의 경제적 능력)는 개인에게는 결정된 사항이므로 논의를 생략한다.

③번 요소(약정의 갱신 없는 종료로 누가 더 불리해지는가)와 관련하여 임대인이 주택 임대차 계약을 연장하지 않을 경우(또는 5년 후 상가건물 임대차 계약을 더 이상 갱신하지 않을 경우) 임대인이 부담하는 비용은 새로운 임차인을 구하기 위해 중개업소에 중개 수수료를 더 지급하는 정도에 그칠 뿐 별도의 추가적인 거래 비용*은 발생하지 않는다. 임대인에게 임차인과의 계약 내용은 임대 수입 정도를 규정한 것에 불과하므로, 계약이 더 연장되지 않는다고 해서 중개 수수료나 일시적인 임대료 수입 상실에 따른 손해 외에 심적 고통이 발생하지는 않을 것이다. 따라서 계약을 체결할 당시와 연장 계약을 하는 시점 사이에 경기 변동을 제외하면 임대인의 계약상 처지에 별반 차이가 없다.

반면 일단 주택 임대차가 시작된 이후 임차인에게는 거래 상대 선택 및 계약 체결의 자유가 크게 축소된다. 임차인이 주택을 선택할 때에는 자신의 자산, 직장, 자녀의 유치원·학교·학원 등 교육시설, 병원, 시장, 종교기관 등의 위치 등 다양한 요소를 고려하여 결정하고 일단 생활 근거지가 정해지면 그 위에 다층적으로 사회관계를 쌓게 된다. 따라서 가족과 함께 사는 임차인이 주거 이전을 선택하는 경우 가족의 생활을 안정시키기 위해 상당한 시간과 노력을 투입해야 하므로 여러 사정을 고려할 때 주거지 이전을 선택할 수 없는 경우도 많다. 또 경제적 측면에서도 주거 이전을 위한 탐색 비용과 협상 및 계약 체결 비용 등 거래 비

---

* 임대를 위해 건물이나 설비의 수리 비용이 발생할 수 있다. 그러나 이 비용은 거래에 소요되는 비용은 아니므로 거래 비용으로는 고려하지 않는다.

용이 만만치 않기 때문에 잦은 주거지 이전은 쉽지 않다. 상가 임대차의 임차인에게 이러한 문제는 더욱 분명하다. 중국음식점을 운영하는 상인이 건물주의 임대료 인상 요구를 거부하고 사업을 중단할 자유는 있겠지만 투자비 손실 등 경제적 손해를 감수해야 한다. 여기에 다른 가게를 얻을 경우 필요한 권리금과 시설비까지 고려한다면 한 곳에서 계속 운영하는 것과 이전할 때의 임차인의 재산 상태의 차이가 현저하게 발생하게 된다.

　이처럼 경기 변동에 따른 유불리를 제외하면 일반적으로 계약 갱신 협상을 할 때 임대인의 교섭력이 훨씬 우위에 있기 때문에 임대인은 계약 갱신을 거절하는 것을 무기로 삼게 된다. 임차인은 계약을 그만두겠다는 것을 무기로 협상을 해야 하겠지만, 대부분의 경우 시작부터 종친 게임이다. 이미 임차인의 처지를 훤히 들여다보고 있는 임대인은 임차인이 사용하는 무기에 별반 반응이 없을 것이다. 따라서 교섭력이 불균등한 상태에서 임차인의 계약 내용의 자유는 형해화形骸化된다. 결국 임대인과 임차인의 교섭력이 불균형한 상태를 어떻게 개선할 것인가가 임대차 문제 해결의 출발점이 되는 것이고, 주택 임대차나 상가건물 임대차 모두 임차인의 부족한 교섭력을 제도적으로 보강하여 대등한 교섭이 가능하도록 제도적 환경을 만들어주는 것을 지향할 수밖에 없다.

2) 주택 임대차보호법의 개선 방향
현행 주택 임대차보호법이 정한 2년의 계약 기간 후 주택의 임대인은 임차인과 연장 계약을 할 때 임대료를 아무런 제한 없이 높여 제시할 수 있다. 2년의 주택 임대차 계약 기간 내에는 연 5%의 인상 한도가 있지만(법 제7조, 시행령 제8조) 주택 임대 거래의 관행상 계약 기간이 2년이고 거래 관행상 2년에 한 번씩 임대료 협상을 하기 때문에 2년의 계약 기간 중에만 적용되는 법적인 인상 한도는 아무 쓸모가 없다. 2년의 계약 기간이 끝나고 계약을 연장할 때는 연 5%의 인상 제한이 적용되지 않기 때문이다. 보증금의 월세 전환율 규제(법 제7조의 2)가 있지만 역시 계약 기간 내에만 적용될 뿐 계약 갱신시에는 적용되지 않는다. 따라서 주택 임대차 시장은 사실상 2년의 계약 기간 및 보증금 보호 외에는 계약 갱신 및 임대료 인상률 상한과 관련하여 별다른 규제가 없는 시장이다. 따라서 만약 임대인이 제시한 임대료 인상안을 임차인이 받아들이지 않을 경우 계약은 만료되므로 임차인은 임대인에게 집을 비워주어야 하는 상황에서 교섭은 사실상 무의미하게 된다.

임차인의 주거 안정과 임대차 계약 당사자의 교섭력 확보를 위해 그동안 주거 관련 시민단체들은 ① 임차인의 계약갱신청구권 도입을 통한 임대차 계약의 존속 보장 ② 임대차 계약의 당사자 간 교섭의 기준이 되는 표준(공정) 임대료 제도 도입 ③ 임대료 인상률 상한제 도입 ④ 주택임대차분쟁조정위원회의 도입 등 법 개정을 추진해왔다. 이 가운데 주택임대차분쟁조정위원회의 설치 및 운영에 관한 것은 2016년 5월 29일 법이 개정되어 2017년 5월 30일부터 시행되었다. 또한 주택 임대차보호법 개정을 위해 활동해온 대표적 시민단체 중 하나인 참여연대는 2016년 12월 28일 박주민 의원을 통해 주택 임대차보호법 개정안을 국회에 발의한 바 있다. 이러한 정책은 주택 임대차 안정화 정책lease stabilization policy이라고 불리는 정책 패키지인데, 이러한 정책의 일반적인 특징은 다음과 같다. ① 최초 계약 당시에는 일반적으로 임대료 규제가 없고 시장 가격에 따라 임대료가 결정되지만 ② 임차인에게는 계약 갱신이 보장되고 갱신 시점의 임대차 조건에 대해서는 당사자 간 자율적 합의를 통한 결정을 우선으로 하되 ③ 갱신시 당사자 간 교섭에 의해 스스로 임대차 조건을 합의하지 못할 경우 행정기관이 후견적으로 개입하여 표준 임대료나 공정 임대료를 제시하고 이를 통해 임대 조건을 결정하도록 하며 당사자 일반이 이에 불복할 경우 분쟁 조정 기구를 통한 분쟁 조정 절차를 밟도록 하고 분쟁 조정으로 해결되지 않을 경우 소송을 통해 해결하며, ④ 임대료 인상률 상한제도는 임대료 인상률의 상한을 정함으로써 시스템을 유지하는 간접적인 역할을 한다.[1]

이 정책 중 열쇠는 계약갱신청구권이다. 계약 갱신이 이루어지지 않으면 나머지 제도들은 의미가 없다. 계약 갱신 후에는 쌍방 간 교섭이 불가피하게 되고 이와 관련해 임대료에 대한 쌍방 간 의사합치가 이루어지지 않더라도 계약은 종료되지 않고 분쟁 조정 기구의 조정 절차나 법원의 재판을 통해 임대료가 결정될 수 있다. 이 과정에서 분쟁 해결 기준인 표준 임대료나 임대료 인상 상한제가 작동하게 되는 것이다. 이를 통해 지역 임대차 시장의 실정에 맞게 임대차 행정 및 법원의 분쟁 해결 절차가 후견적으로 개입하여 거래 당사자가 대등한 교섭을 할 수 있도록 지원함으로써 주거권을 보장하고 주택 임대차 시장의 안정화를 추진하려는 것이다. 다음에서 다룰 상가건물 임대차보호법은 이미 상가건물 임차인에게 5년의 임대차 갱신청구권을 보장하고 있고 이제 임차인의 갱신청구권을 10년으로 연장하는 논의가 이루어지고 있다. 그런데 상인의 생계 못지않게 보호를 받아야 할 주거 관련 임대차에 대해서는 임차인의 계약갱신청구권이 부여되지 않는다는 것은 이해하기 어려운 심각한 불균형이다. 앞서 말한 임대차 안정화 관련 정책 패키지가 함께 도입된다면 더 바람직하겠으나 만약 임차인의 임대차 계약갱신청구권만 먼저 도입되고 임대료 인상률 상한제는 함께 도입되지 않을 경우에는 차임증감청구권 제도가 크게 활성화될 것이다. 그러면 주택임대차분쟁조정위원회의 활성화 및 분쟁 조정을 위한 객관적 기준을 마련하는 일이 필요해질 것이다.[2]

3) 상가건물 임대차보호법의 개선 방안

젠트리피케이션 현상을 완화하기 위해서는 상가건물 이용자의 권리인 임차권 보장, 즉 사용가치의 보호에 초점을 맞추어 상가 임차인이 일정한 기간 또는 계속적으로 계약을 갱신하여 점유 및 사용할 수 있도록 충분한 임대차 기간을 보장해야 한다. 동시에 정당한 이유 없이 그러한 권리가 침해되거나 소유자인 임대인의 이익을 위해 임차인이 임차 목적물의 사용을 포기하게 할 경우 임차권의 영업가치를 교환가치로 평가해 배상·보상하는 방향을 모색할 필요가 있다. 이를 위해 필요한 사항들을 하나씩 살펴본다.

(1) 상가건물 임대차보호법 적용 범위의 확대

현재 상가건물 임대차보호법 적용 기준이 되는 상가건물 임대차는 환산보증금(=보증금+월세×100) 기준으로 보증금이 서울 4억 원, 수도권(과밀 억제 권역) 3억 원, 광역시 등 2억 4000만 원, 그밖의 지역 1억 8000만 원 이하여야 한다(법 제2조, 영 제2조). 현재 상가 임대차보호법 개정을 통해 이러한 보증금 기준과 관계없이 적용하게 된 제도는 법 제

3조의 대항력, 법 제10조 제1항·제2항·제3항 본문의 계약갱신청구권, 제10조의 2의 계약 갱신의 특례, 제10조의 3부터 제10조의 7까지의 권리금 관련 조항, 법 제10조의 8의 차임 연체와 해지 조항 및 제19조의 표준계약서 작성 조항 등이고 나머지 상가건물 임대차보호법 조항들은 위 보증금 이하의 상가건물 임대차에서만 적용된다.

그런데 상가 임차인의 사업 규모가 어느 정도 크더라도 물권인 전세권을 이용하지 못하는 임차인들은 상가 임대인과 대등한 교섭을 하기가 어렵다. 따라서 민법의 특별법인 상가건물 임대차보호법은 보증금 규모와 관계없이 상가건물 임대차에 보편적으로 적용하는 방향으로 개정하는 것이 타당하다(외국에서도 이렇게 보증금 규모를 기준으로 법의 적용 여부를 달리하는 사례는 찾기 어렵다). 이와 비슷한 문제의식에서 2017년 7월 16일 문재인 정부는 전체 상가 임대차 계약의 90% 이상이 상가 임대차보호법 적용 대상이 되도록 환산보증금 기준을 상향하겠다는 발표를 한 바 있어 시행령 개정으로 법 적용 범위가 대폭 확대될 것이 예상된다.

(2) 계약갱신청구권 행사 기간 문제

2013년 8월 13일 법 개정 이후 상가 임대차보호법은 보증금 규모에 관계없이 1년씩 5년까지 갱신청구권을 보장하고 있으나 이 갱신청구 기간 5년이 투하자본 회수 및 영업이익 확보를 고려할 때 짧다는 상인들의 주장이 계속되고 있고 전문가들 사이에서도 이를 늘릴 필요가 있다는 지적이 계속되어왔다. 문재인 정부도 같은 문제의식에서 2017년 7월 16일 상가 임대차 계약의 계약갱신청구권 행사 기간을 현행 5년에서

10년으로 연장하는 방안을 발표하였다. 이는 국회의 법 개정이 필요한 사항이다. 다만 국회 입법 과정에서 위와 같이 갱신청구권 행사 기간을 10년으로 연장하는 조치에 그칠 것이 아니라 10년이 된 해 당사자 간 합의로 계약 갱신을 하는 경우 다시 일정한 주기(예: 5년 또는 10년)로 계약갱신청구권 행사 기간이 새로 부여되는 방법을 도입한다면 임차 상인이 임차 가능 기간을 예측하여 합리적으로 장기에 걸친 투자를 할 수 있을 것이다.

(3) 임대료의 조정

한국의 경우 2002년 입법 당시부터 상가건물 임대차와 관련하여 임대료 인상의 상한을 연 12%로 정하고 있다가 2008년 8월 21일 시행령 개정을 통해 연 9%로 상한선을 낮추었다(법 제12조, 영 제4조). 그러나 연 9%의 상한선은 요사이 경제 사정에 맞지 않게 여전히 높기 때문에 이 상한선은 시행령 개정을 통해 좀 더 낮출 필요가 있다. 문재인 정부도 2017년 7월 16일 관계부처 합동 발표로 보증금 및 임대료 인상률 상한을 인하하겠다고 약속했다.

아울러 문재인 정부가 위 발표 당시에 검토를 약속한 바와 같이 이미 주택임대차분쟁조정위원회가 전국에 설치되어 있는 점을 활용해 임대료 분쟁을 해결하기 위해 상가건물 임대차보호법을 개정하여 시·도 및 법률구조공단에 상가건물 임대차 분쟁 조정위원회를 설치하는 것이 타당하다. 즉, 계약 갱신시 임대인과 임차인이 임대료에 대한 합의에 이르지 못한 경우 임대차의 내용과 주변 시세 등 제반 사정을 감안하여 분쟁조정위원회를 통해 합리적으로 조정할 수 있도록 하고(필요시 감정 실시) 여전히 합의가 되지 않으면 법원 소송을 통해 임대료 증감 문제를 해결하되 조정 또는 판결이 성립할 때까지는 종전 임대료로 청구하다가 임대료가 정해지면 그 금액에 따라 소급 정산할 수 있도록 제도 개선을 하는 것이 타당하다.

(4) 계약 갱신 거절과 퇴거 보상(금전 보상)

상가 임대차 계약의 갱신청구권 제도는 임대인 측 사정에 의한 갱신 거절에 따른 임차인에 대한 보상 문제와 연동되어 설계되어야 한다. 이와 관련하여 참고할 만한 외국의 사례는 다음과 같다.

▶ 프랑스의 경우 상가 임대차와 관련해 계약 기간을 9년 이하로 할 수 없게 하고 있고 임차인은 3년마다 해지를 통지할 수 있다(상가 임대차 법령[3] 제3조의 1). 그 9년의 기간 종료시 임차인의 갱신 청구에 대해 임대인이 갱신을 거절할 경우(갱신되면 최소 9년의 임대차가 다시 시작된다) 임대인이 임차인에게 영업권 보상을 하도록 하고 있다(상가 임대차 법령 제8조). 임대인이 갱신을 거절하면 보상을 지급해야 한다는 규정을 통해 간접적으로 계약이 갱신되도록 하는 방법을 취하는 것이다.

(영업권 보상 = 영업권의 시가 + 이전 및 설치를 위한 비용)

▶ 영국은 1954년 임대차법Landlord and Tenant Act 1954[4]에서 상업 임대차와 관련하여 계약 기간이 정해져 있더라도 원칙적으로 계약 만료시 계약이 곧바로 종료하지 않으며 임대차는 계속되고 임차인의 계약 갱신청구권이 보장됨을 규정하고 있다. 다만 임대인이 임차인의 귀책 사유(예: 임

차료의 계속된 연체나 기타의 중대한 계약 위반)나 임차인의 일정한 무귀책 사유(예: 일부 전대차의 경우 그 전대차와 다른 부분의 차임 전체 합계가 건물 전체의 하나의 임대차의 차임보다 상당히 적을 경우, 임대인이 철거 또는 재건축하려는 경우, 임대인이 자신의 영업 또는 거주를 위해 사용하려는 경우)를 이유로 임대인이 임차인의 계약 갱신청구를 거절할 수 있다(위 법 제30조 제1항). 그리고 후자와 같이 임차인에게 귀책 사유 없는 일정한 사유로 임대인이 갱신을 거절한 경우 예외적인 사례에서 임대인은 임차인에게 퇴거 보상을 해야 한다(제31조 제(1), (1A)). 퇴거료disturbance payment는 상가건물의 과세표준(rateable value, 목적물의 연간 가치*)의 1배로 규정하고 있으며(제37조 제7항), 임대차 기간이 14년 이상(현 임차인이 종전 임차인의 사업을 승계한 경우 그 기간 포함)인 경우에는 위 금전 보상액의 2배를 보상해야 한다(위 법 제37조 제2항, 3항). 영국은 존속보장 제도 및 이와 연결된 쌍방 간 계약 해지 통지 등의 절차를 통해 상가 임대차의 갱신 및 계약 종료를 처리하는 것에 제도의 초점을 맞추고 있고 법원을 통한 퇴거보상을 통해 계약을 끝내는 사례는 많지 않은 것으로 보인다.

▶ 일본도 기간을 정하지 않은 임대차와 관련한 임대인의 계약 해지의 경우는 물론 기간을 정한 임대차와 관련해서도 정당한 사유 없이 임대인이 갱신을 거절할 수 없도록 하고 있다. (차지차가법 제26조 제1항, 제28조) 일본의 법원 판례는 정당 사유가 완전하지 않더라도 일부 인정될 수 있을 경우

---

* 이 과세표준은 공개된 완전 경쟁 시장에서의 1년간의 임대수익에 해당하는 금액을 말한다(김영두, 〈상가의 재건축/리모델링과 권리금 회수기회 보고〉, 《고려법학》 84, 2017, 13쪽).

임차인의 불이익에 따른 손해를 보전하기 위해 퇴거료를 지급하도록 하고 있다. 판례를 통해 형성된 퇴거료 보상의 내용에는 ① 이전 경비(이사비용, 이사 가게 될 곳을 찾는 데 필요한 비용 및 이전 통지 비용 등의 실비), ② 임차권 가격(퇴거로 인해 소멸하는 임차권의 보상을 말한다), ③ 영업 보상(임차 목적물로부터의 이전에 따라 영업을 폐지 또는 일시적으로 정지하는 일에 따른 영업이익의 손실 보상), ④ 그밖에 임차인이 이전에 따라 오랫동안 길러온 지연적 유대를 상실하게 되는 정신적인 고통 등이 포함된다.[5] 다만 일본은 공정증서에 의하는 등 일정한 성립요건을 갖춘 경우 계약 갱신이 없는 정기건물 임대차제도를 두었다(차지차가법 제38조). 이 경우는 정당 사유 심사없이 계약 기간 만료로 확정적으로 계약이 종료된다.

현행 상가건물 임대차보호법은 2015년 권리금 보호제도를 신설하여 임대인이 계약 갱신을 거절할 경우 임대차 기간 종료일로부터 3개월 전부터 임대차 종료시까지 종전 임차인이 신규 임차인을 통해 권리금 수수를 하는 것을 임대인이 방해하지 못하도록 함으로써 임차인 보상 문제를 해결하려고 하고 있다. 2015년 개정법은 상가 임차인 간에 주고받는 관행은 있었지만 법률 제도로 정해져 있지 못했던 권리금을 제도의 틀 안으로 끌어들여 종전 임차인과 신규 임차인 사이에 권리금을 수수하는 것을 임대인이 방해하지 못하도록 규제하고 임대인이 이를 방해했을 때에는 권리금 상당의 손해배상을 하도록 함으로써 권리금을 임차인의 재산권의 목록에 올려놓게 되었다는 점에 의의가 있다.

그러나 몇 가지 문제도 드러나고 있다. 대표적인 문제는 위 권리금 회수 기회를 보호하는 기간이 임대차 개시일로부터 5년에 국한되는지 계약갱신청구권 행사 기간을 넘어서도 권리금 회수기회가 보호되는지 여부가 상가건물 임대차보호법에 명확하게 규정되어 있지 않다*는 점이다. 계약갱신청구권 행사 기간을 10년으로 늘려주면 물론 문제가 일부 해결되기는 하겠지만, 계약갱신청구권 행사 기간과 무관하게 권리금 회수 기회를 보호하자는 것이 당초 입법 취지였고 당초 입법을 추진했던 법무부도 그와 같이 안내해오고 있었던 만큼 대법원 판결을 기다리지 말고 이 부분은 국회가 입법적으로 명확히 하는 것이 타당하다. 또한 계약 기간 중 권리금 회수 기회를 보호하는 기간이 임대차 종료 3개월 전부터 임대차 기간 종료일까지의 단 3개월뿐이라는 점도 문제다(상가건물 임대차보호법 제10조의 4 제1항). 우선 임대차 갱신을 할 것인지, 새로운 임대인을 구해 영업 양도를 할 것인지 등의 복잡한 의사결정을 하기에는 위 기간이 너무 짧으니 권리금 회수 기회 보호 기간을 임대차 종료 6개월 전부터 임대차 기간 종료일까지로 늘려주거나 좀 더 바람직하게는 임대차 계약 기간 내에 언제든지 권리금 회수 기회를 가질 수 있도록 할 필요**가 있다. 아울러 임차인의 임차권 양도 내지 영업 양도(임차권 양도 포함)를 정당한 사유가 없는 이상 임대인이 거절할 수 없도록 하

---

* 이에 따라 2016년부터 2017년 사이에 전국적으로 선고된 여러 하급심 판결례(서울서부지방법원 2015가합37405 판결, 서울중앙지방법원 2016가합544516·2016가합544523 판결 등)에서 계약갱신청구권 행사 기간 범위 내에서만 권리금 회수 기회가 보호된다는 취지의 판결들이 나오고 있고 상대적으로 소수의 판결(대전지방법원 2016나108951·2016나108968 판결, 청주지방법원 충주지원 2016가단22793·2016가단23093 판결 등)은 권리금 회수 기회가 계약갱신청구권 행사 기간과 관계없이 보호된다는 판단을 하는 등 서로 엇갈린 판결을 내놓고 있다. 다수 하급심에서 임대차 개시 후 5년 이후에는 권리금 회수 기회를 보호할 필요가 없다는 판결을 내리자 임대차를 시작한 지 5년이 넘은 상가건물 임대인들이 임차인의 권리금 수수를 방해하는 행위를 하고 있는 것으로 파악되므로 국회에서 시급하게 입법하여 문제를 정리할 필요가 있다.

는 등의 개선 방안을 검토해보아야 한다.

2015년 개정법의 또 다른 문제로는 임대인이 임차인이 데리고 온 임차인 후보와 계약을 하지 않지 않겠다고 하고 1년 6개월 이상 상가건물을 영리 목적으로 사용하지 않는 경우에는 이러한 임대인의 권리금 수수 방해 행위에 대해 임차인이 손해배상을 청구할 수 없도록 한 것이다(법 제10조의 4 제2항 제3호). 이렇게 하면 소위 임대인이 1년 반 동안 임대를 하지 않는 방법으로 권리금 액수가 큰 주요 상권에서 임차인의 권리금 수수를 합법적으로 방해하고 임대료를 높여 이를 흡수하는 일이 발생할 수 있다. 이 규정은 권리금 제도화의 취지와 상충하므로 삭제하는 것이 타당하다.

그밖에도 상가건물 임대차보호법 제10조 제1항 제7호 가 내지 다목***의 어느 하나에 해당하는 사유로 목적 건물의 전부 또는 대부분을 철거하거나 재건축하기 위하여 건물의 점유를 회복할 필요가 있는 경우에 합법적으로 계약 갱신 거절이 이루어지면서 건물 철거로 인해 권리금 수수의 고리가 끊어지게 된다. 이 문제와 관련해서는 2015년 법 개정 이전부터 상가건물 임차인의 영업가치에 대한 정당한 보상이 필요하다는 사회적 요구가 줄기차게 계속되었고, 문재인 정부는 2017년

** 20대 국회에서 노회찬 의원이 대표 발의한 상가건물 임대차보호법의 일부 개정 법률안은 계약 갱신청구권 행사 기간과 관계없이 임대차 계약 기간에 언제든 권리금을 회수할 수 있도록 제안하고 있다.

*** 가. 임대차 계약 체결 당시 공사 시기 및 소요 기간 등을 포함한 철거 또는 재건축 계획을 임차인에게 구체적으로 고지하고 그 계획에 따르는 경우.
　나. 건물이 노후·훼손 또는 일부 멸실되는 등 안전사고의 우려가 있는 경우.
　다. 다른 법령에 따라 철거 또는 재건축이 이루어지는 경우.

7월 16일 같은 문제의식에서 건물주가 재건축·철거 등의 사유로 임대차 계약 연장을 거절하는 경우 임차인 보호 방안(퇴거보상제 및 우선임차권 도입 등)을 마련하겠다고 발표했다.

특히 이 문제에는 '도시 및 주거환경 정비법'(이하 '도시정비법')* 등 다른 법률에 의한 철거도 관련되어 있어 상가건물 임대차보호법의 개정만으로는 문제를 다 해결할 수 없으므로 뒤에서 해당 법률의 개정 방향은 따로 검토하기로 한다. 상가건물 임대차보호법 개정 입법 발의 현황만 살펴보면, 19대 국회에서 서영교 의원이 재건축을 하려는 임대인의 퇴거료 보상 의무(일정한 영업 보상 및 이주 비용의 보상을 내용으로 한다)와 이를 대체하는 우선입주권 규정을 도입할 것을 내용으로 하는 상가건물 임대차보호법 개정안을 발의한 바 있다. 20대 국회에서는 박주민 의원, 홍익표 의원, 노회찬 의원 등이 이와 관련한 퇴거 보상 등(일부 개정안은 새로 신축된 건물에 대한 우선입주권 등)을 포함한 법 개정을 발의하였다. 그런데 20대 국회에서 발의된 위 3개의 법안은 모두 상가건물 임대차보호법 제10조 제7호 다 목의 '다른 법령에 따라 철거 또는 재건축이 이루어지는 경우'의 보상 문제까지 다루려고 하는데 그와 같이 구상한 이유는 재건축에 관한 보상 근거가 다른 법률에 마련되어 있지 않기 때문일 것이다. 그러나 다른 법률에 이미 부족하나마 사업 시행자에 의한

* 도시정비법이 적용되는 재건축, 도시정비법의 다른 정비 사업이나 공익 사업을 위한 토지 등의 취득 및 보상에 관한 법률을 준용하는 개발 관련 다른 법률 등에서 별도로 이와 관련한 보상 문제가 해결되어야 하는데 오랫동안 상가건물의 임차 상인 보상과 관련한 문제가 제대로 해결되지 않아 정비 사업으로 쫓겨나게 된 상가 임차인과 정비 사업 조합 간에 격렬한 분쟁이 발생해왔다. 용산참사가 바로 그 대표적인 사례이다.

보상 규정이 마련되어 있는 경우도 있고(재개발 정비 사업 등 공익 사업의 경우) 현재까지는 아예 보상 근거가 없는 사항(재건축 정비 사업)도 있다는 점을 유의해야 한다. 따라서 상가건물 임대차보호법 제10조 제7호 다 목의 철거 또는 재건축과 관련해서는 다른 법률에 의한 보상액이 있는 경우 상가건물 임대차보호법에 의한 퇴거료 보상은 다른 법률에 의한 보상액을 초과하는 부분만 임대인이 부담하도록 규정할 필요가 있다. 아울러 퇴거보상금의 보상 수준과 관련해서는 입법 과정에서 여전히 상당한 논란이 예상되기는 하지만 상가의 영업가치 및 이전에 필요한 비용을 평가하여 보상하는 방법 외에는 달리 적절한 방법을 찾기 어려울 것이다. 특히 권리금이 있는 상가는 상가의 영업가치 평가시 권리금까지 함께 고려해야 할 것으로 생각된다.

3 | 공익사업법, 도시정비법 등의 개선 필요성

1) 전면 철거 방식의 지양과 속도 조절, 도시재생

1980년대 이후 진행된 재개발 및 재건축 사업의 특징은 전면 철거 후 개발한다는 것이었다. 2000년대부터 본격 추진된 재정비 촉진 사업과 재개발 사업은 도시 내 대규모 개발을 통해 개발 지역을 아파트촌으로 탈바꿈시키고 낡은 주거환경을 개선하였으나 원주민들을 대거 타지역으로 내쫓는 결과를 낳았다. 그러나 부동산 가격 급등과 수요 부족으로 사업이 지연되면서 전면철거형 주택 개발 사업이 용이하지 않다는 현실 인식에 이르러 서울시 등에서는 2012년 이후 전면철거형 주택 개발 방식에서 벗어나 거주자와 주거복지 중심의 소규모 정비, 마을 만들기 등을 통한 주거 재생을 중심으로 전략을 변화시키고 있다. 특히 이와 맞물려 2013년 '도시재생 활성화 및 지원에 관한 특별법'이 제정되었고, 이후 도시재생 전략을 수립하고 도시재생 활성화 지역 및 도시재생 선도 지역을 선정하여 재정 지원을 강화함으로써 정부 및 지자체 지원 하에 지역 특성에 맞게 도시재생을 추진하는 방향으로 나아가고 있다.

이와 관련하여 여전히 제도적 틀이 그대로 남아 있는 주택 재개발 등 정비 사업은 수요에 따라 완만한 속도로 진행될 수 있도록 공공관리 시스템을 통해 관리해나가고 정비 사업이 진척되지 않는 곳은 정비 구역을 단계적으로 해제하고 가능한 한 전면철거 방식이 아닌 지역 특성에 맞는 도시재생 사업을 진행하여 모델화하는 것이 필요하다.

아울러 이와 같은 개발 계획의 수립 및 변경과 관련해서도 그 추진과 보류, 철회, 사업 간 전환 등을 위한 합리적 기준을 마련하여 제도 내로 포섭할 필요가 있다. 예를 들어 전면철거 방식의 개발이 도시 전체적으로 볼 때 꼭 필요한 것인지, 침해되는 이익보다 달성하려는 '공익'이 정말 우월한지, 목표 달성과 관련해 보다 덜 침익적이고 보다 공익적인 다른 수단과 방법은 없는지, 해당 사업이 현 상태에서 정상적으로 추진될 수 있는지와 목표 달성에 어느 정도 근접한 것인지 제도적 틀 안에서 다시 신중하게 논의하고 그 구체적 평가 결과에 따라 추진·보류·철회하거나 다른 정책으로 전환할 수 있는 시스템을 구축해야 할 것이다. 그것이 헌법 제35조 제1항의 건강하고 쾌적한 환경에서 생활할 권리 및 제2항의 주택개발 정책을 통한 국민들의 쾌적한 주거생활을 위한 국가의 의무, 제34조 제1항의 인간다운 생활을 할 권리 등에 기초해 주거

기본법이 주거권을 "관계법령 및 조례로 정하는 바에 따라 물리적·사회적 위험으로부터 벗어나 쾌적하고 안정적인 주거환경에서 인간다운 주거생활을 할 권리"라고 규정한 취지에 부합한다.

2) 도시정비법과 주택 임차인의 보호 문제

도시정비 사업과 관련해서 임차인은 정비 구역에 살고 있어 해당 사업으로 인해 주거권에 큰 영향을 받고 있음에도 불구하고 극히 적은 대상자에 대해 최소한의 보상만 실시하고 있다. 예를 들어 임차인의 경우 정비 구역 지정에 대한 공람공고일 현재부터 수용재결일까지 계속 거주하는 경우 가구원 수에 따라 4개월분의 주거이전비를 지급받을 수 있게 된다. 이 경우 먼저 구역 밖으로 이주하면 보상 대상에서 제외된다. 그밖에 순환 정비 방식으로 정비 사업을 시행할 경우 조합은 정비 구역 내외에 새로 건설한 주택이나 이미 건설된 주택에 이주 대책 대상 세입자를 임시 거주하게 하는 방식으로 이주 대책을 수립하고, 토지주택공사 등이 공공임대주택을 순환용 주택으로 우선 공급하도록 요청할 수도 있다(도시정비법 시행령 제43조의2). 아울러 주택 재개발의 경우 기준일*3개월 전부터 당해 주택 재개발을 위한 정비 구역 또는 다른 주택 재개발 사업을 위한 정비 구역 안에 거주하는 세입자로서 입주 희망자에게 임대주택을 공급하도록 하고 있다(시행령 별표 3).

요사이 재개발 사업의 경우 8~10년 이상의 기간이 소요되는데 특

---

* 기준일은 '정비 구역 지정을 지방자치단체 공보에 고시한 날 또는 시·도지사가 기본계획 수립 후 정비 구역 지정·고시 전에 따로 정한 날'을 말한다(도시정비법 제50조의 2 제1항).

히 조합 설립 인가 이후 사업 시행 인가 단계에서 멈추어 있는 구역들이 상당히 많다. 이렇게 장기간 거주를 해야 하고 임차인의 계약갱신청구권은 없기 때문에* 사업에 소요되는 기간이 장기화될수록 재개발 임대주택의 대상자가 되는 임차인이나 주거이전비를 지원받는 임차인은 더 줄어들어 소수만 남게 된다. 전체적으로는 도시정비법이 이주 대책 대상 임차인을 지나치게 좁게 정하고 있어 문제이므로 대상자 선정 기준을 좀 더 확대하고 주택 임대차보호법을 개정해 주택 임차인의 계약 갱신청구권을 보장해야 할 필요가 있다.

3) 도시정비법 등과 상가 임차인의 보호 방안 관련

(1) 문제의 소재

도시정비 사업 등 개발 사업과 관련하여 상가 임차인을 보호하기 위해 상가건물 임대차보호법을 개정하는 것만으로 문제가 다 해결되지 않으며 공익사업을 위한 토지 등의 취득 및 보상에 관한 법률(이하 '공익사업법') 및 도시정비법 등을 개정할 필요가 있다. 이 문제는 상가 임대차의 경우 영업손실을 보상하나 일부 예외적인 경우를 제외하고는 4개월분 휴업 손실 보상**에 그치고 있고, 재건축은 상가 영업보상 자체가

---

* 앞서 주택 임대차보호법부터 개정해 임차인의 갱신청구권을 보장해야 재개발과 관련해 주거 세입자들이 보호받을 수 있게 된다는 설명을 한 이유는 이 때문이다.

** 2009년 1월 20일 용산참사의 발생 배경에는 이 문제가 도사리고 있는데 한국 사회는 아직도 이 문제를 해결하지 못하고 있다. 영업보상과 관련하여 2009년 12월 1일 휴업기간을 3개월에서 4개월로 늘린 것이 고작이다(도시정비법 시행규칙 제9조의 2 제1항).

규정되어 있지 않다는 것과 관련되어 있다.

(2) 수용 보상과 관련한 도시정비법 및 공익사업법 등 개정 필요성

도시정비법의 정비 사업 중 재건축을 제외한 도시 정비 사업(특히 재개발 및 도시환경 정비 사업) 및 기타 법령에 의한 개발 사업은 토지 수용 및 보상 방식을 취하고 있다. 이와 관련하여 위 2건의 법률에서 영업 폐지나 휴업에 따른 현행 영업손실 보상 외에도 추가적인 보상 방안을 강구해야 한다. 왜냐하면 현재의 영업손실 보상이 영업 폐지의 경우에도 2년간의 영업이익을 보상하는 것에 불과하고 대부분을 차지하고 있는 휴업 보상의 경우 4개월을 한도로 한 휴업 기간의 영업이익 손실 및 영업 이전 후 발생하는 영업이익 감소액과 기타 이전 소요 비용 등을 내용으로 하는 바, 이러한 영업보상액은 동등한 수준의 타지역 상가로의 입주시 소요되는 비용과 너무 금액 차이가 커서 기존의 보상금으로는 인근의 동등한 수준의 상가 이주가 불가능한 상황이기 때문이다. 아울러 상당수의 경우 영업 폐지가 발생하고 있음에도 대부분 4개월치 휴업 보상만 제공하고 있는 것도 문제이다. 현재와 같은 보상으로 4개월 만에 다른 곳에서 영업을 개시하라는 것은 불가능한 일을 요구하는 것이다.

이런 문제를 근본적으로 개선하기 위해서는 현재 영업 장소에서의 폐업을 통한 영업가치의 손실 및 주변 비슷한 곳에서 개업을 할 경우 소요되는 실질적인 비용을 보상하는 방안을 강구해야 한다. 이를 위해 특히 상가권리금 거래 관행이 있는 상가의 경우 상가권리금을 평가하여 영업손실 보상에 이를 반영하는 방법을 고려할 필요가 있다. 다만 권리금 평가에는 도시정비법 및 공익사업법의 영업보상 내용의 일부(예: 시설비)가 포함되어 있기 때문에 중복 항목은 제외하고 기존의 보상 항목들과 합산하는 방식을 검토해보는 것이 타당할 것이다.

(3) 재건축과 관련한 상가 임차인 보상에 관한 도시정비법의 개정 필요성

도시정비법의 정비 사업 중 재건축과 관련해서도 상가건물 임대차보호법상의 권리금 상당을 사업 시행자가 보상하도록 할 필요가 있다. 그동안 도시정비법의 정비 사업 중 재건축과 관련해서는 다른 정비 사업들과 달리 수용권을 주지 않았다. 대신 재건축의 경우 조합이 재건축 부동의자에 대해 매도청구소송을 제기하는 것을 허용하면서 이때 개발이익이 포함된 시가 보상을 하는 것을 원칙으로 했다. 재건축 부동의자인 임대인과 상가건물 임대차 계약을 체결한 임차인은 해당 임대인과의 계약관계에서 문제를 해결하라는 것이었으나 법률상 임대인은 임차인에게 재건축과 관련하여 보상을 해야 할 아무런 의무가 없었다. 이로 말미암아 상가 임차인은 '낙동강 오리알' 신세가 되어왔고, 이 문제에 관해 보상을 하지 않는 것이 위헌인지 여부에 대한 찬반 양론이 치열했다. 이와 관련하여 대법원 판결(대법원 2014.7.24. 선고 2012다62561 판결)은 "주택 재개발 사업 등에서 수용 보상금의 산정이 개발이익을 배제한 수용 당시의 공시지가에 의하는 것과는 달리, 주택 재건축 사업의 매도청구권 행사의 기준인 '시가'는 재건축으로 인하여 발생할 것으로 예상되는 개발이익이 포함된 가격을 말하는데, 이러한 차이는 주택 재건축 사업의 토지등소유자로 하여금 임차권자 등에 대한 보상을 임대차 계약 등에 따라 스스로 해결하게 할 것을 전제로 한 것"이라는 입장을 취하고 있다. 그러나 재건축 시 철거 대상 건축물 및 토지의 시가 보상은 상가 임차인의 사업과 관련한 영업 가치 및 이전에 따른 손실 등을 반영한 것이 아니기 때문에 위 판례의 논리는 적절하지 않다. 또한 임차권자는 주택 재건축 사업의 토지등소유자로부터 아무런 보상을 받지 못하기 때문에 위 판례는 재건축 시 상가건물 임차인 보상이 필요 없음을 강변하고 있을 뿐 현실의 문제에 아무런 해결책을 제시하지 못한다. 필자의 생각으로는 행정 주체의 지위를 가진 공법인인 재건축정비사업조합이 법률에 따라 강제적으로 시행하는 재건축 사업으로 말미암아 폐업을 하게 된 상가 임차인에게 동 사업 시행자가 별도로 보상을 실시하는 것이 타당하다. 그 방안으로는 도시정비법 제39조의 현행 매도청구와 관련된 규정에 이어 별도의 조항을 신설하여 정비 사업으로 말미암아 영업이 폐지되거나 휴업을 할 수밖에 없는 상가건물 임차인에 대하여는 협의를 하되 협의가 성립되지 아니하면 감정에 따른 영업손실 보상을 실시하고 건물인도 청구를 할 수 있도록 하는 규정을 두는 방안을 생각해볼 만하다.

이와 관련해 헌법재판소 2014.1.28. 2011헌바 363 판결에서 김이수 재판관은 경청할 만한 탁월한 소수의견을 제시하였다. 김이수 재판관은 보상을 실시하고 임차인 등의 사용수익을 정지시키는 다른 정비 사업과 달리 재건축과 관련해서 임차인에 대하여 보상 실시 없이 사용수익을 정지시키도록 하는 도시정비법 제49조 제6항이 비례의 원칙에 반하여 청구인들의 재산권을 침해한다고 판단하면서 다음과 같은 입법론을 제시하고 있다. "다수의견은 주택 재건축 사업 시행자에게 수용권을 부여함으로써 상가 세입자에 대한 영업손실 보상이 가능함을 전제로 하면서 주택 재건축 사업 시행자에게 수용권을 부여하는 것은 그 사업의 목적, 성격에 부합하지 않으므로 상가 세입자에 대한 영업손실 보상을 인정할 수 없다고 하나, 임차권자의 영업손실 보상을 위해 반드시 주택 재건축 사업의 시행자에게 수용권을 부여해야 하는 것은 아니다. 입법자로서는 토지등소유자와 사업 시행자 사이에서는 매도청구권으로 해결하게 하면서 임차권자와의 관계에서는 임차권자의 손실을 완화할 수 있는 조치, 예컨대 사업 시행자와 임차권자 사이에 보상금에 관한 합의가 이루어지지 않는 경우 사업 시행자로 하여금 일정 기간 동안의 영업손실금을 공탁하게 하고 공탁이 이루어진 후 사용·수익할 수 있도록 하거나, 임시 상가의 개설이 가능한 경우 이를 설치하도록 하는 등의 조치를 마련할 수 있는 것이다. 이렇게 헌법적으로 가혹한 부담의 조정이란 '목적'을 달성하기 위하여 이를 완화·조정할 수 있는 '방법'의 선택에 있어서는 입법자에게 광범위한 형성의 자유가 부여된다."

그런데 당시 헌법재판소의 다수의견은 앞서 살펴본 대법원 판결의 취지와 유사하게 민간주도적 성격이 강한 정비 사업인 재건축에서 정비 사업 주체에 수용권을 부여하지 않도록 한 것은 합리적 이유가 있다면서 주택 재건축 사업의 시행자에게 수용권을 부여하여 손실 보상을 하도록 할 경우의 문제점에 대해 다음과 같이 제시하였다. "손실 보상 부담 주체의 측면에서 볼 때, 도시정비법은 주거환경 개선 사업 이외의 정비 사업의 시행자를 원칙적으로 토지등소유자로 구성된 조합으로 하고 있는데(도시정비법 제8조 참조), 앞서 살펴본 바와 같이 주택 재개발 사업의 경우는 강제가입제를 취하고 있으므로 상가 임차인에 대한 영업손실 보상의 부담은 사업 시행자 보상 원칙에 따라(공익사업법 제61조) 결국 전 조합원의 부담으로 돌아가게 된다. 그러나 주택 재건축 사업의 경우는 그 사업에 동의한 자만이 조합원이 되므로 만약 임차인의 영업 손실을 보상하게 될 경우 그 부담은 사업 시행에 동의한 토지등소유자에게 돌아가게 되는데, 토지등소유자인 임대인이 주택 재건축 사업에 동의하지 않은 경우에는 임대차 계약관계와 아무런 관련이 없는 제3자가 임차인의 영업손실 보상 의무를 부담하게 된다. 임차권은 사적 자치의 원칙이 적용되어 그 내용과 형태 및 설정 방식 등이 다양하고 등기에 의하여 반드시 공시되는 것은 아니라는 점에서 더욱 문제가 있다. (…) 위와 같은 공시 방법을 갖추지 않은 임차권은 임대인과 임차인 사이의 임대차 계약에 기한 채권관계에 의해 해결되어야 할 것이다. 만약 법률이 이에 개입하여 주택 재건축 사업구역 내 임차인에 대한 영업손실 보상을 강제할 경우 그 부담과 관련하여 구상 문제 등을 일으켜 오히려 법률관계의 분쟁을 초래할 우려가 있다." 이러한 헌법재판소의 다수의견은 임대인이 보상을 실시할 의무도 없는 상태에서 임차인에게 아무 보상 없이 도시정비법에 의해 실시되는 정비 사업인 재건축 사업의 관리처분인가 고시로 인해 토지 또는 건축물의 사용수익을 정지시켜 영업을 제한(동법 제49조 제6항)하는 것이 정당하다는 것이어서 아무리 생각을 해봐도 균형이 상실되어 있다.

특히 구상 문제를 일으킨다는 것은 타인의 채무를 대신 변제하여 구상권이 성립할 때에나 가능한데, 현재 도시정비법상의 재건축과 관련하여 임대인이 임차인에 대해 아무런 보상 의무가 없는 상황에서 구상권이 성립할 가능성이 있다는 전제하에 위와 같은 논리를 구사한 것도 이해하기 어렵다. 대한민국 헌법 제37조 제2항은 "국민의 모든 자유와 권리는 국가안전보장·질서유지 또는 공공복리를 위하여 필요한 경우에 한하여 법률로써 제한할 수 있으며, 제한하는 경우에도 자유와 권리의 본질적인 내용을 침해할 수 없다"라고 규정하고 있다. 도시정비법 제49조 제6항에 따른 재건축 정비 사업의 관리처분인가고시가 이루어지면 상가 임차인은 아무런 보상 없이 건물사용권을 제한당함으로써 자신의 재산권인 영업권의 가치를 회수할 방법을 상실하게 되는데, 이러한 경우가 바로 권리의 본질적인 내용이 침해되는 경우로서 보상이 필요한 경우가 아니겠는가. 따라서 임대인이 보상하게 하든 재건축정비사업조합이 보상하게 하든 누군가는 보상을 하게 하는 것이 타당하며, 임대인 개인이 추진하는 건물의 재건축과 달리 도시정비 사업의 일환인 재건축 정비 사업의 경우에는 해당 정비 사업을 추진하는 주체가 정비사업조합이고 정비사업조합의 재건축 사업으로 말미암아 상가 임차인의 계약 갱신이 불가능해지는 것이므로 정비사업조합이 상가 임차인에 대한 퇴거 보상 의무를 부담하게 하는 것이 더 적절할 것이다.

4) 쫓겨날 처지에 있는 토지등소유자의 보호 방안

(1) 재개발 정비 사업에서 조합의 의사결정 절차의 개선

재개발 정비 사업은 추진하는 측의 일부는 경제적 이익을 얻지만 그 반대 쪽에서는 재산상 손해를 보는 피해자를 양산하기도 한다. 단순 과반수로 사업의 찬반을 결정하는 방식은 이런 극단적인 이해관계 대립이 있을 수 있는 사안에 대해서는 적합하지 못하다. 2003년 도시정비법 제정 당시 재개발 조합설립인가에 필요한 토지등소유자의 수는 5분의 4 이상이었다. 2007년 12월 21일 동법 개정을 통해 그 수는 토지등소유자의 4분의 3 이상으로 완화되더니 2009년 2월 6일에는 다시 토지등 소유자의 수 4분의 3 이상 및 토지 면적의 2분의 1 이상의 동의를 얻어야 하는 것으로 바뀌었다. 이때 토지 면적의 2분의 1 이상을 요구한 이유는 반대자가 그보다 많을 경우 현금청산 문제로 사업성이 좋지 않은 구역이기 때문이고 이 기준은 현재까지 변경되지 않고 있다. 그런데 사업시행인가를 위한 사업 시행 계획 수립 및 관리 처분 계획 수립에 대한 동의 요건과 관련해서는 각각 조합원 과반수의 동의를 요건으로 하고 있다(조합원의 100분의 20의 직접 총회 출석 요건이 더해짐).

그러나 재개발 정비 사업은 반대자까지 조합원으로 강제로 편입시키는 강제편입주의를 취하고 있어서 사업시행인가와 같은 중요한 결정을 위한 동의 요건을 이와 같은 조합원 과반수 동의로 하는 것은 적절하다고 보이지 않고 토지 면적의 2분의 1 이상의 조합원 동의도 얻지 못하는 정비 사업*은 사업성이 현저히 떨어질 가능성이 높고 정비 사업을 추진하는 조합원들에게도 결국 손해로 귀결될 가능성이 있다. 따라서 토지 면적 2분의 1 이상의 동의율 기준을 추가로 만족하지 못하는 사업은 사업시행인가나 관리처분인가를 불허하여 더 이상 사업 진척이 되지 않도록 하여 조합원의 동의가 높고 사업성이 있는 구역에서 정비 사업이 추진되도록 의사결정 절차를 개선할 필요가 있다.

---

* 요사이 재개발 정비 사업 조합원의 3분의 1만 반대해도 정비구역 토지 면적의 2분의 1 이상의 조합원이 반대하는 경우가 대부분인데, 이런 구역에서 사업을 계속 추진할 경우 현금청산을 할 자산이 크게 늘어나 조합이 매입을 위해 많은 자금을 소요해야 하므로 사업성이 악화될 가능성이 있다.

(2) 토지등소유자에 대한 보상의 정당성

분양을 선택하지 아니하여 수용을 당하게 된 토지등소유자의 보상과 관련해서는 보상 기준을 개선할 필요가 있다. 헌법 제23조 제3항은 재산권의 수용과 관련하여 정당한 보상을 지급하는 것을 원칙을 하고 있다. 이와 관련하여 현실에서 지급되는 수용보상금이 정당 보상의 취지에 맞는지는 상당한 사회적 논란이 되어왔다. 헌법재판소는 이와 관련하여 "헌법 제23조 제3항이 규정하는 정당한 보상이란 원칙적으로 피수용재산의 객관적인 재산가치를 완전하게 보상하는 것이어야 한다는 완전 보상을 의미한다"라고 판시하면서 "구 토지수용법 제46조 제2항 및 지가 공시 및 토지 등의 평가에 관한 법률 제10조 제1항 제1호가 토지 수용으로 인한 손실보상액의 산정을 공시지가를 기준으로 하되 개발이익을 배제하고, 공시 기준일부터 재결시까지의 시점 보정을 인근 토지의 가격변동률과 도매물가상승률 등에 의하여 행하도록 규정한 것은 위 각 규정에 의한 기준 지가가 대상 지역 공고일 당시의 표준지의 객관적 가치를 정당하게 반영하는 것이고, 표준지와 지가 산정 대상 토지 사이에 가격의 유사성을 인정할 수 있도록 표준지의 선정이 적정하며, 대상 지역 공고일 이후 수용시까지의 시가 변동을 산출하는 시점 보정의 방법이 적정한 것으로 보이므로, 헌법상의 정당 보상의 원칙에 위배되는 것이 아니"라고 판단한 바 있다(헌재 1995.4.20. 93헌바20 등). 이후 헌재 1999.12.23. 98헌바13 등 사건에서도 이러한 취지의 판단을 반복하고 있다.

표 1   2011년도 표준지 공시지가 실거래가 반영률 현황(시도별).

(단위: %)

전국평균	서울	부산	대구	인천	광주	대전	울산	경기
	58.40	66.65	67.97	54.44	73.61	65.08	50.45	58.09
	(3.32)	(3.63)	(2.90)	(1.64)	(0.72)	(2.69)	(5.93)	(2.71)
58.72	**강원**	**충북**	**충남**	**전북**	**전남**	**경북**	**경남**	**제주**
(3.14)	49.82	55.07	57.26	63.46	64.98	58.28	54.83	64.91
	(5.46)	(3.60)	(4.23)	(3.61)	(3.59)	(3.86)	(4.33)	(2.80)

• ( )는 2012년도 표준지공시지가 상승률.
• 출처: 국토교통부 2012년 2월 29일 자 보도자료.

그러나 이러한 헌법재판소의 판결에도 불구하고 국토교통부가 2012년 발표한 위 표에서도 확인할 수 있듯이 표준지 공시지가가 실제 거래되고 있는 토지의 실거래가와 상당한 괴리를 보이고 있다. 결국 수용 보상의 정당성과 관련해 현재 가장 큰 문제는 감정평가의 기준이 되는 표준지 공시지가 문제이다. 표준지 공시지가와 실거래가의 괴리가 상당한 상태를 방치하면 보상의 정당성에 대한 문제제기는 계속될 것이다. 따라서 이미 2005년에 도입해 지금까지 10년 이상 축적되어온 실거래가 데이터를 충분히 반영하는 방법으로 표준지 공시지가를 산정하여 운영하든지 혹은 인근 유사 토지나 주변 토지의 실거래가를 반영하는 감정가격을 산정하여 수용보상 가격을 정하든지 하는 감정평가방법의 개선에 관한 검토가 필요할 것으로 보인다.

4 | 주택분양 시장, 금융, 조세제도의 개혁

이 글에서 자세히 다루기는 어렵지만 젠트리피케이션 현상의 배경에는 부동산 개발을 통한 이윤 추구가 강력한 동기로 작용하고 있는 것이 사실이다. 따라서 과도한 이윤 동기는 투기로 이어질 수 있으므로 실수요자에 정책의 초점을 맞추어 주택분양 시장과 주택금융을 안정화하도록 제도를 개선하고 부동산 조세 개혁을 추진해야 한다. 이를 간단하게만 살펴본다.

첫째, 주택분양 시장에 대한 실수요자 중심의 제도 개혁이 필요하다. 도심 내 주택 개발과 관련해 발생하는 젠트리피케이션 현상을 완화하기 위해서는 주택법 개정을 통해 민간 택지에서 건설하는 주택(재개발 등 도시정비 사업 구역은 민간 택지에서 하는 사업이다)에 분양가상한제를 재도입할 필요가 있고(공공 택지에 건설하는 주택은 분양가상한제를 적용하고 있다) 현행 6개월에 불과한 분양권 전매 제한 기간이 투기를 불러일으킨다는 지적이 많으므로 최소 1년 이상 필요에 따라 소유권 이전 등기시까지 전매를 제한함으로써 투기적 수요를 배제할 필요가 있다.

둘째, 집단 대출 등에 대한 규제 등과 관련하여 정부 정책의 사각지대를 해소하고 LTV(주택담보대출비율)·DTI(총부채상환비율) 및 정부가 도입하기로 발표한 DSR(총부채원리금상환비율) 등 채무자의 상환 능력 심사를 강화하여 주택담보대출의 급격한 증가를 억제해야 한다. 이와 관련해 대출은행들의 책임을 강화하기 위해 비소구대출을 늘릴 필요가 있다. 비소구대출은 경매가 끝나거나 주택 소유자가 주택의 소유권을 포기하면 은행 담보대출채무의 책임에서 벗어나는 제도이다.

셋째, 마지막으로 부동산 세제 개혁 및 정상화가 필요하다. 우선 보유세를 강화해야 한다. 우리나라의 도시개발 정책은 토지 및 건물 소유자를 위해 그 주변에 도로, 공원과 학교를 설치하는 등으로 부동산 소유자의 재산가치를 형성·유지·상승시켜주는 결정적인 서비스를 제공해왔다. 이러한 서비스는 부동산의 사용자인 임차인도 일정한 혜택을 누리지만 그로 인해 상승되는 자산가치는 오로지 토지 및 건물 소유자에게 귀속되어왔다. 이러한 정책이 수십 년 계속되면서 토지 및 건물 소유의 집중이 발생했다. 따라서 부동산 소유자에 과세하는 보유세(지방세인 재산세, 국세인 종합부동산세 등)를 강화하여 소득 재분배 효과를 꾀하는 것이 필요하다. 다음으로 부동산 관련 과표의 현실화가 필요하다. 앞서도 언급한 바와 같이 부동산 과표 산정의 전제가 되는 표준지 공시지가는 실거래가와 상당한 차이가 있다. 따라서 표준지 공시지가를 현실화하고 이를 통해 재분배 효과를 높이는 것이 바람직하다. 마지막으로 주택 임대와 관련하여 임대소득 과세를 정상화해야 한다. 소득이 발생하는데도 과세되지 않는 특권을 허용하는 것은 곤란하다.

마치며

젠트리피케이션 현상을 불러일으키는 법제도는 한두 가지가 아니고 앞서 거론한 것 말고도 수없이 많다. 따라서 몇 건의 법률 개선으로 간단히 해결될 문제가 아니다. 이명박·박근혜 정부를 거치면서 부동산 투기를 억제하기 위한 금융·분양 관련 규제 수단들이 대부분 풀렸으며,

각종 세제도 부동산 소유자들에게 유리하게 완화되었다. 이로 인해 지난 10년 가까운 기간 동안 서울과 수도권, 주요 대도시 곳곳에서 개발 열풍이 불면서 중·저소득층 무주택자와 중소 상공인들이 몹시 힘든 생활을 해왔다. 더 이상 이러한 방법으로 무주택자와 중소상공인들을 괴롭히는 제도가 개선 없이 지속되어서는 안 된다. 자본주의화된 시장경제 체제하에서 개발 추진 세력은 도시 곳곳에서 개발이익을 얻기 위해 활동할 것이며 지금껏 경험해왔듯이 그 힘은 강대하다. 따라서 문재인 정부가 두더지잡기 게임을 하듯이 방망이를 휘둘러서 투기세력만 일부 억제해보겠다고 하는 방식을 취해서는 문제를 해결하기 어렵다. 도시의 토지와 건물, 각종 시설 등의 공간은 사적 소유이든 공적 소유이든 그 소유자와 많은 이용자들, 즉 도시 거주자들 전체의 노력에 의해 그 가치가 형성·유지·제고되어왔다. 앞서 거론한 많은 제도들을 개선하기 위해서는 경제적 지위 등에 따른 차별 없이 도시의 거주자들이 토지와 건물을 포함한 도시 공간을 통해 제공되는 각종 서비스를 이용하고 그 사용 가치를 완전하게 향유할 수 있도록 하는 방향을 선택해야 할 것이다. 주거와 생계가 유지되는 공간의 이용권에 대한 법과 제도의 개혁 방향에 대해 문재인 정부가 포괄적인 그림Big Picture과 사회적 의제를 제시하고 국민 다수의 지지를 이끌어내어 개혁을 추진함으로써 한국 사회에서 만인이 각자 소중한 삶의 공간을 안정적으로 확보하여 살 수 있다는 신뢰를 가질 수 있기를 기대한다.

10장

지방도시, 소멸과 축소
그리고 재생의 갈림길

이영범
경기대학교 건축학과 교수, (사)도시와삶 이사장

1 | 도시재생, 궤도를 이탈하다

20세기 도시의 거대함은 개발과 성장의 원동력이었다. 하지만 반복되는 글로벌 경제위기와 더불어 성장의 한계에 부딪힌 도시들은 '체질 개선'이라는 새로운 과제에 직면하게 되었다. 한순간도 시간이 쌓이는 것을 용납하지 않았던 양적 성장 중심의 개발지상주의 속에서 도시의 가치는 투기적 개발과 물적 소유에 의해 휘둘렸다. 그 결과 물신주의적 가치가 사회 구성원들의 사고 구조를 획일화하고 도시 공간을 표준화하는 심각한 문제가 야기되었다.

앞만 보고 달려왔던 성장 시대의 후유증이 도시 도처에서 심각하게 드러났다. 특히 저출생·노령화 사회로의 진입에 따른 지역 인구 감소와 공간 잉여 현상, 그리고 지나친 신시가지 개발로 인한 구도심의 쇠퇴 문제가 도시문제의 핵심으로 부각되었다. 중앙정부에서는 '도시재생 활성화 및 지원에 관한 특별법'을 제정하고 이를 근거로 하여 쇠퇴해가는 도시를 살리고 지역의 정주성을 높이기 위해 도시재생 사업을 전국적으로 시행하고 있다. 전국의 쇠퇴도시를 대상으로 한 도시재생 사업을 국토부는 선도 사업으로 삼았고, 서울시는 서울형 도시재생 사업이라는 이름의 정책을 추진하며 엄청난 재정을 쏟아붓는다. 주민 조직을 강조하지만 정작 재생 사업을 둘러싸고 주민의 갈등이 오히려 심화되기도 하고, 쇠퇴의 문제점을 근본적으로 진단하기보다는 사업을 통해 재생의 단기적 효과를 가시화하려는 데 집중하다 보니 거대한 예산이 투입된 사업의 종료 시점에도 여전히 지역 공동체가 지속 가능한 운영의 주체로서 역량을 갖추지 못하고 있는 실정이다.

도시재생이 내부의 역량에 의해 지속성을 확보하지 못하고 재생의 동력을 일회적인 마중물 사업을 통해 확보하려다 보니 주민은 타자화되고 지역은 껍데기만 화려해지는 외부화의 문제에 직면하게 된다. 또한 지역 상업화로 인해 관광객이나 외부인 유입이 늘어나면 이를 재생의 성과로 치부하는 경향이 강하다. 그래서 도시재생에 대한 논의에서 재생 사업의 역효과로서의 지역 젠트리피케이션gentrification 등의 이슈는 비켜서 있는 모양새다. 짧은 시간 내에 지역재생 효과를 거두려 지나치게 성공 사례에 집착하다 보니 '다시 살려서 쓴다'는 재생의 가치가 오히려 부작용을 만들어낸 사례가 요즘 들어 부쩍 눈에 띈다. 지역재생의 성공사례로 회자된 서촌이나 가로수길 등 특정 지역의 소비 공간은 자본의 지나친 경쟁으로 인해 임대료 상승이 심각해 오랜 세월 지역을 일군 임대 세입자 상인이나 동네 터줏대감 격인 가게들이 쫓겨나는 소위 젠트리피케이션 문제가 심각하게 대두되었다. 전통문화도시로 지정되어 막대한 사업 예산이 투입돼 급격히 관광상업화가 진행되어버린 전주 한옥마을 사례, 쇠퇴와 재생을 겪은 원도심 사례, 젠트리피케이션의 악순환을 경험한 부산 광복동이나 보수동 사례, 산복도로 르네상스 사업과 연계되어 주거지 재생 사업으로 전국구 스타가 된 감천마을 사례, 도청 이전적지에 광주아시아문화전당이 들어선 이후 광주 원도심의 하락한 부동산 가격이 회복된 사례 등이 그것이다. 이 지역들에서는 도시 쇠퇴로 야단법석을 떤 게 언제냐는 듯이 재생 후 곧장 임대료가 상승하고 오래된 가게들이 내몰리는 현상이 발생했다.

대도시의 일부 지역이 쇠퇴하는 문제와 도시 전체 인구가 감소하고 노령화가 급속히 진행되는 중소도시의 문제는 동일한 선상에 놓일 수 없음에도, 현재 국토부의 도시재생 쇠퇴 지표가 대도시와 중소도시의 구분 없이 일괄 적용되어 표준화된 잣대로 재생 사업이 진행되는 것도 심각한 문제다. 지역에 따라 쇠퇴의 원인, 진행 속도나 양상이 다양함에도 중앙정부는 각 중소도시에 내재된 문제에 알맞게 대응하지 않고 표준화된 사업 방식으로 전국의 도시재생 사업을 이끌어가고 있다.

2 | 도시재생의 현장에서 느끼는 단상

반면교사反面教師, 본이 되지 않는 남의 말이나 행동이 도리어 자신의 인격을 수양하는 데 도움을 주는 경우를 이르는 말이다. 경의선공원이 들어선 이후 부동산 가격이 치솟은 연남동 일대나 전통문화도시 지정 이후 상업화의 극단을 경험한 전주한옥마을 등에서 우리는 도시재생의 반면교사를 자주 목격했다. 거대한 사업비에 의존해 단기간에 성과를 만들어내려는 압축재생의 패러다임으로 인해 대도시는 대도시대로, 지방도시는 지방도시대로 여전히 롤모델이 아닌 반면교사만을 양산해

낸다.

서울의 경우를 살펴보자. 개발시대처럼 불도저식으로 밀어붙이면 안 된다고 생각한 이명박 전 서울시장의 청계천 복원이나 디자인으로 도시를 바꾸겠다고 작심한 오세훈 전 서울시장의 동대문디자인플라자 DDP 건축은 도시 행정의 가치 전환을 시도할 때 고려해야 할 반면교사들이다. 시민사회를 중심에 둔 행정이라는 점에서 차별화되는 듯했던 박원순 서울시장의 도시 정책도 크게 다르지 않다. 성과를 만들기 위해 일사천리로 진행되는 거대한 도시재생 프로젝트를 보면 시민사회란 이제 빛 좋은 개살구일 뿐이 아닌가 하는 생각마저 든다. 외국 건축가를 불러다 잔칫상을 차려주는 행태도 그대로 답습되었고, 의사결정이 어떻게 이루어진 것이지 전혀 알 수 없는 밀실 정치도 여전하다. 최근 개장한 서울역 고가 공원화 사업이나 현재 진행 중인 세운상가 보행데크 활성화 등 도시재생 메가 프로젝트들이 보여주는 양태는 절차의 정당성을 확보하지 못했던 이명박 시장이나 랜드마크 경관 만들에만 몰두했던 오세훈 시장 시절의 정책들과 과연 무엇이 다른가?

전가통신錢可通神, 돈은 귀신과도 통한다는 뜻이다. 국토부가 주도하는 도시재생 선도사업의 근간은 도시를 돈으로 재생시킬 수 있다는 믿음이다. 성장 위주 개발시대에는 돈이 도시 행정을 지배했다. 돈을 쏟아부어 원하는 도시를 만들어낸 것이다. 그러나 재생의 새로운 패러다임이 등장하면서 도시 행정의 변화에 대한 기대가 커졌다. 우리는 부수며 살아온 자본결탁형 도시 행정이 고치며 살 수 있다는 시민주도형 자치 행정으로 전환될 것으로 기대했고, 재생으로 변화된 행정 패러다임을 이러한 가치가 지배할 것이라고 믿었다. 하지만 현재 전국의 도시재생 풍경은 우리의 기대를 배반하며, 돈으로 재생의 가치도 얼마든지 조작할 수 있음을 과시한다. 모든 사업들이 자치단체장의 의견에 따라 결정되고 시장의 향후 정치적 욕망에 좌우되다 보니 짧은 시간 내에 무언가를 만들어내려는 조급증이 심각하다. 많은 이들이 도시재생이라는 이름으로 벌어진 일들이 자치단체장들의 성과주의 사업과 다른 게 무엇이냐고 항변한다. 도시재생에서 강조하는 협치와 소통은 돈으로 얻을 수 있는 게 아니다. 가시적 성과에 대한 욕망이 선한 가치를 조작하고 있는 지금의 도시 행정에서 시민사회는 자꾸만 껍데기가 되어간다.

과유불급過猶不及, 지나치면 오히려 부족한 것만 못하다는 의미의 사자성어다. 지금 우리 도시는 쇠퇴라는 심각한 문제에 처해 있음에도 지금 진행되는 도시재생 사업은 모든 게 지나쳐 보인다. 왜 도시가 쇠퇴하는지에 대한 이유는 대체로 명확하다. 모든 면에서 공급은 지나치게 많이 이루어졌는데 수요가 자꾸만 줄기 때문이다. 저출생·고령화 사회에 진입하면서 개발 시대의 물량이 이제는 잉여가 되어가는 것이다. 그러나 도시 쇠퇴의 대응 방안으로 지나치게 단순한 도시재생 전략이 제시된다. 재생 이전에, 쇠퇴한 도시의 최적 용량을 판단해야 한다. 즉 사회 변화에 따라 쇠퇴하는 도시 기능을 어떻게, 그리고 어디까지 축소할 것인지에 대한 해답 없이 쇠퇴해가는 기능을 무조건 살리려고만 하는 정책은 밑 빠진 독에 물 붓기가 되고 말 것이다.

3 | 지방도시 쇠퇴의 양상과 특징

국토연구원에 따르면[1] 우리나라 특별시·광역시를 제외한 77개 도시 중 인구 정점을 지난 이후 10년 이상 경과한 도시 37개를 대상으로 정점 인구 대비 현재 인구(2015년 기준) 감소 비율을 분석한 결과 20개 지방 중소도시가 축소도시의 단계에 진입했다는 사실이 드러났다. 축소도시란 1995~2005년과 2005~2015년 두 기간 연속으로 인구가 감소했거나, 두 기간 중 한 기간만 인구가 줄었지만 최근 40년간 인구가 가장 많았던 '정점 인구'에서 25% 이상 인구가 감소한 곳을 말한다. 20개의 축소도시 분포를 살펴보면 경상북도에만 영주·안동·문경·상주·김천·영천·경주 등 7곳이 모여 있다. 강원도에는 태백·동해·삼척 등 3곳, 충청남도에는 공주·보령·논산 등 3곳, 전라북도에 익산·김제·정읍·남원 등 4곳, 전라남도에 나주·여수 등 2곳, 경상남도에는 밀양 1곳으로 나타난다. 축소도시의 유형을 크게 고착형, 점진형, 급속형으로 구분하였을 때 고착형 축소도시는 태백시·공주시·남원시·김제시·영주시·영천시·상주시·밀양시 등 9개 도시, 점진형 축소도시는 동해시·익산시·여수시·경주시 등 4개 도시, 급속형 축소도시는 삼척시·보령시·논산시·나주시·김천시·안동시·문경시 등 7개 도시이다.[2]

　축소도시로 분석된 20개 도시 모두 65세 이상 인구 비율이 7~14%인 고령화 사회 이상의 단계에 접어들었고, 이 가운데 삼척·공주·보령 등 9개 도시가 고령사회(65세 이상 비율 14~20%), 정읍·남원 등 6곳은 초고령사회(65세 이상 비율 20% 이상)에 도달한 것으로 분석되었다. 이들 축소도시는 공통적으로 빈집이 급격히 증가하는 추세를 보인다. 모든 축소도시의 공가율(빈집 비율)이 전국 평균인 6.5%를 넘어섰고 평균의 2배를 넘는 13.0%보다 공가율이 높은 곳도 4곳(태백, 삼척, 나주, 영천)에 달하는 것으로 나타났다. 여수·나주·경주 등 7개 도시에서는 최근 10년간(2005~2015) 빈집 수가 연평균 6.0% 이상씩 급격히 증가한 것으로 나타났다. 노령화가 진행되고 빈집이 늘어나면서 도시의 활력과 경제활동이 급격히 줄어 이들 축소도시는 2015년 기준으로 재정자립도가 30%를 넘지 못하는 실정이다. 그중에서도 정읍·남원·김제·안동·상주 5개 도시는 재정자립도가 15%에도 못 미치는 심각한 단계에 접어든 것으로 나타났다.

우리나라의 지방 중소도시가 심각한 수준의 도시축소 현상을 경험하고 있는 것은 인구 급감, 부동산 방치, 공공시설 운영 적자 등으로 인한 재정적 어려움 때문임에도 불구하고 당국은 지속 가능한 도시 적정 규모의 설계 없이 관행적으로 인구 유입을 위한 자극적인 개발 사업이나 도시재생 사업을 펴면서 도시 규모를 확장하려 한다는 것이 국토연구원의 연구결과가 드러내는 바다. 구조적 악순환에 빠진 우리의 축소도시 문제를 극복하기 위해서는 도시의 물리적 건조 환경의 규모를 줄이면서 남아 있는 사람들의 정주성을 유지할 수 있는 도시 다이어트 전략을 추진해야 한다. 도시 적정 규모화, 서비스 효율화, 근린 안정화의 3단계 전략을 통해 스마트한 축소를 진행하고 이를 기반으로 작은 성장을 이루어야 지방도시의 생존이 가능하다.[3]

지방도시의 쇠퇴 문제에 접근할 때 인구감소와 노령화에 따른 잉여화된 시설을 어떻게 재생할 것인가에만 집중하면 안 된다는 점을 명확히 했다는 데 이 연구의 의의가 있다. 지방도시의 스마트한 축소를 위해서는 먼저 지방도시의 현실을 직시하되, 지방도시의 문제를 '지방의 스케일'에 국한해서는 안 된다. 오히려 국토 전체의 행정 시스템 차원에서 중앙–지방의 상호관계를 파악해야 하며, 도시재생과 더불어 지방도시의 권역 단위 통합 등 행정 재편이 이루어져야 효과를 거둘 수 있다. 특정 지역에 단기간에 막대한 예산을 쏟아붓는 식의 성과주의 행정은 오히려 지역의 젠트리피케이션을 야기하는 등의 한계를 드러낼 뿐이다.

표 1 지역 거점 문화도시 조성사업의 개요.

구분	광주	부산	경주	전주	공주부여
법적 근거	특별법 (2006.9).	없음	없음	없음	없음
계획 수립	종합 계획 (2007.10).	종합 계획 (2005.10).	기본 계획 (2007.12).	기본 계획 (2007.12).	기본 계획 (2009.12).
계획 기간	20년 (2004~2023)	8년 (2004~2011)	20년 (2006~2035)	20년 (2007~2026)	22년 (2009~2030)
사업비	5.3조 원	1600억 원*	3.4조 원	1.7조 원	1.3조 원
주요 사업	국립아시아 문화전당 및 7대 문화권 특화 발전	4개 핵심 과제	4대 선도사업군 (65개 전체 사업)	4대 선도사업군 (64개 전체 사업)	5대 선도사업군 (57개 전체 사업)

• 주: 부산의 사업비*는 4개 핵심 과제에 대한 추정 사업비이며, 부산 영상문화도시 육성을 위한 종합계획상 전체 실행 과제 44개를 수행하기 위한 사업비는 총 6938억 원이다.
• 출처: 이순자·장은교, 〈지역 거점 문화도시 조성 사업의 추진 실태 및 향후 과제〉, 2012, p.xii.

4 | 도시 쇠퇴 그리고 재생의 현주소, 그 진단과 오류

1) 쇠퇴−재생−젠트리피케이션의 악순환

쇠퇴와 재생, 그리고 젠트리피케이션의 악순환 고리를 드러낸 사례로 전주 한옥마을을 꼽을 수 있다. 전주 한옥마을은 전주 전통문화도시 조성사업의 핵심이다. 2003년 출범한 참여정부는 문화 중심 도시 및 살기 좋은 도시 만들기를 국가 정책 과제로 공표하고 이를 뒷받침하기 위해 광주·부산·경주·전주를 지역 거점 문화도시로 지정했다. 이후 공주·부여가 추가로 지역 거점 문화도시로 지정되었다. 도시를 문화를 통해 재구축하고, 문화산업을 지역 발전의 신성장 동력으로 삼아 도시의 새로운 가능성을 열어간다는 것이 사업의 기본 취지다. 하지만 취지와는 다르게 2007년부터 20년간 총 사업비 1조 7000억 원이 투입되는 전주 전통문화도시의 간판 사업인 전주한옥마을 사례를 분석해보면 매우 흥미로운 점이 발견된다. (표1 참조)

김승범 박사가 2003년부터 2015년까지 전주 한옥마을을 방문한 관광객들이 자신의 블로그에 올린 텍스트를 분석한 결과를 보면, 지난 13년간 사용 빈도가 확연하게 급증한 단어와 급감한 단어를 확인할 수 있다. 〈표 2〉에서 나타난 것처럼 전주 한옥마을을 방문한 관광객 수는 2006년 100만 명에서 2016년에는 1000만 명으로 급증했다.* 이 기간

---

* "전주시는 지난 2015년 10월부터 지난해 9월까지 1년 간 한옥마을에서 사용된 이동통신 기록과 SNS, 카드매출기록 등 공공분야 빅데이터 분석을 통해 관광객 통계를 집계한 결과 하루 평균 2만 9231명이 다녀갔다고 14일 밝혔다. 연간으로 따지면 1066만 9427명이 한옥마을을 다녀간 것이다."(〈전주 한옥마을 1000만 관광객 돌파 '기염'〉,《경향신문》, 2017.2.14.)

표 2 전주 한옥마을 관광객 증가 추이.

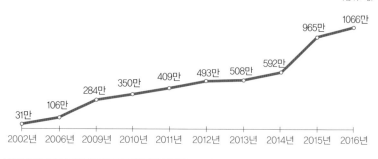

(단위: 명)

출처: 〈전주 한옥마을 관광객 1000만 명 첫 돌파〉, 《세계일보》, 2017.2.15.

중 기본 계획이 수립된 뒤 전주 전통문화도시 사업이 본격적으로 추진된 2008년부터 관광객 수가 급속히 증가했음을 알 수 있다. 한옥마을을 방문한 관광객이 자신의 블로그에 방문 체험기를 올린 내용을 단어 중심으로 분석한 결과 〈표 3〉에서처럼 상대적으로 빈도가 급증한 단어는 만두·줄·아이스크림·먹거리·맛집 순으로 나타났다. 상대적으로 급감한 것은 문화·사업·예술·학인당 등 문화도시의 원 취지에 맞는 단어들이다. 결국 연간 1000만 명이나 되는 관광객을 확보할 수 있었던 것은 문화·예술 체험이 아니라 먹거리 체험 덕분이었던 것이다. 이러한 사업의 영향으로 단기간에 한옥마을이 상업화되고 임대료가 상승해 전통 가게들이 퇴출되었고 장기적으로는 생활환경이 불편해져 거주 주민이 급격히 감소했다. '관광객들만의 마을'이 된 것이다. 원도심의 쇠퇴 문제를 해결하기 위해 전통문화를 콘텐츠로 하여 지역을 재생하려고 했으나, 급격한 상업화로 인해 한옥마을은 젠트리피케이션 문제를 안게

표 3 전주 한옥마을 방문 블로거들의 텍스트 분석.

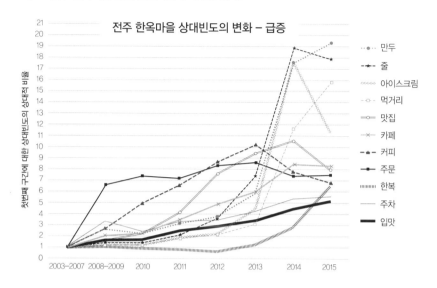

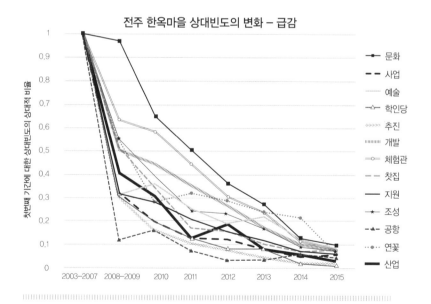

출처: 2015년에 진행된 북촌문화포럼 '다시 북촌을 말하다'에서 이영범·김승범이 발표한 자료
〈북촌, 살고 싶은 동네 걷고 싶은 마을〉 가운데서 인용함.

되었다.

재생이 상업화로 인한 젠트리피케이션으로 이어진 전주 한옥마을 사례와 달리 거대한 예산이 투입되었지만 밑 빠진 독에 물 붓기가 된 전통시장 활성화 사업을 살펴보자. 이 사례는 온라인 쇼핑몰, 홈쇼핑, 대형 할인마트 등의 등장으로 구매자의 소비 행태가 변화하여 그동안 지속적으로 쇠퇴되어온 전통시장의 규모 경쟁력에 대한 비판적 분석 없이 재생의 막대한 예산을 투입한 경우이다. 정부는 2001년부터 지난 12년 동안 전통시장 활성화 명목으로 시설 현대화 등에 3조 5000억원의 예산을 투입했다. 시설 현대화에 3조 800억 원을 투입했지만 매출은 2001년 40조 1000억 원에서 2013년 20조 7000억 원으로 48% 감소했다. 전통시장은 2005년 1660곳에서 2010년 1517곳으로 143개가 감소했다. 전통시장의 점포 수도 2005년 23만 9200개에서 2010년 20만 1358개로 5년 사이 3만 7000개 이상 감소했다.[4]

전통시장의 경우처럼 쇠퇴도시도 재생이 먼저가 아니라 축소할 용량을 정하는 것이 먼저다. 도시가 향후 지탱할 수 있는 적정 부분만을 남기고 잉여는 과감히 제거하는 것이다. 쇠퇴 수준에 따라 용량을 축소하고 축소된 부분을 활성화하는 재생 사업으로 이어져야 하는데, 쇠퇴를 곧바로 재생으로 전환하려다 보니 결국 무리한 부분이 발생하게 된다. 지금 같은 추세라면 2100년에 대한민국의 인구가 3800만 명으로 감소될 것[5]이라는 현실을 감안하여, 재생한 도시 기능마저 곧바로 잉여가 되어버릴 수 있는 상황에 우리 도시가 직면해 있음을 하루 빨리 깨달아야 한다.

2) 도시재생, 개념화-제도화-사업화의 오류

단기간에 성과를 얻고자 하는 행정 조급증은 지역 여건과 무관하게 막대한 예산을 쏟아 붓도록 만든다. 돈에 의존한 행정이 주도하는 사업화는 결국 제도화 과정에서 경직성이라는 오류를 발생시킨다. 제도나 정책을 입안하여 사업을 추진하는 중앙정부뿐 아니라 현장에서 사업을 집행하는 지방도시의 행정당국도 가치와 패러다임에 대한 고민보다는 예산의 확보와 집행에 집중한다. 좋은 의도로 도시재생에 나서지만 개념화-제도화-사업화가 진행되는 과정에서 경직성이 생기고 실현가능성이 줄어든다. 주민들이 가지고 있는 풍부한 역량은 제도화된 틀에 의해 규정되거나 제약되어 실제 단위 사업에서 발휘되기 매우 어려운 실정이다.

도시재생으로 재생되는 생활문화란 시간성과 장소성, 그리고 삶의 생활 양태로서의 일상성이 결합된 콘텐츠이다. 시간성의 측면에서 지속성 확보(미래)도 중요하고 도시문화가 형성되어온 역사성(과거)도 중요하다. 제도화된 틀 안에서 돈으로 단기간에 성과를 만들어내려고 하면 시간성이 무시된 표준화된 생활문화만을 양산해 지역 정체성과 생활문화의 다양성을 심각하게 훼손할 수 있다. 경직된 제도화와 단기적 성과를 강요하는 사업화로 인해 결과적으로 통합적 재생을 통해 쇠퇴된 도시의 미래를 재설계하고Mapping the Future, 정주 환경을 재생하여 도시 공간을 설계하고Mapping the City, 미래의 도시 공간에 생활문화를 설계할 수 있는Mapping the Culture 지속 가능한 도시재생 프로세스가 불가능하게 된다.

5 | 지방도시, 재생이 아니라 축소가 정답이다

유효한 쇠퇴도시 재생 전략을 세우기 위해서는 먼저 축소도시를 이해해야 한다. 유럽·미국·일본에서는 전통적으로 도시성장 개념에서 부정적으로 사용되어온 쇠퇴도시보다는 축소도시Shrinking Cities라는 용어가 널리 사용되고 있다. 적은 인구에 적은 건물과 토지를 사용하여 작게 성장하는 '스마트 쇠퇴'가 축소도시의 전략이다. 이는 인구 유입과 고용 성장을 유도하는 것이 아니라 기존 거주자들의 삶의 질을 향상시켜 정주성을 높이는 데 초점이 맞춰져 있다. 저출생·고령화 시대의 지방도시는 인구와 일자리의 지속적인 감소로 인해 높은 실업률, 사회복지 수혜자의 증가, 주택임대 수요 감소, 지가 하락, 중심지 상업 기능의 몰락, 지방세수 감소 등의 연쇄적인 문제를 안게 된다. 쇠퇴된 지방도시의 문제를 지방도시 차원에서 해결한다는 것은 불가능하다. 국가 전체적으로 핵심지역과 주변지역, 즉 거대도시권, 거점도시권, 그리고 중소 규모 지방도시권의 문제를 국토의 효율적인 관리라는 측면에서 통합적으로 다루지 않으면 실마리를 풀기가 어렵다.[6]

70억이 넘는 세계 인구의 절반이 도시에 살고 있다. 세계 인구는 계속 증가하고 있으며 도시 인구 역시 지속적인 증가세이다. 유엔에 따르면 2030년에는 전 세계 인구 가운데 3분의 2가 도시에 거주할 것으로 예상된다.[7] 하지만 동시에 세계의 많은 도시에서 인구가 감소하고 있다. 1990년부터 2000년 사이에 인구 10만 명 이상인 도시 가운데 4분의 1 이상에서 인구가 줄었다.[8]

산업 기반의 공업도시에서 인구가 두드러지게 감소하고 있으나, 축소도시는 점차 세계화되고 있으며 그 이유 또한 복합적이다. 미국에서는 신세기를 맞이하여 '지혜롭게 쇠퇴하기smart decline'[9]라는 도시 정책이 화제가 되었다. 이러한 시각에서는 작아지는 것, 줄어드는 것, 물러서는 것을 반드시 부정적으로 보지 않는다. 오히려 축소도시화를 지금까지의 낭비 체질을 반성하고 환경을 중시하면서 풍요로움을 추구할 기회로 여긴다.

야하기 히로시는 저서《도시 축소의 시대》에서 어떻게 지혜롭게 쇠퇴하고 작게 성장하느냐에 지방도시의 존폐가 달려 있다고 말한다. 축소도시는 인구감소 사회에 알맞은 집약형 도시 구조를 목표로 한다. 이는 도시의 교외화에 따른 중심 시가지의 쇠퇴, 고령자 등의 생활의 지장, 환경 부하의 증대, 도시 재정 압박 등의 문제를 발생시켰던 확산형 도시구조와 반대되는 개념이다. 확장형 도시구조의 마이너스를 창조적 정책을 통해 플러스로 바꾸는 것, 그것이 스마트 쇠퇴이다. 인구가 감소하는 도시에서는 발생하는 유휴지를 자연으로 되돌리면 환경 용량을 늘릴 수 있으며, 도시 규모를 축소하면 상·하수도 등 도시 인프라를 사회 모두가 효율적으로 사용할 수 있게 된다.

축소도시론은 축소의 요인을 밝힐 뿐 아니라 축소의 알력을 조정하면서 '경제적·사회적 축소의 부담을 사회 전체가 어떻게 나누어 떠안을까', '축소의 이익을 어떻게 함께 누릴까'를 함께 고민한다. 즉, 축소에 의해 발생하는 이익과 손해를 어떻게 분배할 것인지를 고려하는 것이 핵심인 것이다. 어떤 형태로 축소를 유도할 것인가는 축소도시 그 자체만의 문제가 아니라 국토 전반의 균형 발전과 연결되어 있다. 축소도시 논의가 가장 활발한 독일에서는 심지어 축소도시를 새로운 도시문명론

으로 보아야 한다는 주장도 나온다.[10]

축소도시에서는 쇠퇴의 진행 상태에 따라 그 도시의 적정 규모를 산정하는 것이 매우 중요하다. 예를 들어 미국의 버팔로시에서는 "5 in 5"라는 철거 계획을 세워 2007년부터 5년간 5000여 채의 주택을 철거했고, 당시 15%였던 공가율을 5%까지 끌어내려 부동산 시장을 적정 규모로 조정해 가격 안정을 꾀했다. 성장기에 부풀려진 몸집을 유지한 채 재생에 막대한 예산을 쏟아붓는 것은 밑 빠진 독에 물 붓기나 다름없다. 부풀려진 도시의 물리적 환경을 축소하는 것이 축소도시의 절대 과제이다.[11] 미국의 대표적인 쇠퇴도시로 도시 축소를 통한 재생에 성공한 영스타운Youngstown의 경우 1930년에 인구 17만 명의 절정에 이르렀지만 도시의 기반인 제철산업의 몰락과 함께 도시 인구가 2000년 8만 2000명 수준으로 격감했다. 영스타운 종합계획인 'Youngstown 2010'은 다시 인구 10만명 이상으로 도시의 규모를 회복하자는 것이 아니라 8만 명이라는 현재의 인구에 맞게 그동안 팽창되었던 도시의 규모를 창조적으로 축소하자는 것이었다. 어디까지 쇠퇴할 것인지 분석하고 쇠퇴의 영역을 재생을 위한 긍정적인 요소로 활용하는 것이 재생의 핵심이다.[12]

영스타운을 포함하여 디트로이트 버팔로 등 대평원Great Prairie에 속한 러스트벨트Rust Belt의 쇠퇴한 도시들은 도시 규모를 스마트하게 축소하여 대평원의 자연 생태계를 복원하는 버팔로 커먼스Buffalo Commons를 적용하였다. 산업화 시기에 팽창한 도시들의 축소 문제를 녹지화 전략으로 해결하며 도시 농업, 커뮤니티 가드닝 등의 지역 차원 해법을 제시했을 뿐 아니라, 신재생에너지를 생산하고 기후변화 및 후기 산업화시대에 대응한다는 지구적 차원의 실천 방안을 구상했다. 그럼으로써 버려진 것으로부터 기회를 창출하자(National Vacant Property Campaign)는 새로운 패러다임을 선보인 것이다.[13]

가능성을 보여준 사례도 많지만 여전히 축소도시의 난제는 많다. 유휴화된 토지를 수용할 수 있는 토지은행의 설립과 재정의 부담, 계층 간의 사회적 형평성 유지 문제, 철거로 인해 기능을 상실한 채 분산된 토지들의 통합적 활용 문제, 빈집 철거 문제, 협력적 계획 수립을 위한 다양한 이해관계자들의 참여와 협력을 이끌어내는 문제 등이 그것이다. 이희연·한수경의 연구[14]에서는 해당 도시의 특성에 맞게 축소도시 계획을 수립하고자 하는 경우 지역 주민들 간의 커뮤니케이션과 소셜 네트워크 활성화를 꾀해야 하며, 기존처럼 하드웨어 정비나 재생에 의존하기보다는 소프트웨어를 훨씬 더 중요시해야 한다고 말한다.

가까운 일본 역시 축소도시에 대한 논의가 활발하다. 일본은 2009년부터 국가 전체 인구가 감소하기 시작했다. 저출생·고령화 시대에 접어들었고 지방의 소멸 위기가 고조되어가면서 도쿄 수도권의 일극 중심 사회에 대한 우려가 높아졌다. 마스다 히로야는 《지방소멸》에서 일본의 지방도시의 소멸은 인구이동의 체인선상에 있는 대도시의 쇠퇴로 이어진다고 보았다.[15] 일본은 2014년 5월 독자적인 장래 추계인구를 바탕으로 소멸 가능성이 있는 도시 896개 리스트를 발표했다. '지방도시의 소멸로 결국 대도시만 생존하게 될 것인가?'라는 질문에 대해 마스다 히로야는 젊은 층을 지속적으로 공급해온 지방이 소멸하는 한편 인구 조밀지역인 대도시권은 일관되게 낮은 출산율을 유지해 대도시권과 지방이 인구감소와 고령화를 동시에 맞이하게 되어 결과적으로는 공멸의 길을 걷게 된다고 말한다. 그래서 인구감소라는 현실을 받아들이고 가장 효과적인 대상을 선택해 투자와 시책을 집중할 필요가 있다고 주장한다. 지방이 소멸하면 도쿄 일극사회로 치닫게 되니 중간 허리 영역인 지방 중핵도시를 콤팩트타운으로 강화하여 지방의 시정촌을 흡수하고 도쿄 일극사회로의 전환을 막자는 것이 《지방소멸》의 골자다. 그리고 도쿄권과 지방과의 연계를 위해 고향납세 정책을 강화하는 것을 효과적인 정책수단으로 본다. 도쿄권 거주자에게 특정 지역을 알리고 그 지역을 지원하는 구체적인 행동을 유도하여 특정 자치단체에 지속적으로 고향 납세를 한 사람에게는 그 지역을 지탱해줄 미래의 이주 후보자로서 상세한 지역 정보를 제공하고, 도쿄권의 집을 팔고 지방권의 집을 취득한 사람에게 부동산 세제상 우대 조치를 해주는 방안에 대해서도 거론한다.[16]

일본에서 중소 지방도시의 쇠퇴가 급속도로 진행되면서 이에 대한 대응으로 두 가지 관점이 대두되었다. 첫번째는 도시의 기능을 한 곳으로 모이게 하자는 것, 즉 효율적이고 콤팩트한 공간을 구성하자는 것이다. 두 번째는 국토의 기능을 균형 있게 분산시키려는 옛날 방식을 고수하며 지방 소도시의 자급자족 공간을 재배치하는 방안이다. 일본 중앙정부가 주도하는 지방소멸 위기론은 일본의 기존 경제 시스템을 도시라는 행정체계 속에서 어떻게 유지할 것인지를 고민하는 것이라고 할 수 있다. 허리 역할을 하는 중핵도시를 견고히 하기 위한 지방 읍정촌의 재편은 중앙정부 주도의 행정 및 경제 정책의 효율성을 제고한다는 관점에서 파악해야 한다. 연안지역의 생산 기반이 상실되어 이 지역이 소멸하기 전 해당 지역민들을 내륙의 중핵도시로 이동시켜 소비력을 증대하겠다는 전략의 경우 지방소멸로 인해 내륙 중핵도시로 이주한 주민들이 일자리를 얻을 수 있느냐는 문제가 발생한다. 중핵 도시권으로 이주한 읍정촌의 주민들이 생산 및 소비의 주체가 되지 못하기 때문에 대안이 될 수 없다고 보는 비판적 시각도 있다고 사사키 이치로 명예교수는 전한다.[17]

다른 나라의 사례에서 보듯 쇠퇴한 지방도시의 재생은 축소도시 전략을 선택하는 것만이 유일한 해결책으로 보인다. 재생을 위한 축소가 정답이다. 적정 규모로의 스마트한 축소와 더불어 축소도시의 생존을 위한 국토 관리·운영의 전면적인 재편이 필요하다. 머지않은 미래에 지방도시는 지방 소멸과 도시 축소의 갈림길에서 한 가지 방안을 선택해야 할 텐데, 이는 결국 '경쟁력 있는 대도시권역으로의 선택과 집중이냐 아니면 지방도시의 스마트한 축소를 통해 국토의 균형발전을 꾀할 것이냐'라는 중앙정부의 국도 재편 기조와 직결되어 있다. 즉 지방도시의 생존은 그들만의 문제가 아니라 국토 전체의 생존과 연결되어 있다는 점을 명확히 인식해야만 지방도시 축소 전략을 올바르게 세울 수 있다.

6 | 지방도시, 공동체 기반 사회적 개발의 가능성을 찾아라

지방도시의 근린재생은 기본적으로 지역의 쇠퇴로부터 그 필요성이 대두된다. 따라서 '쇠퇴도시를 어떻게 정의할 것인가'와 어떤 방식으로 '쇠퇴도시에 근린재생 지원을 할 것인가'가 매우 중요한 과제가 된다. 도시의 쇠퇴를 극복하고 지역 공동체 중심의 도시로 발전해갈 수 있도록 하는 근린재생 사업은 사회적·문화적·경제적 정비를 수반하는 종합적인 도시재생, 지역 주민 삶의 질 향상을 위한 도시재생, 도시 활력 공간으로서의 도심 활성화를 위한 도시재생, 사회적 자본을 활용한 창조적 도시재생, 지속 가능한 생태·환경 도시를 위한 도시재생 등 다양한 성격을 갖는다. 따라서 쇠퇴도시에 대한 근린재생 지원 전략을 단계별로 나누어 제도화할 필요가 있다.

첫째, 쇠퇴의 양상과 속도, 진행 단계 등을 파악해 쇠퇴에 따른 잉여의 총량을 파악한다.

둘째, 쇠퇴에 따른 잉여를 어떻게 축소할 것인가에 대한 전략을 도출한다.

셋째, 쇠퇴도시에서 재생도시로의 전환을 위한 인프라를 구축한다.

넷째, 근린재생 사업을 통해 도시 활성화 기반을 구축하고 핵심 역량을 강화한다.

다섯째, 근린재생 사업에서 도시재생으로 나아가는 단계적 발전 전략을 세운다.

여섯째, 근린재생 사업-도시경제 기반 재생 사업-연계 사업으로의 확장 매커니즘을 구축한다.

도시재생에서 특히 근린재생은 장소 번영, 사람(공동체) 역량 강화, 지역경제 활성화에 가치를 둔다. 그리고 근린재생 사업은 연계를 통해 이들 핵심 가치를 지역재생을 통해 복합가치로 만들어내는 것을 기본 목표로 설정하고 있다. 따라서 근린재생 사업을 근린경제 재생, 근린사회 재생, 근린환경 재생으로 구분하여 각각의 사업들을 지역과 주민들

속에서 어떻게 연결할 것인가를 고민하고 구체적인 지원 방안을 세워야만 실패하지 않을 수 있다. 아울러 단순한 사업의 연계를 넘어 근린재생 사업에서 가치의 통합을 지속적으로 이루어내는 것 또한 중요한 과제이다. 이는 결국 근린재생 사업을 이끌어나갈 주체를 어떻게 육성하고 지원할 것인가에 대한 물음과 맞닿아 있다. 근린재생은 지역과 주민으로부터 시작되는 도시재생의 새로운 패러다임이기에 이에 맞는 새로운 가치체계와 운영시스템을 구축해야 한다. 이러한 내용을 간략하게 정리하면 아래와 같다.[18]

① 적정 규모의 설계

스마트한 축소를 위한 첫 단계는 적정 규모의 설계이고, 설계를 통해 쇠퇴로 인해 야기된 잉여 부분을 제거해야 한다. 공간적 잉여, 사회적 잉여, 경제적 잉여를 제거하고 작은 성장을 가능하게 하는 적정 규모를 산정 및 유지하는 것이 지방도시의 사회적 개발을 추진할 때 가장 우선시해야 할 과제이다.

② 쇠퇴와 재생의 연계 및 단계별 실행 전략

쇠퇴 평가와 재생 평가를 연계해 도시재생의 진행 상황과 지속가능성을 사업 과정에서 모니터링해야 한다. 그리하여 큰 그림에 맞추어 단계별 성과를 확인하며 지원의 내용과 규모를 결정해나가는 것이 필요하다. 쇠퇴에 따른 우선 지원과 재생의 효과에 따르는 지속적 지원을 구분해야 한다. 쇠퇴에 따른 우선 지원은 절대적 지원의 성격을 지니며 일정 기간 재생의 성과 평가를 유보하되 쇠퇴에서 재생 단계로 넘어갈 수 있는 인프라 조성의 정도를 파악한다.

③ 토지 소유권의 조정과 공동체 공유지Community Commons의 확보

사회적 개발을 위해서는 재생 과정에서 토지 소유 방식을 다각화해야 한다. 사적 영역의 개선은 개인이 부담해야 한다는 원칙으로 인해, 주거지 재생은 공공의 지원을 받을 수 있는 공적 영역만 개선되는 제한된 효과밖에 누리지 못했다. 이를 극복하기 위해서는 사적 영역과 공적 영역을 모두 포괄하는 마을 공동체를 형성하는 것이 바람직하고, 따라서 커뮤니티 단위의 토지 소유 방식인 사회적 지주 개념의 도입이 필요하다. 사회적 개발을 위해서는 우선 지역 공동체 내에서 자산 관리와 운영을 위한 조직을 갖추어야 하고, 토지 및 주택의 개인 소유권을 사회적 소유권 방식으로 전환할 수 있는 제도를 마련해야 한다. 공동의 자산 관리 및 운영을 위해 지역 공동체가 개별 토지 소유권을 이양받거나 주거지 재생 초기 단계에 필요한 자산을 공공이 매입하여 다시 지역 공동체가 개발할 수 있도록 토지 개발권을 일정 기간 양도해줄 수도 있다. 토지의 사회적 소유를 기반으로 한다면 기존의 공공주도형 개발, 민간 주도형 개발이 사회적 개발로 전환될 수 있다. 사회적 개발은 민간 개발과 공공 개발의 중간적 성격으로 민간이 주도하는 개발이지만 공익의 가치를 통해 개발 이익을 도모할 수 있다는 것이 핵심이다.

④ 축소에 기반한 재생의 가치사슬 구조를 형성

사회적 가치의 재생산 매커니즘은 '마을만들기–사회적 개발–사회적 소유–수익 창출–주민 복지 서비스–주민자치'의 연결고리를 갖도록 디자인하는 것이 바람직하다. 이와 같은 재생 사업 가치사슬 구조의 형성은 다음의 구체적인 활동을 통해 가능하다. 첫째, 마을기업 기반형 사회적 개발을 통한 공간 거점과 가치 거점의 확보. 둘째, 마을 공동체의 수익 창출과 자산 관리를 통한 규모의 경제 확보. 셋째, 마을 공동체 주민에 대한 사회복지 서비스 확대(가치의 이전). 넷째, 사회적 가치의 재생산(지역 복합 재생의 구현: 주거-의료-교육-육아-먹거리-스포츠 레저 등). 다섯째, 마을 만들기를 통한 주민자치/지역자치의 실현.

⑤ 자산 관리(에셋 매니지먼트)를 통한 사회적 개발과 마을기업 활성화

커뮤니티를 기업화하고 커뮤니티의 복지를 향상시킨다는 사회적 순환이야말로 커뮤니티 기업의 특징이다. 마을 만들기 사업체가 물적 자원을 발굴하고 토지나 건물 등의 자산을 재생하여 경영Asset Management 하며, 지역 주민의 사회성과 삶의 지속가능성을 키워 커뮤니티를 형성한다. 이렇게 형성된 커뮤니티는 마을기업의 자립을 유지하는 힘이 되며 나아가 주변 지역의 생활환경을 바꾸는 힘이 된다.

결론

최근 문재인 정부가 도시재생 뉴딜정책을 국정 과제로 삼아 연간 10조씩 향후 5년간 50조원의 예산을 도시재생에 투입하겠다고 밝혔다. 우려 반 기대 반의 목소리가 쏟아져나왔다. 도시재생을 통한 일자리 창출과 빈집 등을 활용한 마을 자산화 실현 계획에 기대도 크지만 짧은 시간에 막대한 예산을 쏟아붓는 성과주의의 조급증과 물량공세에 대한 우려의 목소리도 높다. 무엇보다 왜 우리가 도시재생에 집중해야 하는지, 도시재생의 근본 가치와 철학이 무엇인지가 전달되지 않는다는 점이 가장 큰 문제다. 대도시의 특정 지역의 쇠퇴와 지방도시의 쇠퇴는 근본적으로 다른 차원의 문제이다. 지방도시의 쇠퇴 문제에 접근할 때 인구 감소와 노령화에 따른 잉여화된 물리적 시설을 어떻게 재생할 것인가에만 국한하여 생각해서는 안 된다. 지방 중소도시가 심각한 수준의 도시 축소 현상을 경험하고 있는 것은 인구 급감, 부동산 방치, 공공시설 운영 적자, 노령화, 정주성 약화, 경제적 쇠퇴 등 복합적인 원인 때문이다. 지방도시를 스마트하게 축소하기 위해서는 지방도시의 문제를 지방의 스케일에 국한하여 파악해서는 안 되며 중앙−지방의 상호관계 속에서 파악해야 한다. 지방도시를 포기하지 않고 국토 균형발전 전략을 유지할 것인지, 아니면 지방도시를 권역의 중심인 중핵도시로 편입하여 선택과 집중의 도시재생 전략을 선택할 것인지 결정해야 한다. 만약 지방도시를 포기하지 않고 스마트한 축소를 통해 향후 정주성과 지속성을 확보하려 한다면 작은 규모로 인해 경쟁력을 발휘하기 어려울 수 있으므로 지방도시 간의 권역 단위 통합 등 행정 재편이 수반되어야 한다.

또한 지방도시의 성공적인 재생을 위해 장소성과 역사성에 내재된 시간의 스케일을 재생 정책과 사업에서 매우 정교하게 다룰 필요가 있다. 우리가 성공 사례라고 말하는 경우를 자세히 들여다보면 진정한 도시재생에는 시간, 장소, 관계의 재생이 포함되어 있음을 알 수 있다. 어느 장소나 사회적 관계가 주민들의 일상에서 재생되기 위해서는 시간이 오래 걸린다. 하지만 도처에서 진행되는 도시재생 사업을 들여다보면 도시재생이 내부의 역량에 의해 지속성을 확보하지 못하는 경우가 태반이다. 재생의 동력을 일회적인 마중물 사업을 통해 확보하려다 보니 주민은 타자화되고 지역은 껍데기만 화려해지는 외부화의 문제를 안게 된다. 단기간에 막대한 예산을 투입하여 급하게 성과를 만들어내는 압축 재생에 몰두할 것이 아니라, 오랜 시간을 두고 주민들의 일상의 가치를 회복하고 주민과 행정 당국 사이의 신뢰를 쌓아 진정한 의미의 주민 중심의 공동체 주도 도시재생을 이루어가는 것이 중요하다.

지방도시의 재생은 기본적으로 지역의 쇠퇴로부터 그 필요성이 대두된다. 따라서 지방도시마다 '쇠퇴'를 어떻게 정의할 것인가와 쇠퇴를 넘어 스마트한 축소와 재생으로의 전환을 정책적으로 어떻게 지원할 것인가가 매우 중요한 과제가 된다. 도시의 쇠퇴를 극복하고 지역 공동체 중심의 주민참여형 도시로 재생하기 위해서는 다음의 과정을 거쳐야 한다. ①지방도시 고유의 쇠퇴 양상과 속도, 진행 단계 등을 파악해 쇠퇴에 따른 잉여의 총량을 파악한다. ② 잉여를 어떻게 축소할 것인가에 대한 사회적 합의를 이끌어낸다. ③ 쇠퇴도시에서 재생도시로의 전환을 위해 적정하게 축소된 도시 규모 안에서 재생의 플랫폼을 구축한다. ④ 재생을 추진할 주민 공동체의 핵심 역량을 강화하여, 초기 마중물 사업에서 주민 주도의 자산기반형 공동체 개발로의 전환을 유도한다. ⑤ 재생의 가치를 확장하고 지방도시 간의 협력적 연대를 통해 공유도시로의 전환을 이끌어낸다.

지방도시가 소멸하면 국가의 행정 시스템만이 아니라 국가경제의 기반이 붕괴된다. 대도시 쇠퇴 지역보다 지방도시 쇠퇴에 더 주목해야 하는 이유다. 그리고 지금의 지방도시 재생 정책처럼 쇠퇴를 곧바로 재생으로 이어지게 하기보다는 쇠퇴-축소-재생으로 이어지는 '스마트한 축소'로 재생 정책의 틀이 변화해야만 지방도시가 재생을 통해 대도시와 공존할 수 있다.

11장

내쫓김을 극복하기 위한 새로운 도전

: 토지 가치 공유형 지역자산화

조성찬

토지+자유연구소 통일북한센터장

들어가며[1]

2008년 미국의 금융위기로 인해 시작된 것으로 이해되는 공유경제는 사실 '오래된 미래'다. 우리가 사적 소유를 근간으로 형성된 자본주의 시장경제 시스템에 중독되면서 착시에 빠지는 바람에 공유경제라는 플랫폼을 인식하지 못하게 되었을 뿐이다.

　다행히 박원순 서울시장은 2012년 9월 20일, '공유도시 서울 선언'을 발표하면서 서울의 도시경제를 활성화하는 동시에 사적 소유에 치우친 경제구조를 바로잡겠다는 전략을 밝혔다. '공유도시 서울 선언'의 핵심 내용은, "보유하고 있지만 사용하지 않는 시간, 정보, 공간 등을 공유share해 도시문제를 해결"하겠다는 것이다. 여기서 '공유'는 "각자 가진 것을 필요한 사람과 나누고, 공동으로 사용하고 같이 소비하는 것, 폐쇄되어 있는 공간은 개방해 같이 사용하는 것, 사장되어 있는 자원의 가치와 효율을 높이는 모든 활동"으로 정의됐다.[2] 위키백과에서는 '공유'를 "물건이나 공간, 서비스를 빌리고 나눠 쓰는, 인터넷과 스마트폰 기반의 사회적 경제 모델"로 정의하고 있다. 개인이 소유하고 있는 물건 등을 그걸 소유하고 있지 못한 이들과 함께 사용하거나 소비하자는 것이 서울시가 제시한 공유도시 개념의 핵심이다. 그런데 이러한 정의에 따르는 공유도시는 사적 소유에 치우친 경제구조를 바로잡는 데 한계가 있는 듯 보인다.

'공유도시 서울 선언'의 핵심 내용과 공유의 정의 및 제시된 사업 유형들은 나름의 일관성을 갖고 있다. 그런데 만약 'share'로 번역된 공유共有의 정의를 다르게 내린다면 어떨까? 아니, 우리는 '공유'를 'share' 정도로 이해하고 있지만 만약 '공유'와 'share'가 차원이 다른 개념이라면 어떨까? 영어 표현 'share'는 사실 '공유'보다는 '향유'의 개념에 가깝다. 공유란 그야말로 '공동 소유'의 개념이다. 영어로 'ownership(소유권)'의 개념에 기초한 것이다. 서울시가 추진하고 있는 다양한 공유 사업들은 share에는 부합하지만 ownership의 개념에는 부합하지 않는다. 게다가 한국 민법에서 공동 소유를 명확하게 공유共有, 총유總有, 합유合有로 구분하고 있어, 서울시가 표방하고 있는 공유 개념이 현행법 개념과 혼동을 초래한다.

'공유도시 서울 선언'은 일반인들이 쉽게 이해하고 다가갈 수 있도록 했다는 점에서 의의가 있다. 시민들이 자연스럽게 공유경제라는 인식구조를 형성할 수 있도록 가볍고 즐겁게 새로운 실험을 해보자는 것 말이다. 그런데 공유도시 서울이 이 정도 수준에 머물러버린다면 공유경제는 '공유의 참을 수 없는 가벼움'이라는 함정에 빠질 수 있다. 서울시가 지향하는 공유경제 내지 공유도시가 새로운 차원으로 진화해야 할 필요성이 분명한 것이다.

본 장은 그러한 필요성과 진화의 방향을 서울시 도시재생에서 찾아

볼 것을 제안하고자 한다. 일반적으로 도시의 재개발과 재건축을 포함하는 도시재생은 원래 공유자원인 토지, 공유재인 기반 시설, 공적 자금의 투입, 정부 및 공동체의 정신노동 투입, 다양한 시민들과 경제 주체들이 어울려 이루는 경제활동, 그리고 이러한 사회적 활동의 결과로 형성 내지 상승하는 토지 가치(개발이익 또는 경제학 용어로 지대)와 각종 사회자본 및 도시경관 등의 개념이 어우러진 것이며 도시 생태계의 회복을 목적으로 한다. 즉, 공유 속에 사유가 있었던 것이지, 사유 속에 공유가 있었던 것이 아니다. 그런 의미에서 다음 단계의 진화 방향은 선언에서 제시된 "보유하고 있지만 사용하지 않는 것의 공유"에서 더 나아가 '원래 공유의 대상이지만 사유화된 것의 복원'으로 잡아야 한다.[3]

그런데 아쉽게도 '공유도시 서울 선언' 및 이어지는 노력들에서 이러한 방향성이 분명히 드러나지 않는다. 서울시가 표방하는 도시재생의 포커스는 "물리적·비물리적인 다양한 처방"과 "민관의 협력적 노력"에 맞추어져 있다.[4] 기존 도시 재개발·재건축 및 뉴타운 사업의 핵심 문제가 개발이익의 사유화였다는 점을 상기하면, 새롭게 추진되는 도시재생 사업으로 반드시 '사회 공동체가 창출한 가치를 개인이 아닌 사회 공동체로 돌리는' 공유경제의 회복을 달성해야 한다. 즉, '공유지의 비극'을 중단시키자는 것이다. 관건은 토지 및 토지 가치를 어떻게 다룰 것인가다. 진정한 의미에서 젠트리피케이션의 원인을 진단하고 해결책을 찾아내려면 이 부분에 대한 논의를 정교하게 진행해야 한다.

사실 공유 가치인 지대의 사유화를 부추겨온 한국 도시 (재)개발의 역사는 젠트리피케이션의 역사로 보아도 무방하다. 한국전쟁 후 1960년대부터 대규모로 진행된 도시 개발로 수많은 판자촌 주민들이 쫓겨났다. 1970년대 이후에는 대규모 재개발 사업으로 인해 소규모 주택 소유자 및 세입자들이 쫓겨났다. 이러한 흐름은 2010년대 초반 뉴타운 사업으로까지 이어졌다. 최근에는 주택가격 상승으로 전세난이 일어나자 수많은 세입자들이 서울 외부로 쫓겨나다시피 했다. 50년 넘게 진행되어온 이러한 흐름은 거시적 차원의 젠트리피케이션이었던 것이다. 그러다가 주택 재개발 및 재건축 사업의 수익성이 떨어지자 상업 부동산을 대상으로 하여 소규모 지역 단위에서 동시 다발적으로 젠트리피케이션이 전개되고 있다. 자본 축적의 대상이 대규모 주택개발사업에서 소규모 상업부동산으로 전환된 것이다.[5]

　본 장은 이러한 문제의식에 기초하여, 공유경제 실현을 위한 보완적인 도시재생 방법론으로 '토지 가치 공유형 지역자산화 전략과 모델'을 제시하고자 한다. 복원되어야 할 공유의 핵심으로 토지 가치를 지목하고, 이를 지역자산화 전략을 통해 회복해보자는 것이다. 그렇게 되면 젠트리피케이션을 해결하거나 예방할 수 있는 보다 구체적인 대안도 찾아낼 수 있을 것이다. 지역자산화 전략은 서울시가 2015년 11월 23일에 발표한 〈젠트리피케이션 종합 대책〉에도 담겨 있던 것으로, 기존 사유재산이나 공공재산을 민과 관이 함께 소유 및 관리·운영하는 지역 자산으로 전환하는 것이다. 지역자산화를 통해 임대세입자가 지역에서 쫓겨나지 않으면서 토지 가치를 공유하고, 더 나아가 공유경제를 활성화할 수 있게 된다.

1 | 공유경제 실현에 한계를 보인 기존 도시재생 방식

1) 현행 공유경제의 개요

2008년 미국의 서브프라임 모기지론 사태에서 시작된 글로벌 금융위기로 인해 세계 경제는 저성장, 저소비, 높은 실업률, 고위험 등의 불황에 빠지게 되었다. 대량생산과 대량소비로 작동하는 자본주의 시스템에 경고등이 켜진 것이다. 소득이 낮아진 시민들은 개인 단위의 소유로부터 눈을 돌려 자원을 공유하고 함께 소비함으로써 낮아진 소득 수준을 극복할 돌파구를 마련하고자 했다. 이러한 흐름은 자연자원의 낭비를 막고 친환경적인 소비로 전환해야 한다는 방향으로 확대되기까지 했다. 이와 같은 전반적인 변화에 2008년도에 하버드 법과대학 로렌스 레식Lawrence Lessig 교수는 처음으로 공유경제Sharing Economy라는 이름을 붙였고, "물품을 소유한다는 개념에서 벗어나 서로 대여해주고 차용해 쓰는 방식으로 경제활동을 하는 것"으로 정의했다. 레이첼 보츠먼Rachel Botsman과 루 로저스Roo Rogers는 《위 제너레이션: 다음 10년을 지배할 머니 코드What's mine is yours》(2011)에서 공유경제와 유사한 협력적 소비Collaborative Consumption 개념을 소개했다. 공유경제에 기초 개념을 제공하는 협력적 소비 개념은 2011년 《타임》지에 의해 세상을 바꿀 10개의 아이디어 중 하나로 채택되기도 했다. 그리고 SNS의 확산과 IT 플랫폼 비즈니스의 발달은 공유경제가 전 세계적으로 확산되어 현재의 모습을 갖추는 데 핵심적인 역할을 했다.[6]

다음으로 공유경제의 작동 방식을 살펴보자. 먼저 공유경제의 참여 주체로 대여자와 이용자 및 공유경제 업체가 있다. 여기서 공유경제 업체는 온라인 플랫폼을 제공하고, 그 위에서 대여자와 이용자 간 직거래가 이루어진다. 직거래 방식은 크게 네 가지, '공유, 교환, 임대, 활용'이다. 재화의 특성 및 대여자·이용자의 성향에 따라 방식이 결정되지만 일반적으로 공유경제에서는 임대 방식이 가장 많이 활용된다. 협력적 소비가 이루어지는 대상(자원)은 크게 유형적 소모 자산, 유형적 비소모 자산, 무형적 자산으로 구분된다. 유형적 소모 자산에 공산품이나 건물이 있다. 유형적 비소모 자산으로는 대표적으로 토지가 있다. 무형적 자산으로는 지식과 정보가 대표적이다.[7]

2) '공유지의 비극'에 빠진 우리의 생활 공간들

토지와 건물이 결합된 부동산은 유형적 소모 자산과 유형적 비소모 자산이 결합된 형태다. 게다가 상가 세입자들의 창의성과 지식 및 예술성 등이 강하게 결합될 경우 무형적 자산이 추가로 결합할 수 있다. 이러한 건물들이 들어선 일정 지역은 지역 문화를 형성하면서 공유경제의 대상이 되는 등 세 가지 유형이 복잡하게 어우러져 도시 생태계를 이루게 된다. 기존 공유경제의 대상(자원)이 비교적 소규모였다면, 도시 공간은 보다 큰 규모의 공유경제 대상이다. 안타깝게도 공유 대상의 규모가 커지면서 우리의 인식 범위를 벗어나게 되었고, 지역에서 공동의 노력으로 창출되는 가치는 잘 보이지 않으므로 건물 소유주와 임대료를 납부해야 하는 세입자 외에는 크게 부각되지 않았다. 그 결과 이러한 가치들은 임대료 및 지가 형식으로 재산권자에게 귀속되어왔다. 공유경제가 다른 의미의 '공유지의 비극'에 빠지는 지점이다. 여기서 소유자의 재산권은 유독 강하게 지켜주고 세입자의 정당한 재산권은 무시하려 하는 현행 법의 현실을 굳이 강조할 필요는 없을 것이다.

'공유지의 비극'이 본래 공유지(목초지)가 한계 용량을 초과하는 남용으로 인해 황폐화되는 것을 의미한다면, 본 장에서 사용하는 의미는 현대에 사회 전체의 노력으로 형성된 공유자원인 토지 가치가 재산권자 및 지대 추구자들에 의해 독식되면서 지역의 정체성과 문화가 파괴되는 것을 의미한다. 지대 추구로 인해 공유지의 비극이 초래될 때 발생하는 중요한 현상 가운데 하나가 세입자들을 내쫓는 한국식 젠트리피케이션이다. 한국식 젠트리피케이션은 18세기 영국 산업혁명 당시 공유지에 울타리를 치고 목장으로 전환하면서 농민들을 내쫓던 인클로저 enclosure 현상과 다르지 않다. 자본주의의 본질은 그동안 크게 변하지 않은 것이다. 정리하면, '지대추구−젠트리피케이션−공유지의 비극'이 순차적으로 일어나게 된다.

3) 서울시의 현행 도시재생 사업이 보여준 한계

앞에서도 언급했듯이, 2000년대 초반 서울시에서 뉴타운 광풍이 불면서 개발이익을 향한 주택 소유자와 건설회사 및 정치인들의 욕망이 여과 없이 드러났다. 2008년 세계 금융위기로 이명박 전 서울시장이 추진했던 뉴타운 사업이 중단되자 특히 상가 세입자 문제가 불거졌다. 그러는 가운데 상가 세입자 다섯 명과 경찰관 한 명의 생명을 앗아간 용산 참사가 발생(2009)했다. 이러한 일련의 사건들은 모두 공유자원에 해당하는 개발이익, 즉 토지 가치를 사유화하려던 시도에서 비롯된 것으로, 본 장에서 정의한 공유지의 비극이다.[8]

공유지의 비극은 여기서 멈추지 않았다. 기존 뉴타운 사업에서 선회하여 도시재생이라는 패러다임으로 전환하기는 했지만 공유지의 비극을 피해가기에는 역부족이다. 이러한 점은 서울시 도시재생 전략에서도 확인된다. 서울시가 수립한 〈2025 서울시 도시재생 전략 계획〉(2015)에서도 토지 가치 공유 및 가치 순환에 대한 관점이 분명하게 드러나 있지 않다. 기존 도시정책의 한계 중 하나로 민간 주도의 사업 추진 방식으로 인한 개발이익의 사유화 등을 언급하고 있고(37쪽), 재원 조달 방안으로 '도시재생 특별회계' 설치를 제안하면서 재원 확충 방안으로 재산세와 과밀부담금 및 개발부담금 등을 예시하고 있으나 구체적인 도시재생 사업과 재원 조달 방식이 긴밀하게 연결되어 있지 않다(178쪽). 오히려 도시재생 제도 지원 방안으로 '조세 및 부담금 감면'을 언급하고 있어(183쪽) 역행하는 길을 터주고 있다는 인상이다.

요즘 서울시에서 드러나고 있는 공유지 비극의 대표적인 증상인 젠트리피케이션은 한국의 맥락에서는 '내쫓김'이라고 번역할 수 있다. 지금까지 정부 주도로 추진된 뉴타운·재개발·재건축 사업에 의해 주거 및 상가 세입자들이 내몰린 것도 모두 젠트리피케이션에 해당한다. 서울시가 새롭게 추진한 마을 만들기 등 도시재생 사업에 의해 세입자가 내몰리는 현상 역시 마찬가지다. 가령 서울시 최초의 마을 만들기 사례로 유명해진 성북구 장수마을의 경우, 서울시가 30억을 투입하고 연구자들과 운동가들 및 마을 주민들이 적극적으로 참여하여 주거환경을 개선했다. 이후 건물주들이 전월세를 인상하려 시도하는 바람에 노후한 주거환경이나마 안정적으로 거주해오던 장기 세입자들은 쫓겨날 위기에 처했다. 이에 장수마을 만들기를 이끌던 대표가 마을 소식지 및 시사 잡지에서 임대료 인상 자제를 촉구하는 호소문을 올렸다.[9] 서울시는 2013년 10월 2일에 집수리 지원을 위한 공고(서울특별시공고 제2013−1558호)를 발표하면서, 서울시가 수리비 및 신축비를 지원하는 대신 혜택을 받는 건물주는 세입자 보호에 대한 주민협정안(4년 장기계약 체결 및 임대료 인상 제한)에 동의해야 한다는 조건을 붙였다.[10]

민과 시장이 주도하는 영역에서도 젠트리피케이션 현상은 분명하게 전개되고 있다. 지역 공동체 활성화 사례로 유명한 성미산 마을의 '작은나무' 카페는 갑자기 나가라는 건물주의 통보에 공동체 주민들이 싸워 겨우 2년을 더 연장하는 데 합의할 수 있었다. 홍대 앞에 있는 '삼통치킨'은 2015년 11월 17일 내부 시설을 모두 들어내기 위한 강제집행을 겪었으나 '맘상모'라는 임차 상인 조직 및 시민들의 연대로 막아냈다. 우리 주위에서는 세입자들을 내쫓으려는 토지 소유권자 및 자본의 폭력과 내쫓기지 않으려는 이들의 눈물겨운 싸움이 여전히 계속되고 있다.

한국의 맥락에서 젠트리피케이션을 정의하면 다음과 같다. ① 어느 주거지역이나 상업지역이 재개발·재건축 사업과 각종 도시재생 사업으로 인해 환경이 개선되거나 예술가들의 활동에 의해 사람과 활동이 집중되면서, ② 결과적으로 지가 및 임대료가 급등하여, ③ 그 지역에서 오랫동안 거주해오거나 장사 및 예술 활동을 해온 세입자들이 쫓겨나는 현상이다. 경우에 따라서는 토지 등 소유자가 쫓겨나기도 한다.

젠트리피케이션을 초래하는 키워드로 개발이익, 권리금, 임대료가 있다. 이러한 이익은 모두 토지와 긴밀하게 연결된다. 더 높은 용적률로 개발하면서 발생하는 개발이익, 주로 사회경제적·지역적 입지 요인에 의해 발생하는 권리금, 상가 임대료의 대부분을 차지하는 토지분 임대료는 모두 토지에서 발생하는 불로소득의 화폐적 양태이다. 경제학에서는 불로소득을 추구하는 행위를 '지대 추구'라는 근사한 용어로 지칭하지만, 토지 가치는 무릇 사회 및 마을 공동체의 소산이다. 지대 추구는 실은 도시 공동체가 이루어낸 가치를 소유권자가 가로채는 일이나 다름 없다. 그 결과로 세입자들이 쫓겨나는 것이다. 문제의 근원에 생존권을 압박하는 강력한 토지 소유권이 자리하고 있다.

4) '토지 가치 공유형 지역자산화'의 필요성

먼저 지역자산화가 무엇인지 정의해보자. 지역자산화 운동으로 유명한 영국의 단체 '로컬리티Locality'가 정의하는 지역자산community asset이란 "토지와 건물로서, 커뮤니티 조직이 소유 또는 관리하는 것"이며, "로컬리티 구성원들은 자산을 사용하여 장기간의 사회적·경제적 및 환경적 개선을 도모하여 자신이 속한 지역local neighbourhoods을 변화"시킨다.[11] 그리고 지역자산의 예로 시청, 커뮤니티 센터, 스포츠 시설, 저렴한 주택 및 도서관을 제시했다. 즉, 지역자산화란 지역자산이 아닌 개인 또는 정부 소유의 자산(토지와 건물)을 커뮤니티(마을 공동체)의 자산으로 전환하는 것을 말한다. 이때 모든 토지와 건물을 지역자산으로 보는 것이 아니라, 지역자산은 "커뮤니티에 혜택을 제공할 수 있는 활동에 재투자되어 이윤을 창출할 수 있는 것들"로 한정된다.[12]

사실 지역자산의 범주에는 부동산 외에도 자동차 등 다양한 동산 성격의 자산도 포함될 수 있다. 심지어 지식과 정보, 특허 등 무형의 자산도 포함시킬 수 있다. 그럼에도 로컬리티는 지역자산을 토지와 건물로 한정했다. 그만큼 토지와 건물 등 부동산이 지역에서 중요한 의미를 갖는다는 것을 알 수 있다. 이러한 점에서 필자는 지역자산화의 성격과 목적을 보다 분명히 드러내기 위해 '토지 가치 공유형'이라고 표현한 것이다.

지역자산화의 핵심은 토지와 건물 등의 유형 자산이 창출하는 가치란 결국 지역이 함께 창출한 무형의 가치라는 것이며, 대표적으로 토지 가치를 공동체 전체가 공유하자는 것이다. 이제 본 장에서 제시한 '토지 가치 공유형 지역자산화 전략'의 필요성이 명확해진다. 필자는 이 전략이 필요한 이유로 세 가지를 제시하고자 한다.

첫째, 지역자산화 전략은 이론에 부합한다(이론 차원). 핵심만 다시 요약하자면, 도시 및 지역 공동체가 함께 창출한 사회적·공동체적 가치인 토지 가치를 사회적·공동체적으로 소유 및 사용하자는 것이다.[13]

둘째, 지역자산화 전략은 서울시의 〈젠트리피케이션 종합대책〉 및 민관 협력이라는 도시재생 정책 방향에 부합한다(정책 차원). 서울시는 2015년 11월 23일에 〈젠트리피케이션 종합대책〉을 발표하고, 크게 '자산화 전략', '젠트리법 법제화', '상생협약 체결'을 제시했다. 여기서 자산화 전략의 구체적인 내용으로 ① 시가 부동산을 매입 또는 임차하여 영세 소상공인 등에게 재임대, ② 소상공인 상가 매입비 지원, ③ 민관 합자 방식으로 지역별 지역자산관리회사 설립, ④ '장기안심상가' 추진, ⑤ '서울시 상가임차인 보호를 위한 조례' 제정 등이 있다. 서울시가 제시한 자산화 전략은 주로 소상공인 지원에 초점이 맞추어져 있어 영국 로컬리티가 제시한 지역자산화와 맥락상의 차이가 있음을 알 수 있다. 하지만 이 역시 지역자산화 전략으로 볼 수 있으며, 지역자산화 전략은 사회적 경제 및 협동조합을 중시하는 서울시의 정책 방향과 일치한다.

셋째, 지역자산화 전략은 재산권자와 사용자의 욕구를 절충할 수 있는 것으로, 지역 문제를 해결할 수단으로 활용할 수 있다(욕구 차원). 서울시 신촌은 상권이 약화되면서 건물 소유자들이 새로운 출구 전략을 모색해야 하는 상황이었다. 이에 지역의 건물 소유자 9명(13개 건물 소유, 점포수는 60여 곳)이 상가 세입자들과 협약을 맺어 대처하려는 전략을 취했다. 2014년 2월 28일, 서대문구청이 중재하여 계약기간 5년 동안 월세와 보증금을 동결하는 대신 임차인은 호객, 바가지 상술, 보도에 물건 적채 등의 행위를 하지 않기로 약속했다.[14] 이러한 협약 내용 역시 커뮤니티 중심의 지역자산화 전략에 비추어볼 때 한계가 많지만, 지역 상인과 재산권자의 욕구를 충족하기 위한 합의라는 점에서 큰 의의가 있다.

한편 신촌과 가까운 홍대 거리는 젠트리피케이션 문제를 해결하는 것이 시급한 지역이다. 이곳에서 전개되고 있는 젠트리피케이션은 속도가 너무 빨라 세입자들이 대응하기 어렵고, 세입자들이 의지할 사회적·제도적 기반도 취약한 상태다. 이러한 지역에서는 재산권자의 욕구를 넘어선 욕망을 제어하며, 세입자들이 쫓겨나지 않도록 보호해야 한다. 지역 특성에 맞는 지역자산화 전략 및 모델은 젠트리피케이션의 최전선에 있는 지역의 문제를 해결할 돌파구가 될 수 있다. 가장 중요한 것은 마을 공동체가 해결 주체로 나서서 자기 지역에 적합한 전략을 도출하고 구사하는 것이다. 영국의 지역자산 운동 전문가인 스티브 클레어Steve Clare가 이야기했듯이, "단지 투쟁으로 현실을 바꿀 수는 없으며, 새로운 모델을 만들어서 현실의 모델을 낡은 것으로 만들어야 한다."[15]

즉, 지역을 변화시킬 수 있는 모델이 필요한 것이다.

다양한 유형의 협동조합을 설립 및 운영하려는 주체에게도 지역자산화 전략은 매우 중요하다. 대표적인 사례가 서울시 중랑구의 중곡제일시장이다. 1970년대 초반에 개설된 중곡제일시장의 전체 시장 면적은 8788㎡이며, 총 42동의 건물에서 140개의 상가가 영업을 하고 있다(2014년 기준). 2000년에 설립된 상인회가 2003년 중소기업협동조합법에 근거해 상인협동조합을 설립하여 아케이드 설치 공사, 전국 최초 공용쿠폰 도입, 서울시 최초 상인대학 개설 등 다양한 사업을 전개했다. 그럼으로써 중곡제일시장은 전통시장 협동조합의 대표적인 성공 사례로 떠올랐다. 매출액이 증가한 것은 당연하다. 그럼에도 상인들의 상황이 나아진 것은 아니었다. 재계약 과정에서 건물주들이 늘어난 매출액과 비슷한 수준 또는 그 이상으로 임대료를 인상했기 때문이다. 이곳 상인협동조합은 다양한 대안을 구상하다가 결국은 재원을 마련하여 상가건물을 매입하려 했다. 그러나 이들이 모은 재원이 빈약하다는 점, 그리고 전통시장이기 때문에 서울시 등 지자체의 지원을 많이 받았다는 점, 지역 주민들이 이용한다는 점 등을 고려할 때 상인협동조합이 자체적으로 추진하기보다는 전통시장을 하나의 지역자산으로 보고 상인, 지자체, 지역 주민, 지역의 사회적 자본, 심지어 건물주까지 다양한 주체들을 참여하도록 하는 접근법이 더 설득력 있을 수 있다.[16]

이상으로 지역자산화 전략의 필요성을 이론 차원, 정책 차원 및 개인의 욕구 차원이라는 세 가지 측면에서 살펴보았다. 지역자산화 전략은 사유 중심 자본주의의 한계 및 공유자산을 주민의 필요에 맞게 제대로 활용하지 못하는 정부 소유 구조의 한계를 극복할 수 있는 대안으로 이해할 수 있다. 이는 민(주민, 상공인, 소유자 등)이 주도하면서 관(행정)이 지원하는 방식의 새로운 협력 모델이라는 성격도 강하다. 이러한 접근법이 실제로 적용되어 효과가 나타난다면, 공유도시 서울을 실현할 도시재생 사업 전략의 한 축을 담당할 수 있을 것이다.

2 | 토지 가치 공유형 지역자산화 모델 체계

1) 지역자산화 모델 체계의 이론적 기초

레식 교수가 공유경제를 주창했던 이유는 협력적 소비에 기초하는 공유경제 패러다임이 그 당시 경제위기로 인한 중-저소득층의 소득 감소 및 소비능력 저하를 해결하는 데서 효과를 발휘했기 때문이다. 본 장에서 다루는 공유경제는 레식 교수의 이론과는 맥락이 다르다. 원래 공유해야 할 것들이기 때문에 공유하자는 것이다. 이를 이해하기 위해서는 '공유자원'의 개념을 살펴볼 필요가 있다.

어떤 사회, 조직, 개인이나 생존 및 생산을 유지하기 위해서는 자원이 필요하다. 자본주의 생산 시스템에서는 대부분의 자원이 사유재인 것으로 보이지만 사실, 토지, 바람, 물, 전파, 지하자원 등은 인간이 생산하지 않은 것으로 생존 및 생산을 위해 매우 중요한 공동의 자원이다. 여기서는 이처럼 한 국가 영토 내의 일반 대중이 공동으로 향유하는 자원을 공유자원Commons이라고 부를 것이다. 이러한 공유자원의 대부분이 자본주의 생산단계에 진입하게 되면 자원의 특성에 따라 국공유 내지 사유의 길을 걷게 되는데 그 유형을 정리하면 다음의 〈표 1〉과 같다.

인간의 노력이 가미되지 않은 상태의 공유자원은 생산 과정에 투입되면서 다양한 방식으로 유형화한다. 대표적인 것으로, 먼저 천연자원 가운데서 국공유지 등 정부가 소유하는 공유재 또는 공유자산Public Properties이 있다. 언뜻 공유자원과 공유재를 같은 것으로 볼 수도 있지만, 국가나 정부를 특수 법인체로 본다면 일반 시민의 관점에서 두 개

표 1 공유자원의 유형.

	범주	핵심 개념	예시	특성
기초	공유자원	한 국가 영토 내의 일반 대중이 공동으로 향유하는 자원들	토지, 바람, 물, 전파, 지하자원	포괄적
분화	공유재/공유자산	천연자원 중에서 정부가 소유하는 재산	국공유지	물질
	공공재	정부가 만든 인공 시설	도로, 항만 등 사회 기반시설	물질
	공동재	천연자원 중에서 공동체가 소유하는 것, 공동자원의 재산화 개념	지역자산, 마을 목장, 공동 어로	물질
	사유재	사적 소유로 전환된 부동산	토지, 건물	물질
	사유재	개인이나 기업이 천연자원(원료)에 자기 노동력을 투입하여 만든 것	컴퓨터, 자동차	물질
	사회재	정부와 공동체 및 개인이 함께 만든 사회적 가치들	지대, 화폐, 도시경관	비물질

념은 크게 차이가 난다. 다음은 정부가 만든 인공 시설로, 도로·항만 등 사회 기반시설, 즉 공공재Public Goods가 있다. 공유재와 공공재의 소유 주체는 정부로 같다. 이와는 달리 마을 목장이나 공동 어로 등 천연자원 가운데서 지역 공동체가 소유하는 것인 공동재Common Pool Resources가 있다.* 다음으로 사유재가 있다. 이는 공유자원이었던 것이 사적 소유로 전환된 것으로, 아이러니하게도 토지가 대표적이다.

이상이 우리가 보통 생각할 수 있는 공유자원의 유형이다. 본 장에서 특별히 강조하고 싶은 새로운 유형은 바로 '사회재Social properties'이다. 앞서 토지 가치(지대, 개발이익 등)는 정부와 공동체 및 개인이 함께 만든 사회적 가치라고 말한 바 있는데, 사회재는 바로 이런 성격의 재산을 다루기 위한 개념이다. 여기서 중요한 것은 사적 소유로 전환된 토지에서 발생하는 토지 가치 역시 사회재라는 점이다. 자연이 비옥도 및 입지 형태로 부여했으며, 이에 더해 인구 증가나 기반 시설의 설치 및 도시화 등 사회 전체의 노력에 의해 상승하는 토지 가치는 경제 이론상 개인의 소유가 될 수 없다. 이러한 토지 가치는 사회의 구성원이 함께 누려야 하는 것으로, 공유자원의 요체이다.

토지 가치 외에 도시경관과 화폐도 하나의 사회재로 볼 수 있다. 특히 화폐를 사회재로 볼 수 있는 이유는 다음과 같다. ① 정부에 의해 최초의 화폐인 본원통화가 만들어지고 시장에 유통된다는 점, ② 화폐는

---

* 지역자산은 바로 공동재에 해당한다. 그런데 소유권이 법적으로 확립되지 않고 관습적으로 소유하고 있는 경우를 두고 엘리너 오스트롬(Elinor Ostrom)은 《공유의 비극을 넘어》(2010)에서 'Common Pool Resources'라고 불렀으며, 최현은 이를 '공동자원'으로 번역했다(최현, 〈공동자원 개념과 제주의 공동목장〉, 《경제와 사회》 제99호, 2013, 12~39쪽).

끊임없이 시장거래를 통해 여러 주체들 사이에서 유통된다는 점, ③ 화폐의 기초인 신용은 사회적 성격을 지니고 있다는 점, ④ 사회적 가치인 토지 지대가 자본화되어 지가를 형성한 후 부동산담보대출을 통해 신용화폐로 창조된다는 점, ⑤ 토지 외의 다른 자연자원에서 획득된 경제 지대 역시 화폐화된다는 점, ⑥ 화폐 형태를 띠는 막대한 정부 예산은 명백히 공유자원이라는 점 때문이다. 소설《모모》의 작가이자 기존 화폐제도의 문제들을 일관되게 비판한 미하일 엔데Michael Ende의 견해는 이러한 주장을 강하게 뒷받침해 준다.**

〈표 1〉에서 제시한 공유자원의 유형을 살펴보면 지역자산화의 길이 어디로 뻗어 있는지 알 수 있다. 즉, 공유자원의 유형화 표는 '왜/무엇을/어떻게' 지역자산화 할 것인지에 대한 판단 기준을 제시해준다. 이론적 기초에 따라 우선적으로 지역자산화가 필요한 것은 토지 가치, 화폐 등의 사회재이다. 그리고 지역자산화가 경제적 효율성을 제고해줄 것으로 기대되는 경우 추진할 수 있는 것은 공유재 및 공공재의 지역자산화이며 심지어 사유재도 해당된다. 지금까지 공유재는 개인 또는 기업의 재산으로 분양되어왔으며, 사유재는 정부의 개발사업 때 필요에 의해 공유재로 전환되어 왔다. 공유재와 사유재가 그 중간 지점인 공동

** 소설《모모》의 작가 미하일 엔데는, 일본 NHK 방송과의 인터뷰(1994.2.)에서 돈의 공공성을 다음과 같이 설명했다: "돈이 특권 혹은 편리성을 가지는 것은 누구나 돈을 받아들이기 때문이다. 돈을 소유함으로써 향유할 수 있는 이러한 이점은 돈을 가진 사람의 어떤 능력에 의존해서 존재하는 것이 아니다. 즉 사회가 그러한 돈의 편리성을 보장하는 것이다. 그렇다면 돈은 공공물이 된다. 돈을 사용함으로써 편리를 얻을 수 있다면 수혜자가 그를 위한 요금을 사회에 지불하는 것은 당연한 일이다."(카와무라 아츠노리 외, 김경인 옮김, 《엔데의 유언》, 갈라파고스, 2013, 253~254쪽). 후에 이 인터뷰는 다큐멘터리와 책으로 소개되어 큰 반향을 일으켰다.

재(지역자산)로 전환되는 경우는 많지 않았다.

보다 큰 틀에서는 공유자원의 유형화를 통해 경제 전반에서 나타나는 공유자원 사유화 메커니즘을 분명하게 파악할 수 있다. 사유제에 기초하는 자본주의 시장경제는 경제의 최하층에서 사용가치를 갖는 토지·자연자원·수자원·바람 등의 천연 공유자원이 사유화 및 상품화되어 교환가치가 발생하면, 경제의 최상층에서 화폐 시스템이 이러한 교환가치를 지배하는 구조다. 지역자산화는 이러한 토지 가치와 화폐의 사유화에 의해 형성되는 지배 구조를 깨는 수단이 될 수 있다.

2) 지역자산화 모델의 3계층 체계

공유자원의 유형화에 기초하여, 지역자산화 모델은 크게 **기초 계층(조세)+중간 계층(재산권)+상위 계층(사회투자금융)**이라는 3계층으로 체계화할 수 있다. 기초 계층에서는 사회재인 토지 가치를 조세로 환수한다. 국세인 종합부동산세와 지방세인 재산세 등이 여기에 해당하며, 다양한 유형의 부담금 역시 기초 계층으로 본다. 기초 계층은 공간 범위가 상당히 넓으며, 지역자산화의 기초가 된다. 기초 계층에서는 재산권의 변동이 초래되지 않는다. 중간 계층에서는 공유재, 공공재 및 사유재의 재산권에 변동이 일어나 공동재로 전환된다. 지역자산화 모델의 핵심 계층이 바로 여기이다. 상위 계층에서는 사회재인 화폐를 지역자산화한다. 화폐를 지역자산화한다는 것은 보다 면밀한 검토가 필요한 것으로, 크게 사회투자금융과 지역화폐 등을 생각해볼 수 있다. 상위 계층에서도 재산권의 변동은 일어나지 않는다. 이를 표로 정리하면 다음과 같다. 이하에서는 각 계층별 방식과 구체적인 모델을 사례에 비추

표 2 **공유자원의 지역자산화 모델 체계.**

계층	대상 공유자원 유형	방식	구체적 모델
기초 계층	토지 가치(사회재)	조세, 부담금 등	재산세, TIF 등
중간 계층	공유재, 공공재 사유재	공동재로 전환 (재산권 변동)	공공토지임대제 토지임대부 공정상가, 토지협동조합, 마을협약, CLT
상위 계층	화폐(사회재)	사회투자금융, 지역화폐 등	
3계층 통합모델		공간 접근법: 지역자산화 특구	

어 설명한다. 다만 CLT는 아직 국내 사례가 없어 이론적 검토만 한다.

(1) 기초 계층에서의 지역자산화 모델(조세 및 부담금 등)

① 서울시 및 자치구 단위의 세제, 부담금 및 기타 방식

다음의 〈표 3〉을 보면 알 수 있듯이 지방정부가 거둬들일 수 있는 수단으로 취득세, 지역자원시설세 및 재산세, 간주취득세가 있다. 이전에는 다른 유형의 세제가 있었으나 폐지 내지 다른 세제로 통합되었다.* 지자체가 거둬들이는 대표적인 세금은 재산세이다. 서울의 경우 재산세는 구區세에 해당한다. 구의 재정에서 재산세가 매우 중요하다.

개발이익을 환수할 수 있는 장치로 조세 형식 외에도 부담금 방식과

---

* 정리하면 다음과 같다. 종합토지세(종합부동산세로 통합), 도시계획세(재산세로 통합), 공동시설세(지역자원시설세로 통합), 법인세특별부가세(법인세로 통합), 등록세(취득세로 통합), 자산재평가세(폐지), 토지초과이득세(폐지).

표 3 **토지 관련 세제 유형.** ‖‖‖

행위	과세표준(징수액 산정 기준)		
	지대	지가	지가 차액
취득	–	취득세(도) 증여세(국)	–
보유	–	종합부동산세(국) 지역자원시설세(도) 재산세(시군구)	간주취득세(도)
처분	–	상속세(국)	양도소득세(국)
사용	종합소득세(국) 법인세(국)	–	–

‖‖

- 주: 괄호 안의 (국)은 국세, (도)는 도세, (시군구)는 시군구세를 의미함.
- 출처: 김윤상, 〈토지정책론〉, 《한국학술정보》, 2002, 163쪽의 〈표5.3〉에 최근 내용을 반영함.

다양한 유형의 기타 방식이 있으나 허점이 많아 실질적인 효과를 거두기 어렵다. 게다가 이명박 정부 이후 부동산경기 부양을 위해 각종 부담금을 폐지했거나 폐지할 예정이어서 제도상의 한계도 많다.[17] 현재 이슈가 되고 있는 것은 재건축초과이익환수제이다. 이 제도는 2006년 노무현 정부 때 도입되어 여러 차례 유예되다가 2017년에 추가 유예 기간이 종료된다. 예정대로라면 2018년부터 적용되어야 한다. 강남 4구가 주된 적용 대상이 될 가능성이 크다.

지역에서 발생하는 개발이익 등 토지 가치를 조세나 부담금 등을 통해 '제대로' 환수하면 중간 계층의 세부적인 지역자산화 전략을 수행할 때 이를 위한 '금융 지원'을 할 수 있다. 이러한 역할을 보다 구체적으로 감당할 수 있는 방안이 아래에서 살펴볼 TIF이다.

② 개발지역 단위의 조세담보금융제도

조세담보금융제도TIF: Tax Increment Financing는 공공재원 조달 수단으로, 특정 지역에서 향후에 증가할 재산세 수입을 담보로 채권을 발행하여 경제 발전 프로젝트나 공공 개선 프로젝트를 지원하는 방식이다. 향후에 프로젝트에서 발생하는 수입으로 채권의 원리금을 충당하게 된다. TIF와 유사한 가치 포착 전략들이 미국을 포함하여 전 세계적으로 활용되고 있다.

최초의 TIF는 1952년 미국 캘리포니아에서 시작되었으며* 2004년에 이르자 미국의 50개 주 전체가 TIF를 승인하였다. 이 제도는 연방정부로부터 지급받던 주정부 보조금이 대폭 축소되면서 새로운 재원조달 수단으로 도입된 것이다. TIF의 주요 목표는 기반시설 설치 비용 재원 조달, 난개발 방지 및 무임승차 차단 등이다. TIF는 크게 다음의 단계를 밟아 운영된다. TIF 구역 지정 → 조세 수입을 담보로 채권 발행 → 기반시설 정비 및 토지 용도 변경 → 종전보다 증가된 조세 징수 가능 → 채권 상환.

사실 TIF는 지방정부에서 실시하고 있는 재산세나 각종 부담금 등과 유사한 성격을 지녔다. 차이가 있다면 재산세나 부담금 등은 실현된 이익에 대해 부과하는 반면, TIF는 부동산 가치가 오를 것으로 예상되

---

* 미국이 TIF 방식을 적용한 사례는 1913년까지 거슬러 올라간다. 이해에 그레이트마이애미강, 리틀마이애미강, 매드강 유역에서 대홍수가 발생하여 데이턴(Dayton)과 오하이오(Ohio) 남서부 지역에서 수백 명이 목숨을 잃었고 막대한 재산 피해도 발생했다. 이후 수해 재발을 막기 위해 댐 건설을 비롯한 종합적인 수해방지 프로젝트가 시작되었는데, 필요한 재원을 조달하기 위해 이 프로젝트로 수혜를 받는 지역의 재산권자들로부터 지대를 징수하였다. 징수 규모는 필요 경비의 세 배에 달했다(전강수·한동근,《토지를 중심으로 본 성경적 경제학》, CUP, 2000, 137~138쪽).

는 경우의 미실현 이익을 기초로 한다. 자치구 단위의 재산세와 사업부지 단위 부담금의 중간 정도인 커뮤니티 단위에 해당하므로 지역자산화 전략에 부합하는 접근법이다. 다만 한국에서는 기초자치단체가 아닌 국회가 재산세의 세율과 과세표준을 정하기 때문에 실제 적용에 있어 제도 개선이 필요하다.

(2) 중간 계층에서의 지역자산화 모델(재산권 전환)

본 절에서 소개하는 중간 계층 지역자산화 모델의 출발점은 크게 국공유지와 사유지의 두 가지이다. 아래에서 살펴볼 토지협동조합, 공동체토지신탁CLT 등은 국공유지와 사유지 모두 대상으로 삼을 수 있으나 사유지의 비중이 더 크기 때문에 '사유재 지역자산화 모델'로 분류했다. 이러한 유형화는 엄밀하지도 포괄적이지도 않은데, 주어진 제도적 틀에서 특정 현안을 해결하기 위한 방안을 모색하다 보니 생긴 결과이다. 지역자산화 체계의 핵심이라고 할 수 있는 중간 계층 지역자산화 모델은 여전히 진화 중이다. 이 모델들은 주어진 도시나 지역적 특성에 따라 얼마든지 세분화, 융합 및 재창조가 가능하다.

① 국공유지 지역자산화 모델 Ⅰ: 공공토지임대제

공공토지임대제란 공공(국가, 지자체)이 토지를 소유하면서 개인과 기업 및 정부기관에 장기간 토지를 임대해주고 대신 정기적으로 토지 임대료를 받는 제도로,[18] 국가 차원, 도시 차원 또는 산업단지 차원에서 적용할 수 있다. 한국도 이미 다양한 공간 차원 및 토지 용도 차원에서 유사한 제도를 실시하고 있다. 국가나 도시 차원에서 실시하고 있지는 않지만, 임대전용산업단지에서 이 제도를 적용하고 있으며 도시 내에서 국지적으로 적용하고 있고 있다. 대표적인 사례가 공공임대주택이다. 이 외에도 2009년 군포에서 시범 실시되었으며, 2011년 서초 보금자리주택지구에 공급된 토지임대부 주택도 모두 공공토지임대제에 속한다.* 최근에는 필지 단위로 서울시를 중심으로 '토지임대부 사회주택'도 실시하고 있다. 공공토지임대제는 공유재산의 성격을 유지하면서도 토지를 개별 사용자에게 임대함으로써 시장경제와 조화를 도모할 수 있다는 특징을 갖는다.

그런데 한국의 도시개발 방식은 기본적으로 민간토지 수용 및 토지개발 후 건설업체에서 개별 분양하는 방식으로, 도시 차원에서 공공토지임대제를 적용할 의지는 전혀 없어 보인다. 이러한 태도는 신행정 타운인 세종시를 건설할 때에도 나타났다. 게다가 현행 법체계는 진정한 의미의 공공토지임대제를 실시하기에는 상당히 미흡하다. 가령 국공유토지를 장기간 사용하기 위해서는 영구 건축물을 짓고 난 후 기부채납을 해야 하는데, 그러고도 겨우 20년 내지 30년간 사용할 수 있다. 서울시가 추진하고 있는 토지임대부 사회주택도 이 틀에서 벗어나지 못한 상태다. 공공토지임대제가 제기능을 수행하기 위해서는 법 개정이 절실하다.

공공토지를 지역 공동체에 장기간 안정적으로 사용하도록 토지사용

---

* 정부가 2009년 2월 6일 공포한 〈공공토지의 비축에 관한 법률〉과, 같은 해 10월 19일에 공포한 〈토지임대부 분양주택 공급 촉진을 위한 특별조치법〉은 공공토지임대제의 근거법 차원에서 매우 중요한 발걸음이었다.

권을 부여한다고 가정할 때의 공공토지임대제에 기초한 국공유지 지역 자산화 모델은 다음과 같이 구성할 수 있다.[19]

▶ **핵심 원칙** | 모든 개인과 기업(후세대 포함)은 평등한 토지사용권을 갖는다.

▶ **토지사용권 분배** | 경매, 입찰 등 시장경쟁 방식을 통해 토지를 가장 효율적으로 사용할 수 있다. 다만 토지 사용자가 그 지역에 거주하는 공동체인 경우 감정평가 지대에 기초하여 토지 임대료 협상 및 토지사용권 양도를 할 수 있다.

▶ **토지사용권 처분** | 토지사용권은 용익물권의 일종으로, 토지 사용자는 자신의 토지사용권과 지상 개량물을 양도, 재임대, 저당, 증여, 상속할 수 있다.

▶ **재산권 보호** | 공공이익 또는 도시계획의 필요를 제외하고, 개인 및 기업의 합법적인 토지사용권을 보호한다. 불가피하게 회수하게 되는 경우, 남은 사용권 기간과 건축물의 가치에 합당한 보상을 실시한다.

▶ **토지사용권 기간** | 토지사용권 기간은 해당 지역의 도시계획 수립 주기에 맞추어 설정한다. 가령 20년마다 도시계획을 수립하는 경우, 토지사용권 기간은 20년, 40년, 60년 중 하나가 될 수 있다.

▶ **토지사용권 연장** | 기존 토지 사용자가 계속해서 토지를 사용하고자 할 경우, 재평가되었거나 재조정된 감정평가 지대를 납부한다는 조건하에 계속 사용할 수 있다.

▶ **매년 지대 납부** | 도시 경영의 수요를 만족시키고 부동산 투기와 거품을 예방하기 위해 시장 지대 또는 감정평가 지대에 기초하여 매년 지대를

납부한다.

▶ 조세 대체 | 토지 사용자가 매년 납부한 지대에서 각종 세제와 부담금 등을 공제한다.

▶ 지대 정기평가 | 지대는 정기적으로 재평가한다. 재평가가 이루어지지 않는 해에는 생계비지수, 물가상승률, 경제성장률 중 최적의 지표를 연동해 재조정한다.

② 국공유지 지역자산화 모델 II : 토지임대부 공정상가

'토지임대부 공정상가'는 생소해 보이지만 사실 '토지임대부 주택'의 다른 버전이다.* 토지임대부 주택의 기본 재산권 구조가 **토지사용권+건물소유권**이듯이 토지임대부 공정상가 역시 동일하게 구성할 수 있다. 상가 건물을 소유하게 된 이가 정기적으로 토지 사용료를 납부해야 하는 것도 동일하다. 이론적으로는 국공유지에 기초하여 토지임대부 공정상가를 공급하는 것이 현실 가능성이 높으나, 민간 토지 또는 상가를 매입하는 식으로도 추진이 가능하다.

상가 임대차보호법이 강화되기는 했지만, 상가 세입자는 높은 금액의 권리금을 부담하면서 사업을 시작해도 길어야 5년, 그 이후에는 매년 높은 임대료 증가율로 재계약을 해야 하는 약자의 위치에 있다. 상

---

* 토지임대부 주택은 2009년 4월 22일 제정된 '토지임대부 분양주택 공급 촉진을 위한 특별조치법'에 근거를 둔 것으로, 2007년 9월에 군포 부곡택지개발지구 시범 사업 실패 이후 다시금 강남 및 서초 보금자리주택지구에 각각 402가구와 358가구가 공급되면서 면모를 유지하고 있다(조성찬, 《상생도시》, 알트, 2015, 184~185쪽). 현재는 서울시에서 '토지임대부 사회주택'이라는 이름으로 공공 토지에 협동조합주택을 결합하는 방식으로 전개하고 있다.

가 세입자가 건물주의 요구를 받아들이지 못하게 되면 젠트리피케이션의 희생자가 된다. 물론 이들도 다른 상가 세입자에게 가게를 넘기면서 더 많은 권리금을 받고자 하는 동기를 지니고 있다는 점을 부정할 수는 없다.

그런데 만약 이들에게 토지임대부 공정상가라는 새로운 선택권을 주면 어떻게 될까? 만약 20~30평대의 상가 점포를 구입하는 데 약 1~2억 원이 소요되고, 건물분 임대료가 빠진 나머지 토지분 시장 임대료만 매달 납부한다고 가정한다면 어떨까? 이러한 토지임대부 공정상가의 장점은 여러 가지다. 첫째, 권리금이 존재하지 않는다. 둘째, 건물주와 재계약을 할 필요가 없어 쫓겨날 염려가 없다. 셋째, 기존 방식의 상가를 매입하는 것에 비해 막대한 비용이 드는 것도 아니다. 초기에 건물(점포)만 구입하고, 토지 임대료는 매달 사업소득으로 납부하면 된다. 넷째, 사업이 잘 안 될 경우에는 잔존 가치의 건물을 팔고 나가면 되기 때문에 토지임대부 공정상가를 구입했다고 해서 손해를 보지도 않는다. 이는 새 차를 사서 중고 자동차로 판매하는 것과 유사하다. 다섯째, 지역자산 관리 조직이 운영·관리하는 토지임대부 공정상가일 경우 보다 안정적인 사업이 가능하다. 이때 상가 세입자는 토지와 건물 모두 안정적으로 임차할 수 있다. 여섯째, 무엇보다 지역이 창출한 가치가 지역으로 환원되어 토지 가치의 지역자산화 및 공유가 실현된다.

상가 세입자들이 토지임대부 공정상가를 선호하는 것으로 파악된다면, 지방정부는 토지임대부 공정상가의 법적·경제적 타당성을 검토한 후 지역자산화 전략이나 젠트리피케이션의 선제적 대응 방안의 하나로 추진할 필요가 있다.

가령 서울시는 토지임대부 공정상가를 추진할 방안으로 크게 SH공사를 통해 추진하는 방법(방안 1)과 토지협동조합 등 지역자산 관리 조직을 통해 추진하는 방법(방안 2)을 생각해볼 수 있다. 두 가지 방안의 핵심적인 차이는 지자체가 독자적으로 토지 지분 전체를 소유하느냐(방안 1), 아니면 지자체와 민간이 토지 지분을 공동으로 소유하는 구조로 가느냐(방안 2)이다. 현재 공유재산법상 민과 관의 토지 지분 공동 소유는 허용이 안 되고 있으나, 지주 공동 사업처럼 토지 매입시에 민과 관이 공동으로 토지를 매입하는 것은 가능하다. 따라서 우선적으로는 방안 1을 기초로 시작하되, 향후 활성화 단계에서 민관 합작의 지역자산 관리 조직이 주도적으로 추진하는 방안 2를 적용하는 단계로 넘어갈 수 있다. 이 내용을 간략한 개념도로 정리하면 다음의 〈그림1〉과 같다.

그림 1 토지임대부 공정상가의 공급 구조 및 발전 방향. ‖‖‖‖‖‖‖‖‖‖‖‖‖‖‖‖‖‖‖‖‖‖‖‖‖‖‖‖‖‖‖‖

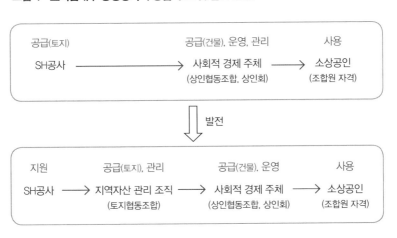

③ 공공재 지역자산화 모델: '서울역 7017 프로젝트'에 적용

이 모델은 도로·공원 등 도시 기반시설을 마을 공동체가 소유·운영하는 지역자산으로 전환하자는 것이다. 어떤 공공재이냐에 따라 지역자산화의 필요성과 기대수익 보장 능력이 현저한 차이를 보일 수 있으나, 이 모델을 통해 현재 서울시가 추진하는 '서울역 7017 프로젝트' 등 도시재생 사업의 향방을 새로운 각도에서 모색해볼 수 있다.

서울시는 이 프로젝트를 추진하면서 기존 고가도로를 철거하는 대신 녹지를 조성하여, 사람이 오가고 서울역 주변에 활력을 불어넣으며 지역과 지역을 연결하는 다리로 전환하겠다고 밝혔다.[20] 도시재생의 방향과 내용에 있어서 진보한 것은 분명하나 가치 순환 시스템의 관점에서 볼 때 큰 진전은 없어 보인다. '이 프로젝트를 추진하며 발생하는 비용과 이 프로젝트로 인해 발생할 가치를 어떻게 어느 정도로 환수하느냐'라는, 공정하면서도 효율적인 가치 순환 시스템에 대한 고민이 필요하다.

프로젝트 추진을 위해서는 대규모의 재원을 투자해야 한다. 투자비와 관리비는 시 재정과, 도로상의 공간을 임차하여 발생하는 수익으로 충당하게 될 것이다. 그런데 우리가 여기서 주목해야 할 점은, 프로젝트로 인해 오가는 이들의 효용도 증가하지만 주변 지역의 상권 및 빌딩의 효용도 증가한다는 것이다. 따라서 TIF 논의와 유사한 맥락에서, 주변 상권 및 빌딩이 누리게 될 효용을 어떻게 환수Value Capture할 것인지가 관건이다. 행정 주체는 여전히 이 지점에 대한 문제의식이 약하다. 이해利害가 이해理解를 결정한다. 시민들을 새롭고 건강한 경제 주체로 설정하고 주변 상권의 이해利害관계와 연결고리를 맺어주면 주인이 된 시민들은 프로젝트로 인해 발생하는 효용(증가하는 지역의 토지 가치)을 새롭게 이해理解하게 되고 더 나아가 이를 환수해야 한다는 생각을 하게 된다.

이러한 구조를 만들어내기 위해 고가도로의 지역자산화 내지 시민자산화를 생각해보자는 것이다. 시민들의 투자를 받아서 고가도로를 시민자산화하고, 민과 관이 합자하여 '지역자산 관리 회사'를 조직·운영하도록 하며, 도로 공간상의 임차 상인 및 프로젝트 효과를 누리는 주변 상권 및 빌딩 등으로부터 각각 임대료 및 세금을 거두어 그 가치를 환수하는 일을 진행할 수 있다. 이렇게 함으로써 공정하면서도 효율적인 가치 순환 시스템을 만들어낼 수 있다. 그리고 이러한 지역자산(또는 시민자산)은 시민들에게는 건강한 투자처이자 새로운 의미의 은행이 될 수 있다.

④ 사유재 지역자산화 모델 I : 마을협약

마을협약은 이미 앞에서 장수마을 및 신촌 상가에서 살펴본 것으로, 순수하게 마을 주민들 즉 재산권자와 세입자들이 추진 주체가 되어 임대료 인상 자제 등 지역의 필요에 맞게 협약을 체결하는 것이다. 그리고 지방정부는 정책 프로그램 및 재원을 통해 마을협약을 지원할 수 있다. 이 모델은 제도가 마련되어 있지 않아도 주민들 스스로 협약을 맺어 자체적으로 구속하면 되기 때문에 활용 폭이 넓다.[21]

마을협약 방식은 사유재를 공동체의 지역자산으로 그 소유권을 전환하는 것은 아니다. 다만 주택이나 상가 등 자산이 준공공재 성격을 띠고 있다고 판단될 때 자체적인 협약으로 자산의 소유·사용·관리 등을 조절하자는 것이다. 따라서 이 방식은 임대료 인상 억제뿐 아니라 다양한 영역에서 활용될 수 있다.

⑤ 사유재 지역자산화 모델 II : 토지협동조합

토지협동조합은 지방정부는 물론 기존 토지 소유자와 지역 주민, 사회적 기업 등이 조합원으로 참여하여 정부 토지와 민간 토지를 지역자산으로 전환한 후 지분에 따라 토지 가치를 공유하는 방식이다. 토지자산은 공동으로 소유하고 조합을 민주적으로 운영하되, 투기를 목적으로 토지를 소유하고 사용해서는 안 된다.[22] 토지협동조합이 주택과 결합할 경우에는 '토지주택협동조합'이 되며, 상가와 결합하면 '토지상가협동조합'이 된다. '공유재산 및 물품 관리법' 제28조 1항의 재산 관리 및 처분 방법을 기초로 토지협동조합의 모델을 분류하면 〈표 4〉와 같이 제시할 수 있다.

위의 〈표 4〉에서 사유재 지역자산화 모델은 민간토지매입형, 민간토지임차형, 민간토지신탁형, 민간토지출자형의 네 가지를 생각해볼 수 있다. 이 가운데 토지 매입 부담과 재산권의 안정성을 고려할 때 민간토지매입형과 민간토지출자형 및 이 둘을 결합한 모델이 가장 설득력이 있다고 판단된다. 필자는 이러한 결합 모델을 서울시 중랑구 중곡제일시장에 적용하여 시뮬레이션 한 바 있다.[23]

이러한 두 가지를 중심으로 하는 결합 모델 외에도 지역 및 자산의 특성에 따라 여덟 가지 세부 모델을 선택하거나 결합하여 다양한 모델을 구상해볼 수 있다. 이때 국공유 토지 기반에서는 공공토지임차형과 공공토지출자형을 우선적으로 고려할 수 있다.

표 4 **토지 소유 및 이용 방식에 따른 토지협동조합 모델 분류.** ||||||||||||||||||||||||||||||||||||

토지 이용 방식 토지 소유 주체	매입(私有)	임대차	신탁	출자
사유 토지	민간토지매입형	민간토지임차형	민간토지신탁형	민간토지출자형
국공유 토지	공공토지매입형	공공토지임차형	공공토지신탁형	공공토지출자형

최근 토지협동조합 세부 모델로 볼 수 있는 사례들이 나오고 있다. 먼저 공공토지임차형 모델 사례다. 공동체 주택 사업자인 소행주는 SH 공사 부지를 40년간 빌려서 5층 건물의 8가구가 거주하는 협동조합주 택을 지었다. 입주자들이 건축비를 부담했고, 매달 32~35만원의 토지 이용료를 부담한다. 이 모델은 정확하게 말하면 '공공토지임차형 사회 주택'이다. ㈜녹색친구들 역시 공공토지임차형 사회주택을 추진하고 있다. 사업 구조는 소행주 사례와 유사하다. 특징적인 점은, ㈜녹색친 구들의 경우 매각 의사가 있는 민간 소유 부지를 SH공사로 하여금 매입 하도록 한 후 SH와 토지 장기임차 계약을 맺고 그 위에 사회주택을 짓 는 방식이라는 것이다. 그리고 소행주 사례와 달리 입주자는 건축비를 부담하지 않고, 토지 및 건물 사용료를 매달 지불한다. 최근 김현미 국 토부장관이 ㈜녹색친구들이 성산에 건축한 사회주택을 방문(2017.9.8) 하면서, 공공토지임차형 사회주택이 공공임대주택의 한계를 보완할 수 있는 대안으로 주목을 받고 있다. 그 외에도 민간토지매입형 토지협동 조합 사례도 있다. 2013년 구름정원사람들 주택협동조합은 조합원이

내놓은 기존 북한산 자락 주택 부지에 8가구(3개의 점포 별도)가 살 수 있는 협동조합주택을 건축했다. 이 사례도 소행주 사례처럼 입주자들이 건축비를 부담했는데, 가구당 건축비가 3~4억 원 정도 되어 자금 부담이 컸다. 이런 점에서 확실히 공공토지임차형 세부 모델이 소득이 낮은 계층에 더 유리하다는 것을 알 수 있다.

⑥ 사유재 지역자산화 모델 Ⅲ: 공동체토지신탁(CLT)

공동체토지신탁이란 비영리 조직이 땅을 영구적으로 소유·관리하면서 공동체가 만든 가치를 지역 내에서 저장 및 공유하는 모델이다. 이는 저렴한 주택의 지속적인 공급과 지역 공동체의 경제 활성화에 기여할 수 있다. 이 방식에 대한 이론적 기초는 헨리 조지Henry George가 그의 책《진보와 빈곤》에서 제시했으며, 전원도시 주창자인 에버니저 하워드Ebenezer Howard가 실제로 레치워스 및 웰윈 전원도시를 만들면서 이를 중심 모델로 삼았다. 이후 공동체토지신탁은 영국(80여 개)과 미국(250여 개)을 중심으로 활발하게 확산되고 있다.[24]

영국의 '주택 및 지역개발법'[25] 이 규정하고 있는 공동체토지신탁의 정의를 보면 그 개념과 방식을 보다 분명하게 이해할 수 있다. CLT는 지역주택개발조직CHDO의 한 방식으로, 영리를 추구하는 조직이 아니며 토지를 확보하여 영구적으로 소유하고 장기간 양도한다. 임대된 토지 위의 개량물에 대해서는 소유권을 이전한다. 저소득층에게 영구적인 지불 가능 주택을 공급하기 위해 자체적으로 선매권을 보유하며 재판매 가격 결정 방식을 취한다. CLT 멤버는 조례로 정한 CLT 주변 지역의 성인이면 누구나 될 수 있다. 위원회 구성은 CLT 멤버들에 의해 선출된다. 위원회는 다음 세 가지 카테고리에서 동등한 수로 구성된다. ① CLT 주택에 거주하는 사람, ② 주민이지만 CLT 주택에 거주하지 않는 사람, ③ 조례로 정한 특정 분야의 사람.[26]

　이 방식은 토지를 확보하는 과정이 지방정부의 신탁 또는 개인 토지 소유자의 신탁이라는 점에서 〈표 4〉의 '민간토지신탁형' 및 '공공토지신탁형' 토지협동조합과 만난다. 공동체토지신탁은 경우에 따라서 매입을 통해 토지를 확보할 수도 있다. 이 방식이 강조하고자 하는 것은 토지 및 건물의 공동체 소유와 이용을 통해 지역의 거주안정성을 높이고 건강한 삶의 공간을 창출하자는 것이다. 무엇보다 풍부한 사례가 있다는 것이 장점이다. 그리고 그 핵심 철학과 원리는 지역자산화와 맞닿아 있다.

(3) 상위 계층에서의 지역자산화 모델 (사회투자금융)

　토지와 관련하여 금융의 중요성은 더 이상 강조할 필요가 없다. 필자는 영화 〈매트릭스〉 속 메타포를 활용하여 우리 사회를 **토지+금융 매트릭스**로 인식하고 있는데, 이러한 관점이 시사하는 바는 경제의 최하층에서 토지사유제에 기초하는 토지 가치의 사유화와, 경제의 최상층에서 신용화폐에 기초하는 채무 노예화가 우리 일상을 짓누르고 있다는 것이다.[27] 해결책은 당연히 두 요소를 제거하는 것이다. 이러한 관점에서 지역자산화 모델에 대안적인 금융을 결합하는 것은 매우 중요하다. 오늘날 대안적인 사회투자금융 기법들과, 여기에 더해 지역공동체 중심의 지역화폐 실험이 활발히 전개되고 있다. 이러한 흐름들이 기초 계층 및 중간 계층의 지역자산화 모델과 결합해야만 보다 실질적인 성과를 거둘 수 있다.

(4) 통합 모델: 지역자산화 특구

이상 3개의 계층별 지역자산화 전략 및 세부 모델을 살펴보았다. 이는 공유자원의 유형화에 따른 접근법이다. 그런데 지역자산화에서 '지역'이라는 특성을 고려할 때 점點 및 선線 접근만으로는 한계가 있으며 '면面' 접근이 결합되어야 한다. 즉, 도시 공간 내지 지역 위에서 3계층을 통합하여 복합적인 모델을 추진하는 것을 생각해 볼 수 있다. 이러한 접근법을 특구 모델이라고 한다면 특구 모델은 하나의 '지역자산 생태계'이다. '특구'라는 용어를 사용하는 이유는, 기존의 질서와는 다른 새로운 질서에 기초하는 실험을 전개하자는 취지다. 지자체 또는 대도시의 자치구는 특정 지역을 이러한 특구로 지정하여 재원을 지원하면서 실험을 전개해 나갈 수 있다.

나가며

북한산 둘레길 제10길(내시묘역길)을 걷다보면 영국의 걷기 문화를 소개한 안내판을 만나게 된다. 그 안내판에 따르면, 영국에서는 사유재산인 시골 보리밭의 경계선이 오랜 기간 밟혀 산책길이 되면 정부가 이를 '공공산책로Public Foot Path'로 지정한다. 즉, 주인의 소유권을 그대로 인정하면서 통행자에게 통행권을 부여하는 것이다. 푸른 자연과 신선한 공기와 고요함은 만인의 공유자원이기 때문이다.

지역자산화의 본질이 바로 그런 것이다. 어느 곳 하나 맘 편히 발 디딜 곳이 없게 되어버린 사유재 중심의 자본주의 경제체제하에서 쫓겨나는 경제적 약자들과 청년들 및 후대들의 숨통을 틔워주자는 것이다. 사유재산을 강탈해서가 아니라 공유자원의 본질과 목적을 시장경제의 방식으로 회복함으로써 말이다.

본 장에서 살펴본 '토지 가치 공유형 지역자산화 모델'은 전에 없던 새로운 공유경제 실험을 하는 것이 아니라 오히려 오래된 미래를 지금 다시 회복하는 측면이 크다. 이를 검토함으로써 기존 대규모 주택 재개발·재건축 사업으로 인해 초래된 젠트리피케이션과 최근 상업 부동산을 중심으로 진행되고 있는 젠트리피케이션에 대한 의미 있는 해결책 및 예방책을 모색할 수 있는 것은 물론이다.

12장

젠트리피케이션의 대안

: 토지의 본질 회복하기

전은호
토지+자유연구소 시민자산화지원센터장

'조물주 위에 건물주'라고들 한다. 젠트리피케이션 현상과 관련해 가장 자주 언급된 표현 중 하나일 것이다. 다소 과하다 싶은 표현이지만 이보다 더 문제의 본질을 직시하게 해주는 말이 또 어디 있을까 싶다. 젠트리피케이션을 건물주와 세입자의 관계 속에 두고, 내몰림 현상을 일으키는 건물주를 조물주 위에 둠으로써 막강한 권한과 힘을 지닌 존재와 조물주가 정한 법칙을 넘어선 건물주의 무소불위한 권리를 우리 사회가 암묵적으로 인정하고 있다는 것을 보여준다는 점에서 꽤나 마뜩 잖은 표현이며 아쉬운 프레임이 아닐 수 없다.

　이 프레임을 만들어낸 현상들은 꽤나 참혹하며, 그 진행 방향에 대한 우려를 낳고 있다. 어디로 가는 것이 옳은 것인지에 대해서는 분명하지 않지만 그 방향을 전환하는 것이 좋겠다 생각한다면 다음과 같은 질문을 함께 던져볼 것을 제안한다. 정말 조물주 위에 서 있는 막강한 건물주가 나타나고 있는가? 그 건물주의 행위는 지금과 같은 부정적인 상황들을 불러일으키지 않으리라고 믿을 만한, 조물주가 정한 규칙 위에 있는가? 만약 사회 구성원 대다수가 작금의 상황이 비정상적이고 조물주가 본래 자리에 위치하는 것이 정상적인 상황이라고 인식하기 때문에 역설적으로 '조물주 위에 건물주'라는 표현을 사용하고 있다면, 과연 조물주가 우리에게 부여한 법칙은 무엇인가? 자기 위치에 제대로 자리한 건물주는 어떤 모습인가? 여기서 더 나아가 '건물주와 세입자 사이의 관계로만 젠트리피케이션의 원인을 한정해도 되는가?'에 대한 물음도 놓치면 안 된다. 이제 우리는 문제의 본질로부터 깊고 넓은 답을 찾아가야 한다.

본 장에서 이야기하고 싶은 '토지의 본질'이란 바로 토지를 있게 한 조물주가 바랐던 그 무엇, 말하자면 '청지기적 토지 다룸'에 대한 것이다. 이를 위하여 젠트리피케이션의 원인을 '조물주 위에 건물주'로 표현되는 왜곡된 소유 구조의 한계 속에서 살펴보고 제3의 소유 구조인 '공유'의 필요성과 공유재를 우리의 삶의 토대로 만들어가는 것이 궁극적인 해법이라는 것을 밝히고자 한다.

1 | 젠트리피케이션의 주연, '조물주 위 건물주'의 등장

● "홍대와 신촌 일대 대학가 상권이 주목을 받자 강남권 PB센터와 거래하는 강남 주부들이 투자를 위해 골목 상권 투자 투어에 나섰다. 홍대·신촌 등 대학가 상권 자체가 대로변이 아닌 골목을 중심으로 발전한 만큼 '핫 스폿hot spot'을 찾기 위해 직접 나선 것이다."[1]

_《매일경제》, 2016년 9월 22일 자

2016년 가을에 나온 기사 중 일부이다. 핫플레이스를 찾아 나선 미래 건물주를 꿈꾸는 이들의 골목길 투어 소식은 전혀 새롭지 않다. 2014년 기사에서도 양도차익과 임대수익을 동시에 얻을 수 있는 핫플레이스 상권 투자 요령을 소개하고 있다.

● "서울 용산구 경리단길에 위치한 한 건물은 10여 년 전 매매가가 7억 원이 었는데 경리단길이 수제맥주집과 이국적인 음식점들로 점차 인기를 끌면서 덩달아 몸값이 수직 상승했다. 현재는 매매가가 50억 원에 형성돼 있어 10년 만에 7배 가량 치솟은 셈이다."[2]

_《서울경제》2014년 11월 30일 자

기사에 따르면 골목길 투어의 핵심은 사실 핫플레이스가 될 곳들을 선점하여 선투자 명목으로 저렴한 가격에 매입하고 이후 가치를 상승시켜줄 세입자를 입주시키거나 리모델링하여 건물의 가치가 상승하면, 그 유익의 상당부분을 건물주가 수취한다는 것이다. 이러한 방식은 기사에서도 상권을 '성형수술'한다고 표현하듯이 공간의 내면보다는 외형의 변화를 통하여 투자 수익을 극대화하는 구조이기 때문에 축출 상황을 필연적으로 야기한다. 이런 상황을 야기하는 행위를 '투자'라 표현한다면 우린 투자 앞에 '나쁜'이라는 말을 덧대지 않을 수 없다. 사익을 추구하는 기회를 엿보는 '투기'적 행위라 해도 하등 이상하지 않다.

'뜨는 동네'를 향한 왜곡된 투자는 공간의 물리적 변화와 함께 사회적 변이를 일으킨다. 자발적이지 않은 이주, 다시 말해서 높아진 임대료나 지역 정체성의 상실 등으로 인하여 변화되는 장소성에 어울리지 못하는 임차인들의 배제 현상이 나타나는 것이다. 이 과정의 핵심적 선행 요인은 바로 건물주의 손바뀜이다. 최근 상당히 많은 언론이 젠트리피케이션 이슈를 다루었지만, 아쉽게도 뜨는 동네에서 높아지는 임대료와 그로 인하여 내몰리는 임차인들의 현상을 전하는 데 그친다. 이 와중에 문제의 본질이 무엇인지를 좀 더 깊이 있게 파헤치려는 시도가 있었는데, 바로 서울의 핫플레이스를 중심으로 건물주의 변화 흐름을 등기부등본 열람과 현장 조사 등을 통하여 실제적으로 살펴봄으로써 소유주의 변화가 젠트리피케이션 현상에 미치는 영향을 밝힌 아래의 기사가 그것이다.

● "상수와 연남동의 등기부등본 331장을 뽑아 분석한 결과, 한국 사회에서 젠트리피케이션은 금융위기 이후 부동산 자본이 아파트라는 투자 상품에서 상가건물 쪽으로 눈을 돌리면서 나타난 것으로 분석됐다. 젠트리피케이션은 먼저 상권이 확장될 여지가 있는 지역에 외부의 부동산 자본이 들어오며 시작된다. 이들이 주거지를 상권으로 바꿔놓으면 이어 상인들이 뒤따랐다. 예술인들이나 상인들이 상권을 띄워놓으면, 그 뒤에 부동산 자본이 들어오면서 집값과 임대료가 뛴다는 일반적 상식과는 달랐다. 성장률 위주의 경제 정책을 펼치는 정부의 부동산 규제 완화와 초저금리 시대라는 배경이 이런 움직임에 탄력을 줬다. 이에 따라, 젠트리피케이션 문제를 상가 임대차 문제에만 초점을 맞춰서는 근본적인 문제 해결이 어렵다는 지적이 나오고 있다."[3]

_《한겨레》 2016년 7월 26일 자

331건의 등기부 등본을 검토한 결과를 토대로 분석한 이 기사는 서

울에서 뜨는 동네로 일컬어지는 홍대, 상수, 연남 일대에 새로 유입된
건물주가 젠트리파이어로서의 주요한 역할을 하고 있다는 것을 밝혀냈
다는 점과 투기적 수요자들이 자기 자본으로 건물 가치를 온전히 감당
하지 않은 채 빚에 기반한 부동산 투자를 하고 있기 때문에 투기로 인한
위험 부담을 세입자에게 전가하지 않을 수 없는 상황이 존재함을 분명
히 증명했다는 점에서 의미 있는 취재였다. 기사에 소개된 아래 그림처
럼 상수동의 10년간 부재지주 현황을 살펴본 자료에 의하면 2006년에
50%였던 비율이 66%로 상승한 것을 확인할 수 있으며, 연남동의 경우
에도 외부인 건물주 비율이 2006년 38%에서 2015년 60%로 크게 높아
졌다고 한다. 부동산을 소유하는 목적이 금전적 이익 극대화에 있는 부
재지주의 증가는 젠트리피케이션의 부정적 현상을 일으키는 주요 지표

그림 1 외부 거주 건물주 및 용도의 변화 현황.

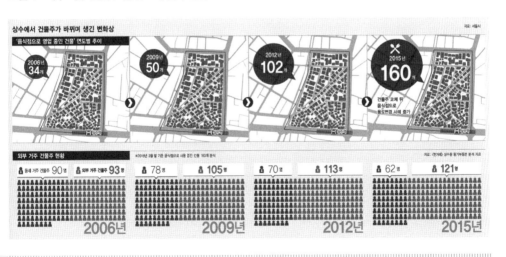

출처: 《한겨레》 2016년 7월 26일 자.

로 확인되고 있다.

이즈음에서 이런 손바뀜 속에서 발생하는 젠트리피케이션의 흐름과 결과를 상기해보자. 젠트리피케이션은 근본적으로 우리 사회에서 부동산이 담고 있는 다양한 가치를 다루는 문제다. 공간을 구성하는 사회적 장치(제도)의 작동과 주체들의 직간접적 참여를 통하여 삶의 질은 향상되고 공간의 가치는 높아져간다. 발생하는 가치는 부동산(특히 토지)에 축적되는데 이 축적된 가치를 컨트롤 하는 주체는 재산을 소유한 이, 즉 건물주다. 우리가 경험하고 있듯이 시장에서 일반적인 소유자들은 그동안 발생해왔거나 앞으로 발생할 가치에 가격을 매겨 현금을 손에 쥐고자 한다. 교환(손바뀜)이 시작되고 교환의 빈도와 이익 추구 욕구가 증대되는 과정에서 지역적·사회적 가치를 저장하는 장치들의 부재로 인하여 거품이 형성된다. 이때 실제로 가치를 만들어낸 주역들에게 돌아가야 하는 공정한 대가는 삭제되기 일쑤이고, 도리어 기존의 간접적 참여자나 직접 이용자가 지불해야 하는 공간의 사용료나 서비스의 이용료는 감당할 수 있는 수준을 넘어서게 된다. 이 과정에서 사용자에 대한 실질적인 배제가 비자발적으로 발생하고, 공간의 지역적 정체성과 사회적·문화적 가치는 유령이 되어 거품 위를 배회하기 시작한다.

공간을 성형하여 사고파는 상품이자 이익 추구의 대상으로 삼는 건물주 되기를 부추기는 사회 속에서 부재지주인 소유자의 비율이 지속적으로 증가하면 임차인이 감당할 수 없는 수준으로 임대료가 상승하고, 상업화 및 프랜차이즈 증가로 인해 지역 정체성이 상실되며, 마땅히 누려야 할 가치의 공유 시스템 부재 등으로 인하여 지속 가능한 공동체의 기반이 약화되고 시민 상호 간의 관계성이 상실되는 등 갖가지 부정적 결과가 발생한다. 오늘도 이러한 상황이 도시 곳곳에서 발생하고 있다는 소식이 끊이지 않고 들려온다. 혹자는 '젠트리피케이션은 우리 사회의 자본주의와 민주주의의 성숙함을 시험하는 상황'이라고 이야기하기도 한다. 아마도 그 시험은 우리가 적용하고 있는 고장난 시스템의 정비나 전환의 가능성에 대한 시험일 것이고, 해법은 결국 민주적인 경제 시스템에서 찾을 수 있을 것이다. 그렇다면 그것은 무엇일까? 이즈음에서 다시 조물주를 소환해내 해법을 모색해보려 한다.

2 | 조물주 vs 건물주: 잃어버린 공유재

조물주 위에 건물주가 위치한 것이 비정상적인 상황이라 인식한다는 것은 '조물주'가 건물주 위에 있는, 또는 조물주가 원하는 건물주로 기능하는 정상적인 상황에 대한 기대가 있다는 것인데, 과연 그 정상적인 상황이란 무엇을 말하는 것일까? 조물주의 사전적 의미는 '우주만물을 만들고 다스리는 신'이자 '주인'이다. 이 의미에 비추어 필자가 생각하는 조물주의, 즉 성경에 언급된 토지 다룸에 대한 부분을 살펴봄으로써 문제의 본질에 조금 더 가까이 갈 수 있는지를 살펴보고 해법의 실마리도 찾아보려 한다.

성경은 '태초에 하나님이 천지를 창조하시니라'(〈창세기〉 1장 1절)라는 구절을 통하여 하나님이 조물주임을 선언하고 있으며, 인간에게 '땅을 정복하고 다스리라'(〈창세기〉 1장 27절, 2장 15절)라고 명령하여 땅을 관리해야 하는 청지기적 사명Stewardship을 부여한다. 땅에 대한 소유권은 신에게 있고 관리는 인간이 하는 구조로서, 토지가 우리에 의하여 관리되어야 하는 자원임을 분명히 하는 것이다. 공평하게 나누어준 땅의 지속 가능한 유지를 위하여 '땅을 영구히 사고 팔지 말 것은 토지는 다 내 것임이라'(〈레위기〉 25장 23절)라고 명령하며 토지의 상품화를 경계한다. 또한 청지기들이 토지를 장기간 사용하는 과정에서 발생하는 부작용을 최소화하기 위하여 50년마다 땅을 본래의 주인에게 회복시키는 리셋 규칙(희년)도 두고 있다(〈레위기〉 25장 10절). 이 외에도 여러 사회적 규칙들을 제안하고 있지만 본 장에서 굳이 다 다룰 필요는 없을 듯하다. 다시 논점을 젠트리피케이션 이슈로 가지고 와서 앞의 내용을 간단하게 정리하면, 조물주는 우리에게 땅(자원)을 공평하게 나누어주었고 땅을 분배받은 각 '공동체'가 지속 가능한 삶을 살 수 있도록 '사회적인 규약'을 만들어 지키게 함으로써 '땅의 이익이 뭇사람에게 있도록'(〈전도서〉 5장 9절) 하고 있다. 앞에서도 언급하였지만 본 장에서 이야기하는 토지 다룸의 방식은 청지기적 소유이다. 조물주가 요구하는 이러한 토지 다룸의 원칙을 지키는 이를 청지기라 할 수 있으며, 그는 지속 가능한 삶의 환경을 유지하려는 목표 속에서 토지를 공정하고 공평하게 이용하고 그 이익을 공유해야 한다.

이러한 원칙은 데이비드 볼리어David Bolier의 공유재Commons 개념화 방식과 맥을 같이 하는데, 볼리어는 공유재란 단순히 어떤 사물이나 자원만을 일컫는 것이 아니라 '자원+공동체+일련의 사회적 규약'이 상호의존적으로 영향을 미치면서 통합된 전체를 이루는 것이라고 말하고 있다.[4] 이러한 원칙은 젠트리피케이션의 대안을 모색하는 것이 곧 공유재를 만들어가는 것과 상통한다는 것을 밝히는 데 주효할 것이다.

여기에서 조금 더 볼리어가 말하는 공유재에 대해 알아보자. 볼리어는 《공유인으로 사고하라》에서 공유재를 사회적이고 도덕적인 질서의 새로운 패러다임으로 생각해볼 것을 제안하며, "더 협력적이고, 시민이 중심이 된 포괄적인 일련의 가치·규범·관행들과 공존할 수 있는 사회적 규칙을 받아들일" 것을 요청한다. 또한 "공유재는 호모 에코노미쿠스를 인간 행동의 기본적 이상으로 삼는 것을 거부할 것을 제안한다. 공유재를 받아들인다는 것은, 우리가 어떤 권리는 양도 불가능한 권리, 즉 사고 팔 수 없는 권리가 되어야 한다는 생각을 인지하고, 특정 사회적 가치를 사유재산권보다 우위에 둔다는 것을 뜻한다"라고 말한다. 토지의 주인을 조물주로 분명히 하고 사고 팔 수 없는 땅 위에서 사회적 가치(이익)를 뭇 사람에게 있도록 하기 위한 연대의 규칙을 받아들일 것을 요청한다는 점에서 조물주의 토지관과 맥을 같이하는 주장이며, 이로써 우리가 관리해야 하는 토지는 '공유재'로서의 토지라는 점을 분명히 할 수 있다.

하지만 조물주 위에 건물주가 있다고 말하는 현재의 상황을 보면, 이미 주어진 공유재의 사유화가 가속화되는 것은 물론이거니와 새롭게 형성되는 공유재조차 그것이 공유재임을 인식할 여유도 없이 사유화되는 형편이다. 접속의 제한과 의사결정의 독점권 행사로 특징되는 사유화된 도시는 공통의 부를 투자라는 이름으로 빼앗아가고 있으며, '함께 만든 가치'가 사회적으로 '공유'되지 못한 채 거래되고 있다. 하지만 네그리Negri와 하트Hardt가 이야기하듯이[5] 아무리 사유화된 시장에서도 '공통적인 것은 여전히 도시에서 유령으로 살아가고 있다.' 그리고 우리는 공유재라는 도깨비의 존재를 젠트리피케이션이라는 현상을 통하여 흐

릿하게나마 대면하고 있다. 이제 우리는 유령을 재현해야 할 필요성을 인지하고 있고, 실제로 공유재를 만들고 지켜가야 한다는 사회적 절실함도 분명히 생겨나고 있다. 우리가 이상적으로 생각하는 상황인 '건물주 위에 조물주'가 위치하게 되면, 이미 주어진 공유재와 만들어가는 공유재가 함께 존재하며 개방적이고 민주적인 방식으로 자주自主 관리하는 상태가 될 수 있을 것이다. 하지만 여전히 남은 과제는 현재 우리는 조물주가 건물주로 대체되어버리는 것으로 구조화된 구조 속에 있다는 점이다. 견고하게 사유화된 소유 구조를 공유화하는 구조로 전환해야 하는 과제, 아니 전환해내야 하는 과제가 우리 앞에 놓여 있는데 이것을 풀어내는 일이 여간해선 쉽지 않을 것이다. 하늘에 떠다니는 언어가 된 '공유재의 필요성'을 땅 위에 공유지로 현재화하기 위해 과연 우린 무엇을 해야 할까?

3 │ 공유화하는 구조, 공유재를 만드는 일

이어지는 내용에서는 토지의 청지기적 소유로서 우리가 함께 만들고 관리해야 하는 공유재를 재현하는 경로 위에 모두 함께 서보기를 제안한다. 만약 함께 만든 가치의 공유를 가능하게 하여 '우리'와 '나'를 하나로 만들어낼 수 있다면 어떤 현상이 일어날까? 우선은 우리가 그동안 경험했던 '사유적 소유'의 한계를 다시 한 번 명확히 인지하고 앞으로 다가올 '공유적 소유'에 대한 경험을 미리 상상해볼 필요가 있다. 그러기 위해 마저리 켈리가 이야기하는 두 가지 다른 소유의 특징[6]을 먼저 살펴볼 것이다.

공생하는 사회를 위한 대안적 소유 구조를 제안하는 마저리 켈리는 '생성적 소유generative ownership'와 '추출적 소유extractive ownership'로 소유의 성격을 구분하면서 우리가 익숙하게 적용받고 있는 추출적 소유에서 벗어나 생성적 소유로 진입해야 한다고 주장한다. 금전상의 단기적 이익을 최대화하려는 추출적 소유와 장기적인 시각으로 지속 가능한 삶을 위한 조건을 만들어가는 생성적 소유는 그 목적에서 차이가 있다. 마저리 켈리는 '활동에 참여하는 이들이 장소에 뿌리를 내리고 있는가, 아닌가?'라는 질문으로 '속함'의 문제를 구분한다. 이 외에도 켈리는 생성적 소유를 만들어내기 위한 사명에 기반한 통치와 인내 자본과 관계 금융의 중요성을 이야기한다. 다만 소유의 구조를 변화시키는 일은 혁명에 가까우며 이러한 "소유 혁명은 경제 권력을 소수의 손에서 다수의 손으로 확대하려는 것이며, 사회적으로 무관심하던 사람들의 마음을 움직여 사회적 유익에 관심을 기울이게 하려는 것"으로 현실적으로 쉽지 않은 일임을 분명히 하고 있다. 실제로 우리 사회에서 공유재를 만들어간다는 것은 거대한 인식 전환이 필요한 일이다. 추출적 소유가 일상화되어 있으며, 이것을 정당화해주는 문화가 견고하게 제도화되어 있고 우리는 이러한 환경에 안주하고 있는 상태이기 때문이다. 공유재를 재구성하는 일은 젠트리피케이션이라는 무뎌진 소유 구조의 한계를 넘어서는 길을 놓기 위해 작은 균열을 내는 일이고 바른 목적지를 설정하는 일이다.

표 1 소유의 특징에 따른 차이.

추출적 소유	생성적 소유
금전적 목적: 단기적 이익을 최대화함.	삶을 위한 목적: 장기적 시각으로 삶을 위한 조건을 만듦.
부재자 구성원: 소유한 이들이 기업 활동에 참여하지 않음.	뿌리내린 구성원: 기업 활동을 기반으로 뿌리내리고 살아가는 사람들의 손에 소유권이 주어짐.
시장에 의한 통치제: 자본 시장이 자동항법 장치로 기업을 통제함.	사명 경영 통치제: 사회적 사명에 헌신하는 사람들이 통제함.
카지노 금융: 자본이 주인 노릇을 함.	이해 당사자 금융: 자본이 친구가 됨.
상품 네트워크: 가격과 이윤에 초점을 맞춘 거래.	윤리적 네트워크: 사회적·생태적 규범에 대한 집단적 지원.

출처: 마저리 켈리, 제현주 옮김, 《그들은 왜 회사의 주인이 되었나》, 북돋움, 25쪽.

　우리가 익히 알고 있듯이, 소유는 시스템의 최초 조건이다. 어떤 시스템을 갖추느냐는 사회적 경제에서 사람들 간의 신뢰와 협동을 이끌어내는 근본적인 토대이자 연대에 이르는 길을 놓는 일이다. 이러한 생성적 소유 구조로의 변화를 상상하기란 쉽지 않다. 왜 그럴까? 그것은 아마도 우리가 일상에서 경험한 소유의 구조가 '국가(국유)' 그리고 '시장(사유)'에 한정되어 있기 때문일 것이다. 이 둘밖에 없다고 교육받고 경험하며 살아온 것이다. 마저리 켈리는 책에서 "소유한다는 것, 자본주의에서의 사유와 사회주의에서의 국유는 결국 '소수'에 의한 지배라는 차원에서 큰 차이가 없다. '소유'가 권한을 가지고 '지배'를 해보겠다는 것이 아니라 내가 그 안에 '속한다Belonging'라는 의미로 받아들일 때 진정한 변화가 시작된다"라고 이야기하며 국유와 사유를 뛰어넘는 '속함의 소유'를 강조한다.

안토니오 네그리, 마이클 하트 역시 '공통적인 것을 지키려는 다중의 사회적 투쟁은 바로 이 사유화, 사적 통제에 대한 저항'이라고 말한다. 사람들은 사유화, 소유, 사적 통제의 대안으로 공적인 통제, 국가 통제를 이야기한다. 자본주의 사회 병폐의 유일한 치료제는 공적 규제와 케인스주의적 국가 개입 또는 사회주의적 경제 관리라거나, 사회주의적 폐해를 바로잡는 건 사적 소유와 자본주의적 통제뿐이라고 얘기하는 것이다. 네그리와 하트는 이 사적이냐 공적이냐, 또는 자본주의냐 사회주의냐의 정치적 양자택일 외에 다른 선택지가 없다는 생각을 거부하면서, 자신들이 보기에는 양자 모두 공통적인 것을 배제하고 파괴하는 소유체제라는 점에서는 차이가 없다고 지적한다. 다시 말해 공통적인 것을 품고 생성시키는 소유체제를 만들어내야 한다는 것이다. 생성적 소유의 수단으로서 공통적인 것을 만들어내는 체제인 공동의 재산권을 만들어가는 일은 젠트리피케이션이 야기하는 도시 난민의 발생을 막고 미래 세대에게 지속 가능한 삶의 토대를 물려주기 위하여 반드시 해결해내야 하는 과제이다.

공유재, 공동의 재산권에 기반한 시스템을 만들어낼 수 있다면 피터 반스Peter Barnes가 이야기하는 시민배당금이 실현될 수도 있다. 피터 반스는 《자본주의 3.0Capitalism 3.0》에서 "공유에 기초한 재산권은 미래 세대를 비롯한 사회 전체의 모든 이해 당사자 그룹에 대한 책임 있는 신탁 관리자와 신뢰를 통해 제도화될 수 있다. 정부 소유의 경우 금전적 혜택이 정부로 돌아가고 개인 소유의 경우 금전적 혜택이 해당 이해 당사자들에게 돌아가지만 공유의 경우 실질적인 '시민배당금'을 지불함으로써 그 혜택이 해당 공동체의 모든 시민들에게 돌아가게 된다. 신뢰할 만한 독립적인 신탁 관리자들은 다음 세대를 위한 특정 공유재의 장기적 지속가능성에 대한 책임을 진다"라고 이야기하면서 공유에 기초한 재산권의 중요성과 그 재산을 다루는 신탁 관리자의 필요성을 이야기했다.[7] 앞에서 '조물주의 토지 다룸'으로 이야기했던 청지기적 소유의 관점에서 보면 피터 반스는 이를 담당하는 주체로 '신탁 관리자'를 이야기하고 있는 것이다. 신탁 관리가 제대로 된다는 것은 소유의 형태를 '공유'로 두는 것이며 그 결과를 공동체 구성원에게 고루 '배당'하도록 제도화하는 것이다.

안승준도 인간이 창조하지 않은 토지의 고유 가치의 중요성을 강조했다.[8] 그는 지역경제의 요소 가운데 공동체의 토지와 그에 따르는 자연 자원이라는 기반보다 더 기본적인 것은 없다고 주장하며, 공동체와 그 구성원 대부분의 부富는 토지 위와 토지 그 자체에서 산출되므로 다음의 두가지 이유에서 토지는 지역 공동체의 소유, 즉 공유재가 되어야 한다고 한다. "첫째로, 토지에 고유한 가치는 인간이 창조한 것이 아니며, 따라서 어떤 개인을 위해서도 정당하게 사적私的 재산이나 소득으로 생각되어서는 안된다. 둘째로, 토지의 가치에 관한 어떤 평가는 그 토지를 사용하거나 그 토지에 사는 바로 그 사람들의 활동과 노력의 결과인 것이다. 그러므로 토지에 고유한 본래의 가치와, 공동체의 노력이나 더 큰 경제력에 의해 추가된 어떤 가치의 두가지 모두에서 볼 때, 토지를 항구적으로 공동체의 관리하에 둠으로써 공동체는 토지를 보전할 수가 있다." 토지를 사용하는 개인들은 그들이 개인으로서 투자한 바

그 가치를 보유할 수는 있지만, 공동체 전체에 속한 것에 대해 배타적 권리를 주장해서는 안 된다는 것이다. 특이성과 공통성의 조화를 이루어내는 구체적 전략이 바로 토지 가치의 지역적 공유인 것이다.

이렇게 우리는 국유와 사유를 넘어 함께 만들어가는 소유, 즉 공유를 통한 대안을 모색해야 하는 상황에 놓여 있다. 하지만 대안을 만들어가야 하는 우리에게 도시라는 공간에서 공유지를 만들어가는 경험은 사실상 전무하다. 어떻게 만들어야 하는가에 대해 선택할 수 있는 구체적인 수단이 다양한 선택지로 제시되지 못하고 있다는 점도 당면하고 있는 어려움 중 하나이다. 전통적인 공유지(마을목장, 어촌계, 산림계 등)는 존재하고 있지만 상당 부분 국유 또는 사유화되었거니와 현재 존재하는 공유지는 예로부터 주어진 공유지이지 우리가 만들어낸 공유지가 아니라는 점, 젠트리피케이션이 주로 발생하는 도시에서는 이 공유지가 특히나 부족한 상황이라는 점 때문에 해법으로 사용된 예를 찾기가 무척 어렵다. 그래서 부득이 잠시 눈을 밖으로 돌려 몇가지 사례를 살펴봄으로써 우리가 시도해볼 수 있는 공유재를 만드는 방법, 공유에 기초한 재산권을 형성하는 구체적인 방식을 모색해보고자 한다.

4 │ 도시에서 공유지를 만드는 사례들

젠트리피케이션 이슈가 점점 쟁점이 되어가던 어느 날《예스매거진 Yes magazine》에서 온 메일 속 기사 목록을 보다가 눈길이 멈추었다. "How One Boston Neighborhood Stopped Gentrification in Its

Tracks." 보스턴의 한 동네가 젠트리피케이션을 멈추게 했다는 소식이 있다. 과연 무엇이 젠트리피케이션을 멈추게 할 수 있었던 것일까? 기사 내용을 요약하자면, 1980년대에 만들어진 더들리 스트리트Dudley Street의 지역단체가 설립한 공동체토지신탁Community Land Trust이라는 조직이 젠트리피케이션 발생을 막는 역할을 하며 동네 정원, 커뮤니티 센터, 지불 가능 주택 등을 공급하면서 동네의 문제를 해결하는 핵심 역할을 하고 있다는 것이다.

공동체토지신탁은 비영리 조직으로 토지를 지역 공동체가 영구적으로 소유하면서 토지의 청지기적 관리를 통하여 지불가능성을 지속적으로 보장해주는 역할을 한다. 토지에서 발생하는 가치를 지역적으로 공유하는 방식이 젠트리피케이션에 대응하는 데에 효과적이라는 이야기다. 공동체토지신탁은 시장에서 건물의 값과 토지의 값, 두 가지 비용 요소를 서로 분리하여 지불 가능한 주택(공간)을 공급한다. 토지를 시장 영역 바깥으로 옮겨와 공동체토지신탁에 속하게 함으로써, 상승한 토지 가치 중 불로소득에 해당하는 몫을 일정 규칙을 통해 공동체의 자산으로 축적하고 지역 공동체와 시민들의 유익을 위해 사용한다.[9] 공유 자산으로 삼을 것과 사유화할 것을 명확히 구분함으로써 가치가 어디에 저장되어야 하고 순환되는 방식은 어떠해야 하는지를 명확하게 보여주는 것이다. '부동산'으로 통용되는 공간 개념을 가치 중심으로 재해석 하는 것도 필요하다.

그림 2 공동체토지신탁 개념.

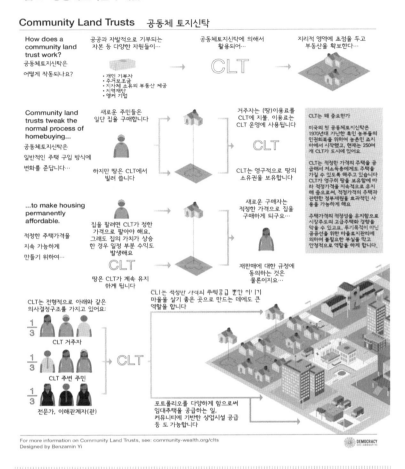

출처: http://community-wealth.org/strategies/panel/clts/index.html

공동체토지신탁의 주요 특징은 ① 지역의 장소를 기반으로 하는 공동체 조직, ② 사익을 추구하지 않는 비영리기구, ③ 소유권의 분리를 통한 운영(토지/건물), ④ 토지의 장기간 임대(99년간), ⑤ 지불 가능한 임대료와 환매 규제를 통한 지불가능성의 영구적인 보장, ⑥ 실거주자 중심의 관리·운영, ⑦ 개방적이고 민주적인 의사결정 거버넌스, ⑧ 지속적인 토지 확보와 유연한 개발 등으로 요약된다.[10] 더들리 공동체토지신탁은 지금까지 400여 호의 신규 주택을 공급했고, 500여 주택의 리모델링 사업을 추진한 것을 비롯하여 도시정원, 온실, 텃밭, 커뮤니티 센터, 학교 등을 공급하는 토대 역할을 하고 있다. 더들리에 거주하는 한 주민은 공동체토지신탁은 공공자원을 '재산에 투자하는 것이 아니라 마을에 투자'하는 것이고, 이곳에 거주하는 주민과 이웃 주민을 연결해주는 다리 역할을 바로 공동체토지신탁이 하고 있다고 말한다. 물리적으로 안정적인 공간을 공급하는 토대뿐 아니라 마을 주민 간의 관계성을 높여주고 사회적 자본을 형성하는 효과도 얻고 있다는 것이다.

특히 로컬푸드 순환 시스템의 토대를 만들고 있다는 이야기는 《예스 매거진》 2015년 겨울호에서도 소개된 바 있는데, 더들리 신탁이 제공하는 50여 개 도시텃밭에서 100여 개 품종이 만들어지는 등 도시농업 활성화의 기반을 제공하고 있다. 도시농업으로 기른 원재료로 음식을 만드는 사회적 기업 식당은 요리사 인큐베이팅까지 하고, 이 흐름은 음식물 재활용 협동조합으로 이어져 생산물을 다시 땅으로 돌아가게 하는 지역 기반의 순환경제가 운용되고 있다. 40년 넘은 낙후 지역의 마을 만들기 운동이 이러한 순환경제를 구성하는 기초로서의 땅의 중요성을 보여주고 있는 것이다.

마을 단위의 공동체토지신탁의 사례로 대표적인 더들리 신탁을 비롯하여 미국에는 250여 개 다양한 형태의 공동체토지신탁이 있다. 그중 가장 규모가 큰 챔플레인 공동체토지신탁Champlain Housing Trust[11]은

시정부의 적극적인 지원 속에 출발하여 지불 가능한 공간을 다양하게 지속적으로 공급하고 컨트롤하는 역할을 하고 있는 것으로 알려져 있다.

지난해 미국 민주당 대선후보 경선에 출마하여 국내외적으로 이슈가 되었던 버니 샌더스Bernie Sanders 버몬트 주 상원의원은 벌링턴 시의 시장으로 당선된 뒤 1980년대 초부터 심각해진 젠트리피케이션 문제를 해결하기 위한 특단의 조치를 강구했다. 그는 시내에 지역경제개발 부서를 설치하고 지불 가능한 주택을 영구적으로 제공할 수 있는 수단으로 공동체토지신탁을 도입했다. 당시 20만 달러의 기금을 지원하고 연방정부의 후생기금 100만 달러를 지원받도록 돕는 등 행정적·재정적 지원도 아끼지 않았다. 챔플레인 신탁은 현재 2000개가 넘는 주택과 아파트, 상가, 커뮤니티 시설 등을 공급하고 있으며 벌링턴 시에서 두 번째로 많은 주택을 공급하는 비영리 조직으로 6000여 명의 신탁 회원이 공동 소유자 역할을 하고 있다. 컨트롤의 주체가 지역 공동체이기 때문에 젠트리피케이션의 발생은 원천적으로 차단되며 일자리 창출 및 주민 주도의 공간 개발 등 내발적 지역 발전이 이루어지고 있다.

젠트리피케이션 현상에 대한 대응 방안들은 단계별로 고려될 수 있는데 공동체토지신탁처럼 지역의 자산을 공유하면서 향후 발생하는 가치를 선순환시키는 방안은 선제적 수단으로 추천되는 전략이다. 시카고 일리노이대학 나탈리 부히스 센터Nathalie P. Voorhees Center for Neighborhood and Community Improvement에서는 2015년 연구에서 단계별 대응전략을 발생 전/진행 중/발생 후로 나누어 다음과 같이 제시하였다.

표 2 **젠트리피케이션 단계별 대응 전략.** ‖‖

구분	발생 전	진행 중	발생 후
대응 방안	연대체 만들기. 세입자/비영리 조직에 선매권 부여하기. 지역자산화 하기. 안심 상가/적정 주택 공급. 협동조합 만들기. 상호이익 협약하기.	임대료 통제. 세금 감면. 용도 변경 금지(토지 이용/건축 규제). 건물의 재생과 보전.	세입자 안심 공간 제공. 기금조성(임대료 보조, 자금 지원). 부담금 부과(기금화, 가치 상승 공유). 지역이기주의 해결.

‖‖

출처: Nathalie P. Voorhees Center for Neighborhood and Community Improvement(2015) 요약. 최명식 외(2016) 재인용.

해당 연구에서 이야기하는 젠트리피케이션 대응 전략 중 사전 단계에서 이루어져야 하는 선제적 전략의 핵심은 향후 상승하게 되는 가치의 공유 시스템을 도시 내에 장착하는 것과 이를 위하여 자산화를 위한 연대체를 만들고 그들에게 우선 매입권을 주는 등 제도적 장치를 마련해 공유재산을 만드는 시스템을 구축하는 것이다. 이러한 공유재를 만드는 조직은 앞에서 다룬 공동체토지신탁을 비롯하여 협동조합, 지역개발법인, 지역이익회사, 개발신탁 등 다양한 유형으로 나타나고 있다.

공동체토지신탁이 비영리성에 기반한 사례라면, 비즈니스적인 요소가 가미되어 공유재를 형성하고 운영하는 유형으로 협동조합도 있다. 젠트리피케이션 현상은 주로 대도시에서 발생하고 있으며 서울처럼 뉴욕에서도 젠트리피케이션과 관련하여 다양한 대안을 모색 중이다. 그 중 토지 가치의 공유 차원에서 눈길을 끄는 사례는 부동산투자협동조합을 통한 직접 자산화 방식으로, 2015년 말 뉴욕에서는 부동산투자협동조합 창립총회 소식이 들려왔다. 뉴욕에서 스튜디오를 운영하던 아티스트 캐롤라인 울라드Caroline Woolard는 작업실 임대료가 급등하는 상황을 보며 주변에서 이러한 일들이 계속 벌어지고 있는데 혼자 대응하기에는 버거우니 함께 힘을 모아 해법을 모색해야겠다는 생각을 했고, 친구 파울라 시걸Paula Segal과 함께 구상을 현실로 옮겼다. 상인·예술가를 위한 건물을 시민들이 함께 투자한 돈으로 확보하고 운용하면서 뉴욕 시내에 독특하고 개성 있는 거리들이 사라져가는 것을 막고 소상공인들의 삶터를 안정적으로 제공하며 투자수익을 나누기 위한 목적으로 부동산투자신탁REIT과 협동조합Co-op을 결합해 뉴욕부동산투자협동조합NYCREIC[12]을 설립한 것이다. 단순한 부동산투자회사가 아니라 사람들의 연대와 인내자본을 결합한 반젠트리피케이션 운동인 것이다. 현재는 약 400여 명의 조합원이 첫 사례를 만들어내기 위하여 함께 노력하고 있다.

구체적인 자산 매입 및 활동 사례를 만들기까지는 시간이 걸릴 것으로 보이는데, 이들이 참고로 한 실제 운영되고 있는 사례로 미네아폴리스에 있는 노스이스트부동산투자협동조합Northeast Investment Cooperatives, NEIC[13]이 있다. NEIC는 미국에서 처음으로 시도된 사례로 미네아폴리스의 지역 주민 250여 명이 1000달러(한화 110만 원)씩 출자하여 마을의 빈 건물을 매입해서 자전거 가게, 빵집, 동네 주점 등 지역 기업을 입점시키면서 지역 상권을 살리고 일자리를 창출하는 등 지역 기반의 경제를 활성화하는 기폭제가 되고 있다.

이 외에도 시장의 개발 방식을 활용하여 자산을 지역 소유로 만들어내는 사례도 있다. 샌디에이고 다이아몬드 지역Diamond Neighborhood의 마켓크릭플라자Market Creek Plaza 개발 사례인데, 2006년 제이콥스패밀리재단Jacobs Family Foundation[14]이 주축이 되어 지역개발주식공모CDIPO 방식으로 주민들과 재단이 함께 출자하여 개발 회사를 설립한 후 몰mall 개발을 추진하였다. 개발이 완료된 이후 사업 이익에 대한 배당을 비롯하여 시설관리 회사, 각종 문화 행사 및 이벤트 회사, 식당 운영 회사 등을 사회적 기업화하여 주민 고용 및 역량 강화를 꾀했다. 몰이 운영을 시작한 지 10년 정도가 되는 2018년에는 지역 주민들에게 재단의 지분을 더 공개하면서 지역 주민들에게 쇼핑몰 소유권을 이전하려는 계획을 가지고 있다. 이 사례에서 중요한 역할을 한 제이콥스패밀리재단은 공동의 소유권이라는 것이 공동체와 개발 사업을 잇는 가교 역할을 한다는 것과 소유권을 비롯하여 지역 주민에게 계획권·실행권을 함께 부여하면 그들이 책임 있는 주체로 기능하고 개발의 유익을 지역 주민이 직접 얻을 수 있다는 것을 분명하게 인지하고 있었다. 그리고 이 과정이 결코 단기간에 이루어질 수 없다는 것을 인지하고 10년간 지역자산화를 위한 중장기 로드맵을 가지고 사업을 추진했다. 이 점에서 단기간의 사업 성과를 내는 것에 익숙하고 지역에 자산을 만들어주는 데에는 인색한 우리의 민관 협력 사업들에 시사하는 바가 크다고 할 수 있다.

5 | 토지의 본질을 회복하는 우리의 이야기 만들기

젠트리피케이션의 대안을 찾아가기 위하여 '조물주 위에 건물주'로 표현되는 왜곡된 소유구조의 한계를 살펴보고 제3의 소유 구조인 '공유'의 필요성과 공유재를 도시에서 만들어가는 것이 궁극적인 해법임을 밝혔다. 앞에서도 살펴보았듯, 단계별로 다양한 해법들이 제시될 수 있지만 선제적인 대응 방안으로서 추출적 소유 형태를 보여주는 사유 구조 속에서 공유재를 함께 만들어가는 자산화를 주요한 전략으로 삼는 것을 더 이상 지체할 수 없다. 네그리와 하트가 이야기하듯이, '우리가 공유하는 부와 자원의 관리에 적합한 집단적 자치의 형식을 발명'해내야 하는 과제가 우리 앞에 놓여 있다.

이는 우리 사회의 회복력resilience을 높이는 일이며 회복력의 원리인 '생산적 자산의 소유권을 민주화'하는 것이다.[15]

한 방송사의 뉴스에서 한국 청년들의 꿈이 '건물주'라는 설문조사 결과를 본 적이 있다. 무척이나 씁쓸한 일이다. 그들이 소망하는 건물주의 모습은 청지기적인 토지 다룸을 하려는 건물주일까? 그동안 우리가 보아온 건물주의 행태에서는 청지기적 모습을 찾아보기 어려웠음을 감안하면 쉽게 이익을 취할 수 있는 수단으로 건물주를 장래 희망으로 삼고 있을 것이라 생각된다. 우리 사회가 스스로 회복력을 갖추기 위해서는 개개인을 건물주로 만드는 것이 아니라 소유권을 민주화하는 일이 목표가 되는 사회를 지향해야 하지 않겠는가?

최근 '시민자산화', '지역자산화' 등의 용어가 일반에 회자되기 시작했다. 이는 궁극적으로 공유재를 만들어가는 움직임으로 볼 수 있는데, 젠트리피케이션에 대한 선제적 대응 차원에서 필요할 뿐 아니라 지역 개발의 주요한 전략으로서 유의미한 수단이 될 수 있다는 점에서 사회적 수요가 증가하고 있는 것으로 볼 수 있다. 하지만 우리 사회는 공동체적인 소유와 개발 그리고 가치의 공유가 원활하게 이루어지는 사회 문화적 환경은 물론이고 제도적인 환경도 열악한 상황이다.

비영리, 사회적 경제, 민간시장 영역에서 공유재를 만들어갈 수 있는 구조는 확인되고 있다. 공동체토지신탁과 같은 비영리성이 강한 신탁은 현행 공익신탁법을 통하여 형태는 도입할 수 있지만, 기부에 인색한 문화와 국공유재산의 공익신탁 활용이 제도적으로 막혀 있다는 문제 때문에 민간 차원에서의 자발적으로 시도하기에는 어려움이 있다. 민간 영역의 부동산 신탁은 공동체토지신탁과 같은 역할을 감당하기에는 지나치게 개발이익 기반의 사업구조를 지니고 있기에 마땅한 도구가 될 수 없다. 이러한 한계를 극복하기 위하여 제3지대에 공동체 기반의 신탁 시스템이 필요하게 된다. 또한 협동조합 방식을 통한 자산화의 경우에도 주체들의 자기자본 역량이 부족하여 출자금을 내는 조합원의 힘으로는 자산화를 완성해가기가 어려운 실정이며 참여자들의 범위를 확대하기 위하여 부동산금융 기법을 활용해야 하나 금융업 영위가 금지된 상황에서 부동산투자협동조합과 같은 사례를 만들어내는 것이 쉽지 않다. 마켓크릭프라자 개발사업의 경우처럼 민민 협력을 통한 자산화는 소규모 공익형 부동산의 경우 증권형 크라우드펀딩을 활용한 시도 정도는 가능한 여건이 형성되고 있지만, 대부분의 부동산이 현행법상 요구되는 규모(7억)를 넘기 때문에 규모 있는 부동산의 소유-개발-투자에 활용되는 방식들이 공유재를 만드는 데에도 활용될 수 있도록 제도를 개선해야 한다.

공유재를 형성하는 현실적인 방안을 제시해본다면 다음과 같다. 첫째, 지역 공동체 차원에서 공유재를 만들어야 하는 필요와 주체들이 등장할 시에 이를 조직화하고 연대할 수 있는 기반을 조성해야 한다. 둘째, 토지를 시장과 국가에서 분리해 지역 공동체 차원에서 컨트롤 할 수 있는 가칭 공유재산신탁Common Asset Trust 시스템을 제도적으로 만들어야 한다. 셋째, 다양한 형태의 자본을 담을 수 있는 그릇Vehicle을 지역 기반으로 만들어 관리해야 한다. 이는 공유 자산을 형성하고 개발하는 데 필요한 자본을 모으는 일, 향후 개발의 가치를 공유할 때 분배의 구조를 짜는 기준이 되는 일, 지역 기반 금융구조를 형성하는 일이다. 또한 이 구조에 공공기금과 사회투자, '착한' 민간 자본의 결합도 함께 고려해야 한다. 이것 역시 가칭 '공유재산펀드'라고 이름 지을 수 있다. 넷째, 공유재를 개발하고 관리할 수 있는 지역 기반의 개발(관리) 조직을 구축하는 일이다. 앞에서 언급한 지역개발 회사가 대표적인 예이며, 우리나라에서도 지역재생 회사, 지역관리 기업 등의 용어로 현장에서 필요성이 확산되고 있는 것이 바로 이러한 조직이라 할 수 있다. '공유재산 관리 조직'이라 부를 수도 있을 것이다. 다섯째, 신탁−투자−개발−관리 등을 원활하게 하기 위한 지원 시스템을 구축하는 일이다. 중앙정부 차원에서 관련 교육, 법제도 개선, 행정적·재정 지원 등을 위한 기반으로서 관련 부서 및 지원 조직(가칭 '공유재산지원센터')을 만들어야 한다.

다소 기계적인 전략으로 보일 수 있지만, 앞에서 언급한 제안들이 지역 기반으로 주민 주도적인 단계로 발전해간다면 공유하는 부의 집단적 자치 구조가 형성될 수 있으며 이는 향후 마을과 도시에서 이루어지는 다양한 사업의 기본 뼈대를 세우는 일로 매우 중요한 부분이 될 수 있다. 이 과정에서 자치적 규율을 만들어내는 것이 무엇보다 중요하게 될 것이다. 속함, 책무, 공동 창조, 거버넌스 등의 가치를 구현하는 원리를 만들고 지속가능성과 공정성과 연대성의 수준을 함께 만들어가는 것이 핵심 과제가 될 것이다.

공유재는 조물주가 우리에게 선물로 준 것임이 분명하다. 하지만 현대에 공유재는 상당 부분 시장에 의하여 독점적으로 사용되면서 사유화되었다. 젠트리피케이션 현상을 우리가 제어하지 못하는 가장 큰 이유는 통제할 수 있는 권리가 우리에게 없기 때문이다. 이제 우리는 잃어버린 공유재를 다시 회복해야 한다. 그것은 우리에게 그저 주어지는 권리가 아닌, 우리가 확보하고 만들어가야 하는 권리이다. 함께 만든 가치를 함께 공유하는 일이 젠트리피케이션 문제의 핵심 해법이라고 한다면, 그 가치를 공유할 수 있는 방법은 다시 선물로 되돌려놓는 일이며, 공유재로 만든 후에는 선물을 준 조물주가 바라는 청지기적인 토지 다룸을 해가야 한다. 이것이 토지의 본질, '땅의 이익을 뭇 사람에게 있게 하는' 일이고 사람들을 '배제하는 땅'이 아니라 '결속시키는 땅'으로서 제 기능을 하게 하는 일이다. 그러한 토지를 공유재로 만드는 일에 우리 모두가 협력해야 한다. 그것은 공유인으로 사고하고 행동하는 일이다.

머리말

1 하남현, 〈쌀값 50배, 기름값 77배 뛰는 동안 땅값은 3000배 올랐다〉, 《중앙일보》 11월 17일, 종합 17면.

1장 │ 안티 젠트리피케이션, 무엇을 할 것인가?

1 이선영, 〈닐 스미스와 젠트리피케이션, 그리고 한국〉, 《공간과 사회》 26(2), 2016, 209~234쪽.

2 ACHR (Asia Coalition for Housing Rights), "Evictions in Seoul, South Korea", *Environment and Urbanization* 1, 1989, pp. 89~94

3 Shin, H. B. and Kim, S−h., "The developmental state, speculative urbanisation and the politics of displacement in gentrifying Seoul", *Urban Studies* 53, 2016, pp. 540~559

4 예를 들어, 성수동 젠트리피케이션을 연구한 김상현, 이한나는 (2016) 언론보도를 분석한 논문에서 2009년까지는 '뉴타운' 등 대규모 주거 개발을 통한 부동산 투자가 언론의 주요관심사였지만, 2010년 이후에는 뉴타운 등에 대한 전망이 불확실해지면서 상업용 부동산으로 관심이 이전하는 것을 짚고 있다. 또한, 김다윤 등은 (2017) 서울시 용산구 동자동 쪽방촌이 게스트하우스의 유입 등으로 인한 주거용도 건물의 상업용도 전환을 분석하면서 기존 상업지역의 소규모 자본 상업임차인의 축출과는 구분지어 '주거지 상업화 젠트리피케이션'으로 이해하기도 한다. 김상현·이한나, 〈성수동 지역의 젠트리피케이션 과정 및

특성 연구〉,《문화콘텐츠 연구》7, 2016, 81~105쪽; 김다윤·김경민·김건, 〈주
거지 상업화 젠트리피케이션이 빈곤밀집지역에 끼치는 영향〉,《서울도시연구》
18(2), 2017, 159~175쪽

5 윤윤채, 박진아는 (2016) 서울시에서 젠트리피케이션 발생 지역이라 일컬어지
   는 여러 지역의 상업 업종 변화를 역사적으로 (1980~2015년) 분석하고, 신촌
   의 경우 젠트리피케이션 발생 시점을 1984년, 대학로는 1985년, 압구정 로데
   오 거리는 1990년으로 이해하며, 삼청동, 홍대, 가로수길은 각각 2001년, 2003
   년, 2007년을 젠트리피케이션 시점으로 제시한다. 한편, 경리단길, 서촌, 연남
   동, 성수동, 해방촌 등은 2010~2013년 사이를 젠트리피케이션 시점으로 파악
   하며, 이전 시기보다 젠트리피케이션의 속도가 더욱 빨라짐을 보여주고 있다.
   윤윤채·박진아, 〈상업용도 변화 측면에서 본 서울시의 상업 젠트리피케이션 속
   도 연구〉,《서울도시연구》17(4), 2016, 17~32쪽

6 최소연 , "테이크아웃드로잉은 재난을 송출하는 방송국", 5차 한남포럼 -젠트
   리피케이션, 2015.12.14, URL: http://futureofparty.tistory.com/78; 김지
   윤·이선영, (2016) 〈도시형 재난과 문화적 저항: 테이크아웃드로잉의 안티-
   젠트리피케이션 운동을 중심으로〉,《공간과 사회》26(3), 15~41쪽.

7 Fainstein, S. S., *The City Builders: Property Development in New York and
   London, 1980~2000*, University Press of Kansas, 2001.

8 Imrie, R. and Raco, M., *Urban Renaissance? New Labour, Community
   and Urban Policy*, The Policy Press, 2003.

9 Smith, Neil, *The New Urban Frontier*, Routledge, 1996.

10 Clark, E., "The order and simplicity of gentrification: A political
   challenge", In: R. Atkinson and G. Bridge(eds.). *Gentrification in a
   Global Context: The New Urban Colonialism*, Routledge, pp.256~268,
   2005.

11 Lees, L., Shin, H.B. and Loópez-Morales, E., *Planetary Gentrification*,
   The Polity Press, 2016; Lees, L., Shin, H.B. and Loópez-Morales, E.
   (eds.). *Global Gentrifications: Uneven Development and Displacement*,

The Policy Press, 2015.

12 Lees, L. and Ferreri, M., "Resisting gentrification on its final frontiers: Learning from the Heygate Estate in London (1974-2013), *Cities* 57, 2016, pp.14~24.

13 Davidson, M. and Lees, L., "New-build 'gentrification' and London's riverside renaissance", *Environment and Planning A* 37, 2005, pp.1165~1190; "New-build gentrification: Its histories, trajectories, and critical geographies", *Population, Space and Place* 16, 2010, pp.395-411.

14 Shin, H.B., "Property-based redevelopment and gentrification: The case of Seoul", *Geoforum* 40(5), 2009, pp.906~917; Shin, H.B. and Kim, S-h., 위의 글; 박새롬·이선우·이제선 , 〈신개발젠트리피케이션 관점에서 주택재개발사업에 따른 장소애착·공동체의식 및 주거만족도에 관한 연구〉, 《한국지역개발학회지》 28(5), 2016, 45~70쪽.

15 최명식, 〈'젠트리피케이션'의 두 얼굴〉, 《조선일보》 뉴스Q, 2017.6.17. URL: http://news.chosun.com/site/data/html_dir/2017/06/13/201706 1301301.html

16 예를 들어 김형균, 〈부산 원도심 젠트리피케이션 현황과 대책: 부산시 차원의 제도·정책적 지원체계 갖춰 젠 트리피케이션의 부정적 영향에 대응해야〉, 《부산발전포럼》 159, 2016, 6~15쪽; 오동훈, 〈Gentrification 순기능 제고를 위한 노력이 필요하다〉, 《도시정보》 413, 2016, 2-2.

17 이런 의미에서 불평등한 권력 관계를 그대로 놔둔채 시행되는 임대인과 임차인의 '상생협약'은 임대인의 선의에 기대어 일시적이면서 국부적인 효과가 있을지는 몰라도 중장기적인 해결책이 될 수는 없을 것이다. 경향신문, 〈서울 성동구 '건물주-임차인 상생협약' 55% 체결…인순이도 동참〉, 2016.4.28. URL: http://news.khan.co.kr/kh_news/khan_art_view.html?artid=2016042 81513001&code=940100

18 음성원, 《도시의 재구성: 쉼 없이 진화하는 도시 르포르타주》, 이데아, 2017,

57~60쪽.

19 장리브가·이다건·윤철재, 〈대구 지역 내 젠트리피케이션 발생현황과 특성에 관한 연구〉, 《대한건축학회 학술발표 대회 논문집》 37(1), 2017, 377~380쪽.

20 김형균, 〈부산 원도심 젠트리피케이션 현황과 대책: 부산시 차원의 제도·정책 적 지원체계 갖춰 젠트리피케이션의 부정적 영향에 대응해야〉, 《부산발전포 럼》(159), 2016, 6~15쪽.

21 황인욱, 〈전주한옥마을의 젠트리피케이션 현상과 지역 갈등〉, 《지역사회연구》 24(1), 2016, 69~90쪽.

22 손낙구, 《부동산 계급사회》, 후마니타스, 2008.

23 이선영·한윤애, 〈예술, 행동주의 그리고 도시: 테이크아웃드로잉의 젠트리피 케이션 저항을 중심으로〉, 《한국도시지리학회지》 19(2), 2016, 17~28쪽.

24 경향신문, 〈45년 서울 헌책방 '공씨책방' 쫓겨날 처지〉, 2017.9.22., 14면.

25 신현방, 〈편집의 글: 발전주의 도시화와 젠트리피케이션, 그리고 저항의 연대〉, 《공간과 사회》 26(3), 2016, 5-14쪽.

26 Holliday, I., "Productivist welfare capitalism: Social policy in East Asia", *Political Studies* 48, 2000, pp.706~723.

27 신현방, 〈투기적 도시화, 젠트리피케이션, 도시권〉, 《희망의 도시》, 서울연구 원 엮음, 2017.

28 박배균·황진태 엮음, 《강남 만들기, 강남 따라 하기: 투기지향 도시민과 투 기성 도시개발의 탄생》, 서울대학교 SSK 동아시아도시연구단 기획, 동녘, 2017.

29 신현방, 2017, 같은 글.

30 이 책 3장에서 다루는 '재美난 학교' 제3회 포럼 '개포동 그곳에서의 산책'은 이 점에서 의미있는 시도로 보인다. 이 포럼은 '개포동 그 곳'이라는, 개포동 재건 축으로 인해 사라지는 나무와 추억의 공간을 기억하는 프로젝트의 일환으로 서 신축 젠트리피케이션 현장에서 밀려나고 사라지는 말못하는 생물과 무생 물의 의미를 되새기게 한다.

31 신현방, 2017, 같은 글; Harvey, D., *Rebel Cities: From the Right to the City* to the Urban Revolution, Verso Books, 2012; Marcuse, P., "From critical urban theory to the right to the city", City 13, 2009, pp.185~197.

4장 | 영욕의 도시, 홍대 앞: 지킬 것인가, 불태울 것인가

1 Theodor W. Adorno, Max Horkheimer, *Dialectics of Enlightenment*, Polity, 1999.

2 이무용, 《지역발전의 새로운 패러다임 장소 마케팅 전략: 홍대 지역 클럽 문화와 장소 마케팅의 문화정치》, 논형, 2005.

5장 | 미술생산자, 신자유주의의 '미생'?: 잘려나가는 서울에서 예술가와 젠트리피케이션

1 이 글은 《문화연구》 제5권 2호에도 실렸다.

2 https://hitecollection.com/artists/jungah—leeyang/

3 신현준·이기웅 편, 《서울, 젠트리피케이션을 말하다》, 푸른숲, 2016.

4 〈국립국어원, '젠트리피케이션→둥지 내몰림' 제안〉, 《허핑턴포스트 코리아》, 2016.5.11.

5 나와 내 동료들에 의한 아래의 세 사례 연구는 '상업 젠트리피케이션'에 대한 논의로 평가되고 있다. 김필호, 〈강남의 역류성 젠트리피케이션: 신사동 가로수길과 방배동 사이길의 사례연구〉, 《도시연구: 역사·사회·문화》 14, 2015, 87~123쪽; 이기웅, 〈젠트리피케이션 효과: 홍대지역 문화유민의 흐름과 대안적 장소의 형성〉, 《도시연구: 역사·사회·문화》 14, 2015, 43~85쪽; 신현준, 〈한남동의 창의계급들과 경합하는 장소들의 생산: 세 가지 길의 상이한 행위자들과 젠트리피케이션의 상이한 유형들〉, 《한국경제제리학회지》 19(1), 2016, 33~50쪽. 이 세 글은 주 2)에 언급한 저서에 수정·보완된 상태로 수록되어 있다. 또한 아래 두 논문은 각각 경리단길과 성수동의 공간변화를 상업적 젠트리피케이션의 관점에서 다루고 있다. 허자연·정창무·김상일, 〈상업공간의 젠

트리피케이션과 지역 상인 공동체에 관한 연구〉, 《공간과 사회》 26(1), 2016, 309~335쪽; 김상현·이한나, 〈성수동 지역의 젠트리피케이션 과정 및 특성 연구〉, 《문화콘텐츠 연구》 7, 2016, 81~105쪽.

6 젠트리피케이션의 유형 구분, 대표적으로 주거 젠트리피케이션과 상업 젠트리피케이션의 구분에 대해서는 아래 두 글을 참고하라. 박태원·김연진·이선영·김준형, 〈한국의 젠트리피케이션〉, 《도시정보》 413, 2016.8, 3~14쪽; 신현방, 〈발전주의 도시화와 젠트리피케이션, 그리고 저항의 연대〉, 《공간과 사회》 37, 2016, 5~14쪽.

7 신현준, 〈오래된 서울에서 진정한 도시 동네(authentic village) 만들기의 곤란: 서촌/세종마을의 젠트리피케이션 혹은 복합적 장소 형성〉, 《도시연구: 역사·사회·문화》 14, 2015, 7~41쪽.

8 테이크아웃드로잉의 반젠트리피케이션 투쟁에 대해서는 아래 글을 참고하라. 단, 이 글들은 하나의 사례에 집중하느라 더 넓은 범위에서 예술가들의 실천과 연결지어 설명하지는 않는다. 김지윤·이선영, 〈도시형 재난과 문화적 저항 테이크아웃드로잉의 안티-젠트리피케이션 운동을 중심으로〉, 《공간과 사회》 57, 2016, 15~41쪽; 한윤애, 〈도시 공유재의 인클로저와 테이크아웃드로잉의 반란적 공유 실천 운동〉, 《공간과 사회》 57, 2016, 42~76쪽; 이선영·한윤애, 〈예술, 행동주의 그리고 도시: 테이크아웃드로잉의 젠트리피케이션 저항을 중심으로〉, 《한국도시지리학회지》 19(2), 2016, 17~28쪽.

9 신현준, 2016, 위의 글, 42쪽, 47쪽.

10 예술가와 젠트리피케이션에 관한 연구로서 이 글 저변의 개념적·이론적 틀을 구성하는 저작은 아래 세 개다. 그에 대한 나의 정리로는 신현준·이기웅 편(2016)의 서장을 참고하라. Sharon Zukin, *Loft Living: Culture and Capital in Urban Change*, 2nd ed., Rutgers University Press, 1989; David Ley, "Artists, aestheticisation and the field of gentrification", *Urban Studies* 40, 2003, pp.2527~2544; George Morgan and Xuefei Ren, "The creative underclass: culture, subculture and urban renewal", *Journal of Urban Affairs* 34(2), 2012, pp.127~130.

11 Franco Bianchini and Michael Parkinson eds., *Cultural policy and Urban Regeneration: The West European experience*, Manchester University Press, 1993, p.202(김규원, 〈도시의 바이러스로서 예술가: 도시 젠트리피케이션 과정에 있어 예술가의 존재와 현상에 대한 검토〉, 《문화정책 논총》 28(1), 2014, 124쪽에서 재인용); Rosalyn Deutsche, *Evictions: Art and Spatial Politics*, MIT Press, 1996, p.152.

12 예를 들어 아래의 저작들은 '돌격대로서의 예술가'를 반박하고 있다. Rebecca Solnit, "Farewell, bohemia: On art, urbanity, and rent", *Harvard Design Magazine* 11, Summer 2000; Maria Rosario Jackson, *Developing Artist-Driven Spaces in Marginalized Communities: Reflections and Implications for the Field*, The Urban Institute, 2012; Cassandra Donish, "Contesting gentrification through aesthetic encounters in San Francisco's Mission District", Master Thesis, University of Oregon, 2013.

13 Andrej Holm, *Wir bleiben alle!. Gentrifizierung-Stadtische Konflikte um Aufwertung und Verdrangung*, Unrast Verlag, 2010, pp.36~39(Johannes Novy and Claire Colomb, "Struggling for the right to the (creative) city in Berlin and Hamburg: New urban social movements, new 'spaces of hope'?", International Journal of Urban and Regional Research 37(5), 2013, p.1831에서 재인용).

14 Cameron, Stuart and Jon Coaffee, "Art, gentrification and regeneration: From artist as pioneer to public arts", *European Journal of Housing Policy* 5(1), 2005, pp.39~58. Vanessa Mathews, "Aestheticizing space: Art, gentrification and the city", *Geography Compass* 4(6), 2010, pp.660~675; Vanessa Mathews, "Incoherence and tension in culture-led redevelopment", *International Journal of Urban and Regional Research* 38(3), 2014, pp.1019~1036.

15 Josephine Berry, "Everyone is not an artist: Autonomous art meets the neoliberal city", *New Formations 84/85*, Autumn 2015, pp.22~27. 학술

적 연구는 아니지만 한국에서 신자유주의와 예술의 관계에 대한 통찰은《월간
미술》2016년 4월호의 특집 〈자본주의−신자유주의 그리고 예술의 딜레마〉,
76~97쪽, 특히 신혀쥬·안소현·박은선의 글을 참고하라.

16 Berry, op.cit, p.36; Chesters Graeme, "Social movements and
regeneration: Within, without, against?", *Local Government Studies*
35(3), 2009, p.383.

17 신현진, 〈사회적 체계이론의 맥락에서 본 대안공간과 예술의 사회화 연구〉, 홍
익대학교 미술학과, 2015, 131쪽. 신현진의 박사학위 논문은 대안공간에 대
한 가장 포괄적 연구로 보인다. 한편 대안공간에 대한 비판의 목소리가 제기된
것은 2008년 10월 11일 쌈지스페이스에서 개최된 심포지엄 〈대안공간의 과거
와 한국미술의 미래〉인데, 이에 대한 기록으로 반이정, 〈1999~2008 한국 1세
대 대안공간 연구: '중립적' 공간에서 '숭배적' 공간까지〉,《왜 대안공간을 묻는
가: 대안공간의 과거와 한국미술의 미래》, 미디어버스, 2008, 7~33쪽을 참고
하라. 그 외 대안공간에 대한 다양한 목소리들은 아래 글들을 참고하면 된다.
민운기, 〈대안공간, 10년, 무엇을 위한 '대안'이었나?〉,《황해문화》, 2008, 61
쪽, 479~488쪽; 박혜강, 〈대안공간 뒤에 숨어 있는 대안의 위기〉,《플랫폼》,
2010.5, 30~34쪽; 김장언, 〈한국의 대안공간에서 도대체 무슨 일이 일어났
나?〉,《미술과 정치적인 것의 가장자리에서》, 현실문화, 2012, 13~33쪽.

18 남웅, 〈안녕한 듯, 안녕하지 않은, 안녕한 것 같은, 안녕들하십니까?〉,《메타
유니버스: 2000년대 한국미술의 세대, 지역, 공간, 매체》, 미디어버스, 2015,
27쪽.

19 〈젊은 자생공간 뜬다〉,《아트인컬처》, 2015.7, 148~149쪽.

20 미술소비자모임, 〈시각예술관련 신생독립플랫폼 인터뷰〉,《2015년 미술생산
자모임 2차 자료집》, 2015, 139~181쪽.

21 신혜영, 〈스스로 '움직이는' 미술가들: 자립적 미술 신생공간 주체들의 생활 경
험과 예술 실천 연구〉,《한국언론정보학보》76, 2016, 183~219쪽.

22 청년 담론에 대한 본격적 검토는 이 글의 범위를 넘는다. 단지 이에 대한 학계
에서의 논의의 검토로는 아래 논문이 포괄적이고 통찰적이다. 김선기의 〈세대

연구를 다시 생각한다: 세대주의적 경향에 대한 비판적 검토〉, 《문화와 사회》 17, 2014, 207~248쪽. 위에 언급한 엔텔레키에 대한 소개와 설명도 이 글을 참고하라. '잉여'에 대한 개념화와 그에 기초한 문화 분석으로는 다음 책이 상세하고 치밀하다. 최태섭, 《잉여사회: 남아도는 인생들을 위한 사회학》, 웅진지식하우스, 2013.

23 신혜영, 〈한국 미술생산장의 구조 변동과 행위자 전략 연구: 2000년대 후반 이후 신참자들의 진입과 전략 변화를 중심으로〉, 연세대학교 커뮤니케이션대학원 박사학위논문, 2017.

24 아트바바(장동녁·김유정), 〈젊은 시각 예술가들의 현재는 지속 가능한가: 생산자와 소비자, 그리고 제도적 측면에서〉, 《청년, 자기 삶의 연구자가 되다》, 서울특별시 청년허브, 2016, 28~73쪽.

25 2013년부터 2015년까지의 동향에 대해서는 최정윤, 〈사건일지 2013~2015: 미술계 청년들의 향방?〉, 서울바벨 카탈로그(http://redquinoa8.tistory.com/10, 검색일 2016.12.30.)를, 2016년의 변화 양상에 대해서는 이현, 〈신생공간의 개관 및 폐관 소식, 공간 운영의 원동력은?〉, 《아트인컬처》, 2016.3.4.(http://www.artinculture.kr/online/2734, 검색일 2016.12.30.)을 각각 참고하라.

26 갤러리 입지 순환의 이론은 아래 두 논문에서 등장한다. 각각 종로구 삼청동과 강남구 신사동에 대한 사례 연구다. 김학희, 〈문화소비공간으로서 삼청동의 부상: 갤러리 호황과 서울시 도심 재활성화 전략에 대한 비판적 성찰〉, 《한국도시지리학회지》 10(2), 2007, 127~144쪽; 이상훈·신근창·양승우, 〈상업가로로서 신사동 가로수길의 형성 과정 및 활성화 요인 연구〉, 《한국도시설계학회지》 12(6), 2011, 77~88쪽.

27 https://www.facebook.com/pg/weaverhub와 https://twitter.com/herbererr가 엮는자의 사회 관계망 서비스(SNS) 계정이다(검색일 2016.12.30.) 홈페이지는 http://www.detach.space이다.

28 강정석, 〈서울의 인스턴스 던전들〉, 《메타유니버스: 2000년대 한국미술의 세대, 지역, 공간, 매체》, 미디어버스, 2015, 77~78쪽. 이 논점에 대한 공간 운

영자 K5의 생각은 이 예술가의 글과 놀랍도록 일치한다. "예전에 전시를 보려면 네오룩이나 개별 공간의 사이트를 들어가서 전시를 찾아보고, 그 다음 지인들한테 물어봐서 어떤 전시가 괜찮은지 선별하고, 아니면 개별 공간들의 메일링 서비스를 이용해 루트를 짜야 했는데, 요즘은 그렇게 하지 않는다"고 말하면서 사회관계망서비스와 지도 어플리케이션을 통해 "예전에는 찾아올 수 없었던 공간이라도 요즘은 다 찾아온다"고 말해주었다. K5 와의 인터뷰는 강정석의 글이 실린 자료집이 발간되기 열흘 전인 2015년 3월 19일 이루어졌다. 그의 발언에 나오는 네오룩이란 '미술현장 데이터베이스'(https://www. neolook.com)다.

29 '장소특정적'이라는 개념은 재미 큐레이터이자 연구자인 권미원의 저작에 근거하지만, 그 단어의 원어는 'place-specific'이 아니라 'site-specific'이다. 권미원 지음, 김인규·이영욱·우정아 옮김, 《장소 특정적 미술: One Place After Another》, 현실문화, 2013. 이 저서의 영문 원본은 2004년에 출간되었고, 장소특정적 예술은 1960년대 말에 태동했다.

30 윤민화, 〈케이크 갤러리와 팀 황학동 프로젝트: 황학동의 일부 되기〉,《월간미술》, 2014.12, 99쪽.

31 남웅, 위의 글, 27쪽.

32 윤원화, 〈매혹하는 폐허〉,《1002번째 밤: 2010년대 서울의 미술들》(도미노 총서 2), 워크룸, 2016, 38~79쪽. .

33 윤원화, 같은 글, 57쪽, 큐레이터 H3는 이미 2014년 말에 "폐허는 젊은 작가들에게 앞서 제시한 '젠트리피케이션'이라는 그럴싸한 영단어가 주는 어감대로, 전지구적으로 공유된 지역·생태·재활·자생 등의 비교적 새로운 가치를 드러내기 위한 수단으로 전유되고 있다"라고 쓴 일이 있다. 〈폐허뿐인 세상의 미술〉,《월간미술》, 2014.12., 98쪽.

34 이 점에 대한 예술가들의 생각이 똑같지는 않았다. 한 예로 H1은 "월세만 싼게 아니라 작가한테 굉장히 매력적인 동네"라고 말하면서 "지역 공동체라든지, 공공미술같은 것을 (실천)하기에 너무 좋은 여건"이라는 점을 강조했다.

35 신혜영, 앞의 글, 2017쪽. 신혜영은 신생공간의 실천을 "임시적 장소 점

유"(207쪽)라고 표현했다. 그 대부분은 '임대'에 기초한다는 점에서 스쾃(squat)은 아니지만, 이 임대는 '임대(賃貸)'이자 '임대(臨貸)'라는 점에서 임시적이라는 점을 흥미롭게 지적한다.

36 아트바바(장동녁·김유정), 위의 글, 34쪽.

37 강정석, 위의 글, 81쪽.

38 강정석, 위의 글, 81쪽.

39 시간, 공간, 장소에 대한 저자의 생각은, "'공간'과 '시간'은, 장소−사건이 존재하도록 '접히거나'또는 '주름 잡히도록' 하는 항상 특이한 '시간화(timing)'와 '공간화(spacing)' 행동보다 덜 중요하다"(닉 빙엄·나이절 스리프트, 〈여행자를 위한 몇 가지 새로운 지침브뤼노 라투르와 미셸 세르의 지리학〉, 마이크 크랭·나이절 스리프트 편, 최병두 옮김, 《공간적 사유》, 에코리브르, 2013, 484쪽)라든가, 장소란 "우리에게 '출몰'하는 '경과들'('passings' that 'haunt' us)"(Nigel Thrift, "Steps to an ecology of place", in *Human Geography Today*, Doreen Massey, Phil Sarre and John Allen eds., Polity, 1999, p.310)이라는 주장들에 빚지고 있다. 이에 대한 검토로는 신현준, 〈아시아 도시의 대안적 공간화 실천을 위한 서설(序說): 정동, 공간, 정치〉, 《사이間SAI》 21, 2016, 287~325쪽.

40 아트바바(장동녁·김유정), 〈젊은 시각 예술가들의 현재는 지속 가능한가: 생산자와 소비자, 그리고 제도적 측면에서〉, 《청년, 자기 삶의 연구자가 되다》, 서울특별시 청년허브, 34쪽.

41 권시우, 〈엮는자들〉, 《The Weaver》(페이지 없음).

42 이 행사에 대한 정밀한 소개로는 신혜영, 〈지속 가능한 구조를 위한 작은 움직임〉, 《굿-즈 2015 카탈로그》, 91~96쪽.

43 미술생산자모임 홈페이지(http://artworkersgathering.wixsite.com/arts/about). '미술생산자'의 영어 표기는 'art worker'인데, 예술과 노동을 연관짓는 담론적 실천은 논쟁적이다. 한편 2010년대 이후 예술가들의 행동, 글의 표현을 빌면 "자본에 대한 예술가들의 반항"에 대해서는 아래 짧은 글이 생생하다. 김수영, 〈두리반으로, 총파업으로, 미생모로 모인 예술가들〉, 《똑

똑(talketalk): 커뮤니티와 아트〉, 2014.10.17., http://blog.naver.com/
ggcfart/220153919970(검색일: 2016.12.30.).

44 안소현, 〈전복하지 않는 싸움: 신자유주의 시대의 예술가들〉, 《월간미술》
2016.4, 96쪽.

45 아트바바, 위의 글, 35쪽에서 재인용.

8장 | 왜 정부의 임차상인 보호정책은 실패하는가: 투기를 부추기는 임차상인 대책 평가

1 R. Alan Walks and Richard Maaranen, "The Timing, Patterning, & Forms
of Gentrification & Neighbourhood Upgrading in Montreal, Toronto, &
Vancouver, 1961 to 2001", *Centre for Urban and Community Studies*,
Cities Centre, University of Toronto, 2008.

2 신현방, 〈투기적 도시화, 젠트리피케이션, 도시권〉, 《희망의 도시》, 한울, 2016.

3 남기범, 〈국내 젠트리피케이션 논의의 쟁점과 현안진단〉, 《부동산포커스》 제98
호, 2016, 26~36쪽.

4 한국은행, 〈금융안정보고서〉, 2016.

5 통계청, 〈2014년 기준기업 생멸 행정통계 결과〉, 2015.

6 통계청, 위의 글.

7 전병유 외, 《자영업 노동시장의 현상과 과제》, 한국노동연구원, 2003.

8 한정수, 〈자영업자 지원사업 평가〉, 《사업평가》 15-11, 국회예산정책처,
2015.

9 중소기업청, 〈소상공인활력제고대책〉, 2016.

10 〈전월세대책 공무원들 수억대 '집주인'… 세입자 사정 알까?〉, 《뉴스토마토》,
2014. 4. 2.

11 중소기업청, 〈상가건물 임대차 실태조사 보고서〉, 2014.

9장 | 젠트리피케이션과 법제도의 개선 방향

1 김제완·박현정·이유나·모승규, 〈주요국의 세입자 보호제도와 국내도입방안: 주택 임차인 보호를 중심으로〉, 2015.4, 4~5쪽.

2 김제완, 〈주택 세입자 보호법제의 필요성가 계약갱신청구권 도입에 따른 예상 효과〉, 주거비 부담 완화와 안정적인 주거권을 위한 세입자 보호정책 토론회 (2017.9.12.) 자료집, 2017, 51~54쪽.

3 상업, 산업 또는 가내수공업 용도 건물 또는 점포의 임대차 계약 갱신 관련 임대인 및 임차인 간 관계를 규정한 1953년 9월 30일자 법률 제53-960호 (Décret n°53-960 du 30 septembre 1953 réglant les rapports entre bailleurs et locataires en ce qui concerne le renouvellement des baux á loyer d'immeubles ou de locaux á usage commercial, industriel ou artisanal).

4 http://www.legislation.gov.uk/ukpga/Eliz2/2-3/56/contents.

5 김제완·박현정·이유나·모승규, 〈상가건물 임대차 분쟁 사례 연구와 분쟁 해결 방안 연구: 상가건물 임대차보호 국내외 사례조사〉, 2015. 2., 115~125쪽.

10장 | 지방도시, 소멸과 축소 그리고 재생의 갈림길

1 구형수·김태환·이승욱, 〈저성장 시대의 축소도시 실태와 정책방안 연구〉, 국토 연구원, 2016.

2 자세한 내용은 구형수·김태환·이승욱, 〈저성장 시대의 축소도시 실태와 정책방 안 연구〉, 국토연구원, 2016. '제3장 한국 도시의 축소 매커니즘과 특징'(58~87 쪽)을 참조할 것.

3 우리나라 축소도시의 미래 대응 방안으로 제안된 3단계 전략은 구형수 국토연 구원 책임연구원 외, 〈지방 인구절벽 시대의 '축소도시' 문제, 도시 다이어트로 극복하자〉, 《국토정책 Brief》 616호, 2017와 구형수·김태환·이승욱, 〈저성장 시대의 축소도시 실태와 정책방안 연구〉, 국토연구원, 2016, '제5장 한국의 정 책추진 실태와 개선방안', 2016, 153~190쪽을 참조할 것.

4 이 내용은 2014년 국회 산업통상자원위원회 소속의 김한표 의원이 중소기업청으로부터 제출받은 〈2002~2014 전통시장 활성화 지원 내역〉 보고서에 기초한 것으로, 자세한 내용은 다음을 참조함. 〈12년간 3조 5000억원 쏟아부었지만 전통시장 매출은 오히려 "반토막"〉, 《한국경제》, 2014.9.5.

5 유엔 경제사회국(UNDESA), 〈2017 세계 인구 전망 보고서〉, 2017.6.

6 축소도시 논의의 흐름과 개념적 정의는 이희연·한수경의 〈길 잃은 축소도시 어디로 가야 하나〉, 《창조적 도시재생 시리즈 52》, 2014의 본문 10~25쪽을 참조함.

7 유엔해비타트(UN-Habitat), 〈2016 세계의 도시들〉 보고서, 2016.5.

8 Ken Grant, Bas Princen, Tobias Zielony, Stan Douglas, Shrinking Cities Vol.1: International Research, Hatje Cantz Publishers, 2006.

9 스마트 쇠퇴(Smart Decline)는 Popper & Popper(Popper, D.E., Popper, F.J., "Small can be beautiful: coming to terms with decline", Planning 68(7), 2002, pp.12~18.)가 제안한 개념으로 이 책에서 '작은 것이 아름다울 수 있다(small can be beautiful)'라고 언급하면서 스마트 쇠퇴의 타당성을 파악한다. 이와 유사하게 Steve Rugare, Terry Schwarz는 'Cities growing smaller'라는 개념을 제안했다(2008).

10 야하기 히로시, 서금홍·오용식 옮김, 《도시 축소의 시대》, 기문당, 2013.

11 이희연·한수경, 〈길 잃은 축소도시 어디로 가야 하나〉, 창조적 도시재생 시리즈 52, 국토연구원, 2014.

12 야하기 히로시, 같은 책, 48~61쪽.

13 이희연·한수경, 같은 글, 254~255쪽.

14 이희연·한수경, 같은 글.

15 마스다 히로야, 김정환 옮김, 《지방소멸》, 와이즈베리, 2015, 13쪽.

16 자세한 내용은 마스다 히로야, 김정환 옮김, 같은 책의 '제3장 도쿄 집중현상을 막아라', 59~77쪽 참조.

17 본 내용은 2016년 12월 14일 서울시 동북4구 도시재생지원센터 주관으로 개최된 도시재생 국제포럼에 초대된 사사키 이치로 요코하마시립대 명예교수와

필자와의 토론 내용을 요약한 것이다.

18 자산 기반 공동체 개발과 관련한 내용은 김은희·이영범, 〈사회적 기업을 이용한 주거지 재생〉, 국토연구원, 2011의 내용을 참조하여 재구성했다.

11장 | 내쫓김을 극복하기 위한 새로운 도전: 토지가치 공유형 지역자산화

1 본 원고는 다음 논문을 수정 및 보완하여 작성하였다. 조성찬, 〈도시재생에서 공유경제 실현을 위한 '공유형 지역자산화 모델' 연구〉, 《입법·정책》, 서울특별시의회 제14호, 107~132쪽.

2 서울특별시 서울혁신기획관, 〈공유도시 서울 선언〉, 2012.9.20.

3 복원 관점에서 도시재생을 깊이 이해하려면 다음 책을 참고하라. Lewis, M., Conaty, P., *The Resilience Imperative*, New Society Publishers; 마이클 루이스·팻 코너티, 미래가치와 리질리언스포럼 옮김, 《전환의 키워드: 회복력》, 따비, 2015.

4 서울특별시 도시재생 관련 홈페이지(http://citybuild.seoul.go.kr/living).

5 신현방, 〈투기적 도시화, 젠트리피케이션, 도시권〉, 최병두 외, 《희망의 도시》, 한울아카데미, 2017, 216~217쪽.

6 크라우드산업연구소, 〈공유경제보고서〉(http://www.slideshare.net/cckslide/201304-26090238), 2013.4., 13~19쪽.

7 크라우드산업연구소, 위의 글, 20~23쪽.

8 조성찬, 〈대안적인 토지임대형 도시재정비사업 모델 연구〉, 《도시행정학보》, 25(2), 2012, 200~201쪽.

9 박학룡, 〈장수마을 세입자들이 위태롭다〉, 《시사인》 276호.

10 조성찬, 《상생도시》, 알트, 2015, 166~170쪽.

11 http://locality.org.uk/our-work/assets

12 http://locality.org.uk/our-work/assets/what-are-community-assets

13 다음 글을 참고할 것. 조성찬, 〈지대공유형 모델의 활성화를 위한 공공토지임대제의 정당성 연구〉, 《도시인문학연구》 5(2), 57~88쪽. 조성찬·성승현, 〈공

공토지임대제의 한계 극복을 위한 토지협동조합 모델 및 전통시장 적용 연구〉, 《도시행정학보》 27(1), 1~33쪽.

14 조성찬, 2015, 173~174쪽.

15 Clare, S., 〈젠트리피케이션과 지역자산화 전략─영국 로컬리티 사례로부터 영감받기〉, 성미산 젠트리피케이션 전략 컨퍼런스, 마포구마을생태계조성사업단 주관, 2015.11.17.

16 조성찬·성승현, 〈공공토지임대제의 한계 극복을 위한 토지협동조합 모델 및 전통시장 적용 연구〉, 《도시행정학보》 27(1), 2014.

17 김수현, 《주택정책의 원칙과 쟁점》, 한울, 2008; 조성찬, 2015, 30~40쪽.

18 조성찬, 〈선전경제특구 공공토지임대제 개혁과정에서 지대납부 방식의 중요성 연구〉, 《현대중국연구》 13(1), 2011, 318쪽.

19 조성찬, 〈북한 경제특구 공공토지임대제 모델 연구: 법률적 적용가능성 검토를 중심으로〉, 《동북아경제연구》 26(3), 2014에서 제시한 모델을 재구성하였다.

20 서울특별시, 서울역 7017 프로젝트, 2015.

21 조성찬, 2015, 160~175쪽.

22 조성찬·성승현, 위의 글.

23 조성찬·성승현, 위의 글.

24 전은호, 〈공동체토지신탁과 마을만들기〉, 토지정의시민연대 발표자료 (http://landjustice.tistory.com/80), 2012.12.17.

25 SEC. 213., HOUSING AND COMMUNITY DEVELOPMENT ACT OF 1992.

26 전은호, 위의 글.

27 조성찬, 2012, 79~106쪽.

12장 | 젠트리피케이션의 대안, 토지의 본질 회복하기

1 〈대학가 인근 대로변 중소형빌딩 리모델링 경쟁… 강남주부들 홍대·신촌 골목상권 주목〉, 《매일경제》, 2016.9.22.

2 〈핫 플레이스 상권 핫 하네 투자수익〉, 서울경제TV, 2014.11.30.

3 〈'58년 개띠'의 상가 사냥, '94년 개띠'를 몰아내다〉, 《한겨레》, 2016.7.26.

4 데이비드 볼리어, 배수현 옮김, 《공유인으로 사고하라》, 갈무리, 2015, 40쪽.

5 안토니오 네그리·마이클 하트, 정남영·윤영광 옮김, 《공통체》, 사월의책, 2014.

6 마저리 켈리, 제현주 옮김, 《그들은 왜 회사의 주인이 되었나》, 북돋움, 2013.7

7 오토 샤머·카트린 카우퍼, 엄성수 옮김, 《본질에서 답을 찾아라》, 티핑포인트,
   2014.

8 안승준, 《국가에서 공동체로》, 1995, 환경운동연합, 126~127쪽.

9 마이클 루이스·팻 코너티, 리질리언스포럼 옮김, 《전환의 키워드, 회복력》, 따
   비, 2016.

10 이순자·전은호, 〈해외 공동체토지신탁 제도 현황과 시사점〉, 《국토브리프》 제
   392호, 국토연구원, 2012, 4쪽.

11 http://www.getahome.org

12 http://nycreic.com

13 http://www.neic.coop

14 http://www.jacobsfamilyfoundation.org

15 마이클 루이스·팻 코너티, 위의 책.

엮은이

신현방 │ 영국 런던정치경제대학교(London School of Economics and Political Science) 지리환경학과 부교수이며, 경희대학교 에미넌트스콜라(Eminent Scholar) 이다. 도시학·도시지리 전공이며, 동아시아 도시 경험연구를 바탕으로 도시화의 정치경제학·젠트리피케이션·메가이벤트·철거·도시권 등을 주제로 활발한 저술 활동을 하고 있다. 대표 논저로는《Global Gentrifications: Uneven Development and Displacement(공편)》,《Planetary Gentrification(공저)》 등이 있다. 현재 단독 저서《Making China Urban》, 공동 편서《Contesting Urban Space in East Asia》 및《The Political Economy of Mega Projects in Asia》를 저술 중이다.

지은이(게재 순)

미류 │ 인권운동사랑방 상임활동가. 주거권 관련 활동을 하며 홈리스·개발·강제 퇴거·도시 등에 대해 고민하게 되었고, 점차 주제를 옮겨가면서도 문제의식을 이어가고 있다. 지금은 4·16인권선언 및 세월호 참사 진상규명, 차별금지법 제정 등을 위한 활동에 힘 쏟고 있다. 주거권운동네트워크가 발행하던 웹진《진보복덕방》의 글을 엮어《집은 인권이다》를 냈고,《수신확인, 차별이 내게로 왔다》,《밀양을 살다》 등의 기록 활동에도 참여했다.

최소연 | 테이크아웃드로잉 디렉터. 현대미술전공자로 문화예술 관련 연구를 통해 플랫폼을 운영하고 기획 활동을 하는 예술가이다. 레지던시·워크숍·포럼·전시·강의·컨퍼런스·학교 등을 기획하고 진행한다. 대표작 〈접는 미술관 Collapsible Museum〉이 New York, Au, Paris에서 프로젝트로 진행되었다. 대표적인 전시 기획으로 〈파국이후의 삶〉, 〈어제의 행성〉, 〈Social Museum〉 등이 있고, 출판물로는 《세상을 바꾸는 드로잉》, 《난센여권》, 《한남포럼》, 《드로잉괴물정령: 재난의 대물림을 끊기 위한 재난유산》 등이 있다. 현재 할머니학교를 연구하고 있으며, 재난현장에서 재난학교 재美난학교 스튜디오를 운영하고 있다.

이채관 | 문화연구를 전공했다. 숙명여자대학교 정책대학원 문화행정 겸임교수이고 다사리학교 등에서 학생을 가르치고 있으며, 사단법인 와우책문화예술센터와 주식회사 시월의 대표이기도 하다. 문화기획이라는 큰 화두로 도시재생과 문화예술, 그리고 사회혁신 등 다양한 영역에서 활동하고 있다. 서울와우북페스티벌을 기획했을 뿐 아니라 다양한 전시·공연·공공프로젝트 능을 수행했나. 너무르지 않고 옮겨가는 삶에 관심 있으며, '잡놈'의 철학을 믿고 살아가고 있다. 대표적인 저서로는 《도시기획자들》(공저), 《홍대앞으로 와》(공저) 등이 있다.

신현준 | 성공회대학교 동아시아연구소 및 국제문화연구학과 부교수. 서울대학교 경제학과에서 문화산업을 주제로 박사학위를 받았고, 사회과학과 문화연구의 다양한 분야, 특히 대중문화·국제이주·도시공간에 대해 폭넓게 연구하고 있다. 국제 저널 《Inter-Asia Cultural Studies》의 편집위원, 《Popular Music》의 국제고문위원으로 활동해왔다. 주요 저서로 《한국 팝의 고고학 1960/70》(공저), 《귀환 혹은 순환: 아주 특별하고 불평등한 동포들》(공편), 《가요, 케이팝, 그리고 그 너머》, 《서울, 젠트리피케이션을 말하다》(공편), 《아시아, 젠트리피케이션을 말하다》(공편), 《Made in Korea: Studies in Popular Music》(공편) 등이 있다.

달여리 | 기록자. 사진이나 영상, 글이나 그림 등 다양한 방식으로 젠트리피케이션에 대한 기록을 하고 있다. 평범한 시민이자 마포구 주민이기도 하다. 내가 사는

곳, 매일을 영위하는 곳인 동네야말로 이 세계에 대한 고민의 시작점이자 중심이라는 생각으로 젠트리피케이션 현상을 마주한다. 현재는 안티 젠트리피케이션 캠페인 활동을 함께 하고 있다.

정용택 │ 철거 현장 두리반에 모인 홍대 앞 음악가들의 삶과 젠트리피케이션에 대한 저항을 담은 다큐멘터리 〈파티51〉을 연출했다. 20년 가까이 홍대 근처에서 살고 있는데, 창전동에서 연남동으로, 다시 연남동에서도 밀려나며 가는 곳마다 젠트리피케이션을 겪고 있다. 부동산 투기, 젠트리피케이션, 도시재생 등 한국 사회에서 일어나는 모든 부동산 문제에 관심을 갖고 현재 〈젠틀맨은 없다〉라는 장편 다큐를 제작 중이다.

김상철 │ 1997년 국민승리21의 회원으로 시작해 2004년 민주노동당 당직자로 정당 활동을 했으며, 진보신당 서울시당 정책국장과 사무처장을 거쳐 노동당 서울시당 위원장을 지냈다. 다양한 도시정치 의제에 관심을 가지고 있으며, 특히 지방재정·공공교통·문화정책에 관심을 두고 나라살림연구소, 공공교통네크워크, 예술인소셜유니온 등에서 활동하고 있다. 최근에는 경의선공유지시민행동에서 쫓겨난 사람들과 '26번째 자치구'를 꾸려 함께 생활하면서, 행정에 의해 사유화된 공유지를 어떻게 되찾을 것인가 고민하고 있다. 단행본으로《무상교통》,《공동경험》을 냈으며, 공동으로《모두를 위한 마을은 없다》를 냈다.

이강훈 │ 서울대학교 법과대학을 졸업하고 미국 미네소타대학교에서 법학대학원 LLM 과정을 수료하였다. 2001년 사법연수원을 수료하였고 법무법인 덕수의 구성원 변호사로 재직 중이다. 현재 참여연대 민생희망본부 부본부장, 민주화를 위한 변호사 모임의 민생위원회 부위원장, 대한변호사협회 법제위원으로 활동하고 있다. 2015년 주거기본법 제정 과정에 깊숙이 관여하였고, 최근까지 주거단체 및 활동가들의 네트워크 조직인 주거권네트워크에서 주택임대차보호법 개정과 공공임대주택 확충 등 서민들의 주거권 보장을 위한 활동을 하고 있다.

이영범 | 경기대학교 건축학과 교수. (사)걷고싶은도시만들기시민연대의 커뮤니티디자인센터장을 역임했으며, 현재 시민자산화은행 쉐어(Share)의 대표이자 (사)도시와삶의 이사장이다. 도시·건축·문화·사회 등의 학제 간 연구를 기본 틀로 삼아 주민참여디자인, 마을만들기, 도시재생, 공동체주택, 공간공유와 시민자산화 등에 많은 관심을 갖고 현장에서 활동하며 이와 관련된 활발한 저술 활동을 하고 있다. 대표 논저로는 《도시의 죽음을 기억하라》, 《뉴욕 런던 서울의 도시재생 이야기》(공저), 《커뮤니티 디자인을 하다》(공저), 《사회적 기업을 이용한 주거지재생》(공저), 《건축과 도시, 공공성으로 읽다》(공저), 《우리, 마을만들기》(공저), 《새로운 도시재생의 구상》(공저) 등이 있다.

조성찬 | 중국 인민대학 토지관리학과에서 박사학위를 취득(2010년)했다. 현재 토지+자유연구소에서 통일북한센터장으로 일하고 있다. 주요 연구 분야는 지공주의 공유도시론, 공공토지임대제, 사회주의 체제 전환국(중국·북한)의 발전 모델 및 부동산 정책 등이다. 주요 연구성과는 《중국의 토지개혁 경험》(공저, 2012년 대한민국학술원 우수학술도서), 《토지정의, 대한민국을 살린다》(공저, 2012년 문화관광부 우수학술도서), 《상생도시》 등이 있다.

전은호 | 토지+자유연구소에서 시민자산화지원센터장을 맡고 있으며 국토연구원과 서울시사회적경제지원센터, 서울협치추진단의 경험을 바탕으로 도시정책과 사회적경제의 연계, 토지가치공유모델, 지불가능주택, 공동체토지신탁, 시민자산화와 관련한 강연과 현장 컨설팅 활동을 전개하고 있다. 주요 논저로는 《전환의 키워드 회복력》(공역)이 있으며, 《공익법총서》(제4권) 《사회적경제법연구편》을 공동으로 쓰고 있다.